南开大学校史丛书

刘景泉 总主编

杨石先文选

南开大学校史研究室 编

南开大学出版社

**图书在版编目(CIP)数据**

杨石先文选 / 南开大学校史研究室编.－天津：
南开大学出版社，2017.1
（南开大学校史丛书）
ISBN 978-7-310-05314-8

Ⅰ.①杨… Ⅱ.①南… Ⅲ.①杨石先－文集 Ⅳ.
①Z427

中国版本图书馆 CIP 数据核字(2016)第 316870 号

南开大学出版社出版发行

出版人：刘立松

地址：天津市南开区卫津路 94 号　　邮政编码：300071

营销部电话：(022)23508339　23500755

营销部传真：(022)23508542　　邮购部电话：(022)23502200

＊

天津泰宇印务有限公司印刷

全国各地新华书店经销

＊

2017 年 1 月第 1 版　　2017 年 1 月第 1 次印刷

230×170 毫米　16 开本　18.125 印张　6 插页　303 千字

定价：38.00 元

如遇图书印装质量问题，请与本社营销部联系调换，电话：(022)23507125

杨石先（1897−1985）

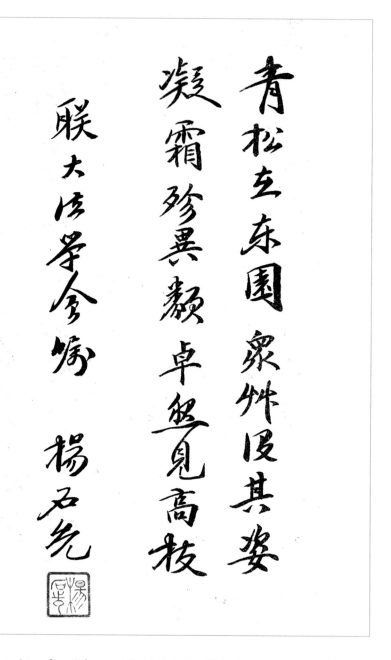

青松立东园 众卉没其姿
凝霜殄异类 卓然见高枝

联大法学会编  杨石先

1945年，杨石先为西南联大法律系同学录撰写的题词

# 序

龚　克

杨石先是伟大的爱国者、科学家、教育家。

杨石先生于 1897 年，那时的中国积贫积弱，"民生凋敝，外侮日亟"。他小学毕业后，先后在南开学校和清华学校读书，在青少年时代即形成了"教育和科学救国"的看法。(《我的自传》，1959 年 9 月 6 日）清华学校毕业后他赴美留学，1923 年回国到南开大学任教，直至 1985 年去世。其间，他曾于 1929 年和 1945 年两度赴美进修，又两度谢辞美国同事的盛情挽留，回到战火纷飞的祖国。在艰苦抗战的岁月里，杨石先在西南联大担负重要领导工作，刚毅坚卓地与联大师生一起创造了世界教育史上的奇迹。他 1948 年 4 月代理南开大学校长，拒绝国民政府"离津南飞"的要求，把南开大学完整地带进了新中国。"文化大革命"中，他横遭批斗，依然坚持科研教学，表现出对人民和祖国的无比忠贞。在改革开放新的历史时期，他以八十岁高龄热情投身拨乱反正和现代化建设，直到生命的最后一息。杨石先不仅作为在南开大学任职最长并带领学校经历两大历史转折的校长，为南开大学的发展做出了历史性的重大贡献，而且作为中国科技事业的脊梁，为中国科技特别是新中国化学科学的发展做出了奠基性的重大贡献。他以崇高的人格、求真的学风、朴实的作风和创新的工作，为一代又一代青年学子树立了光辉的典范。聂荣臻元帅赞誉他为"学者楷模、人之师表"。

翻开这部 30 余万字的《杨石先文选》，先生的思想风范跃然纸上，他在科学与教育方面提出的很多重要观点，至今闪烁着思想的光芒，给人以深刻的启示。

例如，他鲜明地提出了培养学生的质量是衡量学校办学水平的关键所在，指出："办好一个大学，主要体现在培养学生的质量上。我们的质量标准，就是使学生在德、智、体几个方面都得到发展。""我们要坚决把德、智、体几方面的比例关系调整好，坚持以教学为主的原则，同时，又必须重视对学生进行思想政治教育和指导好学生锻炼身体。"（《在南开大学建校 60 周年庆祝典礼上的讲话》，1979 年 10 月 17 日）

例如，他高度重视做好思想政治工作，认为"思想政治工作做好了，其他工作就可以更加目标明确，思想行动一致地去完成"。他特别强调"要加强政治理论学习，加强政治理论课"，并提出："政治理论课教学必须紧密结合学生的思想情况，引导他们用马克思列宁主义的立场、观点、方法去观察思考、研究学问和处理工作。要坚持理论和实际的正确结合，并着重帮助学生理解经典著作和教科书。要提倡在尊重原书的基础上开展自由讨论，注意对问题做全面分析，避免片面性和绝对化，培养实事求是的科学态度。"（《在 1961 年开学典礼上的动员报告》，1961 年 9 月 23 日）

例如，他重视在思想方法和学习方法上引导青年学生的成长，希望同学们处理好打牢基础和攀登高峰的关系，指出只有把基础课学好，才能为将来攀登科学尖端打下更结实的基础；希望同学们不仅要重视理论学习，还要提高实验、运算、画图的能力，做到理论与实践的密切结合；希望同学们扎扎实实地掌握一至两门外文，为将来攀登科学技术高峰创造更好的条件。（《在化学系迎新会上谈有关学习的三个问题》，1962 年 9 月 29 日）他寄语青年学生努力成为革命事业和科学事业的可靠接班人，并动情地说："我是一个科学战线上的老兵，从事教育和科学工作几十年了，虽然我已 80 多岁，但是生命不息，战斗就不应停止，我愿意和大家一道在新的长征道路上大踏步地前进，尽我自己应尽的力量。"（《在纪念 1978 年五四青年节大会上的讲话》，1978 年 5 月 4 日）

例如，他强调"办好学校的关键主要在教师"，指出："我们要坚决贯彻执行党的知识分子政策，充分调动广大教师的积极性、创造性，在党的领导下，依靠他们搞好教学和科研工作。"（《在南开大学建校60 周年庆祝典礼上的讲话》，1979 年 10 月 17 日）他特别关心青年教师的成长，要求妥善安排青年教师的进修提高，指出："目前在这方面存在的问题是有些青年教师心情过于急躁，有的不愿意担任教学工作，强调脱产进修；有的不愿担任基础课的各种教学任务，如管实验、上习题课；有的没有经过教研组的同意，自己决定进修的方向。另一方面，有些青年教师的具体培养方向没有明确，有些导师对青年教师的指导也不够，使他们独自摸索。我们希望青年教师能够明确：担负一定的教学任务是必需的，在教学中培养、提高也是必要的，在工作中应该尊重导师的意见。我们也希望老教师能够认真地担负起培养师资的光荣职责，更多地关心青年师资的进修、提高，加强具体指导，使我们的教学和科学研究工作不但后继有人，而且队伍还能迅速地扩大。"（《教学、科学研究和教师进修》，1956 年 9 月 29 日）

例如，他注重在高校办学中把握好教学与科研的辩证关系，指出："适应社会主义建设的需要，不断地提高教学质量，培养出合乎规格的建设人才，是我们学校的基本任务。学校的一切工作都必须着眼于如何更好地完成这一基本任务，紧密围绕这一基本任务。"（《在 1962 年开学典礼上的讲话》，1962 年 9 月 8 日）"高等学校以教学为主，科学研究要配合教学，但这并不是要忽视或取消科学研究。科学研究搞得好，有利于提高教学质量，提高学术水平。科学研究应结合教学积极开展。"(《在 1961 年开学典礼上的动员报告》，1961 年 9 月 23 日）

例如，他认为民主是科学繁荣发展的前提和保证，指出："科学研究是一种探索性、创造性的劳动。发扬学术民主，提倡独立思考，开展自由讨论，是科学工作本身的客观要求。""古今中外，无论自然科学史还是社会科学史都证明，新的科学发现和理论概括，总是在总结前人的经验或失败的教训的基础上做出的；而真理在最初只是掌握在少数人手里，以后才逐步被多数人所接受。科学要获得繁荣和发展，必须有民主作为它的前提和保证。"(《科学需要民主》，1979 年 7 月）

例如，他特别强调科学研究要面向国家重大需求和世界科技前沿，作为化学科学的带头人，他非常重视"化学科学与国民经济的关系"，并且以身作则地深入开展解决 6 亿人民吃饭问题所急需的农药研究，把晚年的主要精力放在研究高效低毒的农药上面。在 20 世纪 80 年代初，他洞见能源和材料的极端重要性，指出："能源工业和材料科学中，化学更具有特殊重要的地位，它对能源的综合利用、常规材料性能的改进以及新型材料的合成都起着关键性的作用。"(《祝化学工作者为中华崛起做出更大的贡献》，1982 年）他还特别重视学科交叉发展。早在 1956 年，他就指出："化学科学是和其他科学密切地联系着的、交织着的"，"化学和地质学结合起来成为地球化学，和物理学结合起来成为化学物理，和生物学结合起来成为生物化学，和农业结合起来成为农业化学，和医药学结合起来成为药物化学等等"。"这些边缘学科都是综合性的"，要"更深入地研究与开展"。(《化学科学与国民经济的关系》，1956 年）尤应指出的是，杨石先卓越地将需求与前沿结合在一起，是既高瞻远瞩又脚踏实地的科学大师。

杨石先校长离开我们已经整整 32 年了，今年又恰逢他诞辰 120 周年，我们怀着崇敬的心情，选编他有关教育和科研工作的论著，出版这本文选，力求把他的爱国情怀、科学精神、教育思想比较全面地呈现出来，使今天的人们能够更深切地感知一位爱国知识分子及共和国老一辈教育家、科学家的思想风范，更深切地感知他严谨、求实的科学精神和爱人民、爱祖国、爱学生、爱师友的人文情怀，更深入地学习他一辈子踏实勤勉、秉公尽能的为人处世和治学态度，从而更好地扎根中国大地办教育、搞科研，为实现杨石先等民族先贤振兴中华的宏愿接力奋斗！

2016 年 12 月

# 出版说明

一、《杨石先文选》收录了杨石先自 1935 年至 1984 年间的有代表性的文稿，包括文章、讲演、会议发言、调研报告、书序、信件、自传等共 72 篇，并附录了《杨石先生平纪事》。

二、收入《文选》的文稿，按所涉内容分为科学与教育工作、化学与农药研究、南开大学的建设与发展、青年成长、人生道路五个专题，每个专题内的文稿一般按写作或讲演的时间顺序排列。

三、文稿一般按原稿或初刊本收入，在内容上不做更动，但根据现行出版标准做了必要的文字和标点订正；原稿没有标题的，编者代为拟定，并在题注中标明。

四、对收入的新闻报道中杨石先的讲话、发言，编者在将其单独摘录时，做了必要的文字整理，并在题注中予以说明。

南开大学校史研究室
2017 年 1 月

# 目　录

## 一、关于科学与教育工作

## 二、关于化学与农药研究

## 三、关于南开大学的建设与发展

## 四、关于青年成长

# 五、关于人生道路

# 一、关于科学与教育工作

# 从事科学事业的人所应具的个性态度和习惯

现代的文化是科学的，是科学所改造成的，已属不容置辩的事实了。马尔芬曾分析文化之因子为三：曰知识，曰权力，曰组织。欧美近百年来科学昌明，故知识的范围日广，种种新学识为前人所未梦见者，固不待论，即舍量而言质，今日所知者亦较往昔更为精确。如古时希腊说天地间万物是水火气土四种元素所成，现在我们知道有九十多种元素，而水火气土均非元素，所以知识由于科学进步而发展日广日精。第二，是权力。权力就是指人类所能利用的力量。现在有火车轮船飞机征服距离，可以四海一家，用热能电能化能可以媲美化育，这就是以科学的力量来驾驭自然。所以权力也因科学进步而日增。再说组织。应用科学的方法，不独可以使知识成为有系统有效力的组织；而用于处理人群的关系，也可以影响到社会的各种组织。例如宗教，从前是迷信的，现在不是一定迷信的了。政治由君主专政到民主，所以社会组织也因为科学发展而日益完善。文化不得离开上述三点。我们中国文化是没有科学的，所以落后。所以当中西文化接触时，我们常常失败。失败之后，亦自知不如人，而思取人之长以补我之短。但当时未认清科学之真面目，而以为西方之优点在于机器军械，有了机器军械就可以强国，所以设江南制造局与马尾船厂，又送学生出国学习机械制造。其错误是以科学只为技术。等到甲午之役失败后，才知道徒有枪炮之无用，又以为西方之优点在于政治制度，所以提倡立宪及民主，其错误是以科学只为组织，故终未能收富强之效。近二十年来科学之真面目始渐显著，然而仍没有握着科学的中心而忽略了两点，就是科学方法应用的普遍性，与提倡科学研究之重要。

我们要知道，第一，科学的方法，不独可以应用于科学本身，而可以应用于一切事物。第二，科学是永远进化的，必须提倡研究而后可以发展。知近索远，由旧知新，直到今日，中国方有真正觉悟，政府一方面提倡科学化运动改变民众思想为治标之办法，一方面奖励大学学生从事科学事业，做根本之解决。

诸位在高中将次修业升入大学，即须选定学科以作毕生之事业。大学里面的理农工医各科，一方面是政府提倡，一方面是社会实在需要（如现在开发西北，就大感觉到人才的缺乏，工程学校的学生还未毕业，就被人聘请好了），当然有甚多愿从事于科学事业的人。

既然我们要研究科学，就必须要知道从事科学事业的资格，这资格就是个性、态度和习惯。个性是人生来就有的，但是态度和习惯需要经过训练，方可得到，各种科学需要的本不完全相同，不过是以共同性质作标准来说一说。

个性所需要的条件有七：

（一）诚实——科学是去求真实的，所以必须实在准确，不可马虎。

（二）要有相当的好奇心——有好奇心才能去追求一切，千万不能把事情全视为很平淡。

（三）精确——眼、尺、计算全要正确。

（四）敏捷——要有眼光，分别出要紧、不要紧，这大半是天生的。

（五）勤劳——要有恒心，不贪懒，永久去努力，即资质略钝亦无关紧要。

（六）忍耐——许多事往往不得立刻有效，要经过很久的时间才能，所以必须要有忍耐性，不可只图目前的利益。

（七）勇敢——要不怕牺牲不怕困难。

我们具有以上的特性，只是有成为科学家的可能性，谈到效果还要看自己努力与否。至于态度方面有四点：

（一）客观——只就事实观察，不可有我怎样或对于我怎样的思想，这样遇事，没有成见才可靠，成见是最大的毛病，科学家不应有。

（二）审慎——审察谨慎，与武断相反，事实未完成，要各方面观察清楚，不可骤下断语。

（三）坚决——坚决在表面上似乎和审慎相矛盾，其实并不然，坚决是在事实看清楚后要果断，不可犹疑不决。

（四）进取——不要以为前人做到最好，要知道科学是永久进步的，如此才能有新智识、新方法产生。

习惯方面也有四条：

（一）要有观察的习惯——永久要有观察的习惯，才能多得材料，多得进步。

（二）要有问难的习惯——对于别人或自己下的论断，要批评、反驳，这样才能找出毛病，得知结果正确与否。

（三）要有独立的思想及行动——推断事务，不可取决于他人，要能自己独立去创作。

（四）实行——有些人理智明知事实之正确，而实行时则变了理智不能支配，像外国人迷信 13 为不吉之数就是一例。

以上种种资格，并不是不完全具有就不能成为科学家。奥斯华作科学名人传，分科学家为两类，一类是天才的，一类是力学的。天才的贡献不见得比力学的好，比力学的多，况且中国现在各种事业还在起首，而好多学问上研究是带有地域性的，故材料是非常多。就是在没有地域性的学科，如物理、天算之类，我们亦无须忧虑发明皆为前人搜尽，因为现在可用的仪器方面也比从前精利得多，我们可以利用之而有更好的贡献。

并且我们要知道，以前中国在物质文明上的贡献实在太少，现在我们所享受的一切都是外国人发明，我们要从今着手去研究，也使外国人受我们同样的恩赐。

（原载于《南开女中校刊》，1935 年）

# 迎接第一届全国人民代表大会的召开和我国
# 第一个人民宪法的诞生

在举国欢庆第五届国庆节的时候，第一次全国人民代表大会召开了，并且庄严地通过了我国第一个人民宪法，这是我们新中国成立后的一个盛典，历史上一个重要的里程碑。我自己作为一个人民的代表，万分荣幸地参加了这次大会，并且把我对党、对人民和对我们伟大领袖的无限热爱，以及对宪法的衷心拥护，凝结成为一个坚决的意志和强烈的愿望，庄严地举起手来赞成通过我们的宪法。这个宪法是无数革命先烈流血牺牲所换来的，它代表了全国人民建设社会主义的共同愿望和决心，它是人人满意、人人称庆的宪法，又是人人信仰的宪法。我们要拥护它，学习它，并且要坚决地遵守它，保卫它。这就是我自己的心情和态度。我相信我们全国的化学工作者也一定是具有这种心情和态度的。我们在欢欣庆祝之余，应如何来迎接这一伟大事件呢？从总路线的学习，我们知道中国革命第二阶段的任务是要通过一化三改，稳步地过渡到社会主义社会。首先是国家的社会主义工业化，它是社会主义社会的物质基础。为了保证社会主义建设的胜利，我们就必须保证劳动生产率的不断提高和生产的巨大增长。社会主义意味着新的技术、巨大的动力和生产高速度的发展，意味着新发明的不断出现和新的自然现象与资源的充分利用。在这种种方面，我们化学界应当起着重大作用的。因为化学是一门范围广阔的科学，它本身既是基础科学又是技术科学。它可以应用于工业、农业、医药卫生、国防以及日常生活之中，甚至天文、地球、水利、气象、历史、考古、艺术等方面的问题亦需要化学的协助来解决。所以摆在我们面前的道路是十分广阔的，只要我们以社会主义的劳动态度，发挥创造的精神，努力去做，一定会有不少贡献的。至于具体的做法，我提出下列几点参考意见：

一、结合生产建设需要，积极开展研究工作。我们必须使化学研究工作与国家的社会主义建设密切配合起来。配合需要，联系实际，在过去我们是做得非常不够的。有的人不积极利用他的化学知识和技术去解决问题，只机械地去执行一些规定的任务，所以并未贡献出他的全部力量。有的人虽然亦做一些研究，但是从国外研究联系推想来的，目的性不明确，所以成果的影响就不大。有的人甚至沾染了资产阶级腐朽的思想或受了唯心学说的支配，则不但于人民无益，而且造成危害。结合实际需要当然并不等于说我们要走狭隘的"实用主义"的道路。解决原则性的理论问题确是非常重要的，它往往更能为将来的实用开辟或扫清道路。

二、组织起来，紧密地团结一致，群策群力，发挥集体的作用。毋庸讳言，现在我国化学界的一般学术水平是不高的，有成就的专家亦很有限，而等待解决的问题则非常之多。所以必须好好地组织起来，讨论、启发、商量、斟酌，发挥集体的作用，放弃过去自高自大个人英雄主义的作风。中国化学会和中国化学工程学会正在全国科联领导之下大力推动这一工作，组织核心工作小组。但是在不少的地区还未组织就绪，或者是形式上组织起来了，尚未展开工作，产生作用。我希望同志们在迎接这次盛典的时候，坚决地要健全我们的组织，活跃我们的工作，为祖国贡献出更大力量。

三、认真地、深入地学习苏联的化学理论与技术来提高自己。既然我们大家承认自己学术水平不高，就必须努力学习、深入钻研，在既有的基础上提高一步，继续前进。苏联的化学在国际上已获得领导的地位，认真地、深入地向他们学习，无论是新的知识、新的技术、新的理论，都是完全必要的。好在苏联的专门书籍和刊物上的重要论文已在大量翻译，对俄文的学习也已广泛地展开，苏联的化学文献各地图书馆都已收集不少。有了这些便利，学习的困难是不大的。

四、系统地钻研马克思列宁主义，俾能逐渐地掌握与运用到工作中去。苏联的化学虽然过去有丰富的、伟大的历史传统，但在十月革命前距德、英、美还远。她取得世界领导地位只是晚近数十年的事，特别是在第二次世界大战结束、斯大林同志提出了号召之后。她何以能在这短短的期间有了这样卓越的造诣呢？我个人的体会：第一，是社会主义制度的优越性；第二，她的科学服从于国家生产和建设的需要；第三，她的科学是马克思列宁主义所武装起来的。苏联化学家掌握了马克思列宁主义，起了指导化学发展的作用，与一切伪科学和唯心观点进行斗争，清除了化学前进道路上一切障碍，因而获得了许多新的成就。去年我国科学院访苏代表团在这一方面得到很大的启示，所以钱三强、华罗庚等许多位同志在传达报告中都十分强调这一点。这确是我们在做好工作中应当特别注意的。

　　最后个人不揣谫陋，愿向同志们诚恳地表示，今后一定要百倍地努力工作，抓紧学习，来提高自己，与大家一道，在祖国建设当中发挥更多的作用。

（原载于《化学通报》，1954 年第 1 期）

# 在第一届全国人民代表大会上的发言

　　我以无限欢欣和万分感谢的心情代表天津市的人民和天津市代表组完全赞同和热烈拥护中央人民政府委员会第 34 次会议所修正通过的《中华人民共和国宪法草案》，并同意刘少奇委员关于《中华人民共和国宪法草案》的报告。这个宪法草案是无数革命先烈流血牺牲所换来的。它用法律的形式固定了我们革命胜利的成果。它代表了中国六亿人民的意志来巩固自己的人民民主政权和通过和平的道路过渡到社会主义社会。它是社会主义类型而同时又符合过渡时期的特点。这一宪法的诞生，无疑地将给我们全国人民以强烈的鼓舞，推动大家更加紧密地团结在中国共产党的周围，自觉地贡献出自己的力量，为实现过渡时期的总任务而奋斗。

　　在此次的深入学习和积极讨论当中，我深刻地感觉到过去自己在不少方面，体会国家政策法令的精神还是不够的，因而有时在工作上造成了一定的损失。例如宪法草案第九十五条明白规定："国家对于从事科学、教育、文学、艺术和其他文化事业的公民的创造性工作,给以鼓励和帮助。"大学是国家最高的学府，是人民科学和文化水平的重要标志，必须积极开展有计划有领导的研究工作，才能在学术上有大量创造性的贡献。肯定的这是大学一项重要的任务，应当在不影响教学改革和教学工作的情况下积极进行研究工作，而不可将其放松，成为自流的现象，如上年度在南开大学所发生的情形那样，这是我应该深刻提出自我批评的。

　　在全面学习苏联的高等教育过程中，我们体会到教学和研究是一个事情的两个方面，必须统一起来而不能互相对立的。教师如果只从事教学而不进行研究，久而久之必然要成为教条主义者。进行研究，发现新的知识和新的事物规律，同时也就丰富了教学。这不但解决了教学结合实际的问题，而且解决了提高教学质量的问题。因为研究的题目不是学术上亟待澄清的，即是生产建设当中所需要解答的。目前各种学校发展太快，成熟的教师数量太少，所以我们应该坦率地承认，今天各高等学校的教师质量是相当低的，是不能达到国家要求建设社会主义的人才的标准的。提高的关键：一方面在发挥潜力，使有能力有训练的教师起更大的作用；另一方面，要大力培养优秀的青年助教和有计划、有领导地开展研究工作。在发挥潜力方面，由于加强了新老教师的团结，已经取得一定的成绩；大力培养青年助教也正在贯彻之中。不过这里我们遇到的困难是分配来的毕业生质量不好的问题。有的业务水平太差，甚至有的好几门主要课程都不及格；有的觉悟不高，甚至品质恶劣。教师是同学的表率，无论在学问上、道德品质上、政治觉悟上，能够成为同学的榜样的，才能领导同学。所以大学教师绝不是任何大学毕业生都可以充当的。领导上必须改正对大学师资不够正确的看法，即从经济建设部门的"需要"比起来，认为是次要的，也必须改正平均主义的作风，以为有了一个好的，可以搭配两个坏的。如果不肯下决心分配可以培养做师资的毕业生到大学，今后将无法完成他的任务，培养不出合乎规格的人才来。苏联在它建国过程中，最初也是坚决将最优秀的毕业生留充师资的。在开展研究工作方面，我们只了解它的重要性并开始去做，也还不够，必须有计划、有领导地去开展。条件不足，全面开花，固然不可；随便做点，不全力以赴，不向不同能力的教师提出不同的研究要求，也是错误的。我现在认识到我造成错误的根源，是在于保守的态度和自满的情绪，以为南开做过研究，现在也还有人在做研究。既然事实不允许，不能全面展开，就不如等一年后，课程改革告一段落再大张旗鼓地进行吧。这一错误思想如无苏联专家及时地指出，使我们得到纠正，南开大学提高教学质量的工作就必然会受到影响。这是我今后应加警惕的，也是可以提出供其他大学参考的。

（原载于《天津日报》，1954 年 9 月 17 日）

# 出席第一届全国人民代表大会的体会与观感<sup>*</sup>

此次全国人民代表大会的召开是为了制定宪法和审核法律并通过政府的工作报告和选举新的主席、副主席和组成新的人民政府。这是新中国成立以后的第一个盛典。我能够光荣地参加这次盛典是由于天津市人民对于南开大学的重视，他们认识到高等教育在今后建设社会主义事业当中所能起的重大作用。所以我一方面感到兴奋与鼓舞，同时又感到自己责任的重大与艰巨。我在京一月所受的政治教育很大，新的体会不少，在这里就个人对参加这次大会的一些体会和感想向大家谈一谈。

**一、大会代表的广泛性与全面性。**

出席这次代表大会的一千二百多名代表，他们来自祖国的每一个角落。这里有全国各个民族、各党派、各团体的代表，代表中有行政首长、机关干部、劳动模范、部队的英雄、宗教界的领袖、工矿的技师、学校的教员，有艺术家、演员、科学家、记者、作家、学生、医务工作者、民族资本家、华侨、牧民、合作社人员等等。这样的会议无论是从性质与任务来说，或是从代表们的认识一致与意志集中来说，或是从代表性的广泛与全面来说，都是中国几千年来历史上所没有过的。他们在这一巨大变革中深深地体验出人民民主制度的优越性，真诚地相信马列主义和毛泽东思想拯救了中国人民。所以他们热爱毛主席，热爱中国共产党，热爱中央人民政府。这是十分自然的，因为他们亲眼看见了广大工农群众翻了身，少数民族受到了尊重与照顾，全国人民生活日益改善，各种建设飞跃进行，祖国的国际地位空前提高……这一切一切怎么能不深深地打动他们的心弦，促使他们放弃自己的偏见和成见，从全国人民集体的利益着眼来考虑问题，造成他们的认识一致、行动一致呢？

---

* 第一届全国人民代表大会第一次会议于 1954 年 9 月 15 日至 28 日在北京召开，杨石先当选为第一届全国人民代表大会代表并参会。本文是杨石先参会返校后在全校师生员工大会上的发言。

## 二、各民族已经团结成为自由、平等、和睦的民族大家庭。

宪法第三条规定："中华人民共和国是统一的多民族的国家。"我过去虽曾涉足国内很多少数民族集中地区，但究竟接触不广，认识是不够深刻的，总觉得他们在不同程度上某些方面是落后的，并且和汉族是有隔阂、有距离的；而未认识到他们落后的原因汉族实负有极大部分责任的，故消除隔阂与距离亦必须由汉族主动来进行。在此次大会上有少数民族代表一百六十多位，他们代表着几十个少数民族。听到他们谈及新中国成立后几年来如何得到人民政府的热情关怀和大力协助，使他们在生活、健康、经济、文化等方面都有了很大的改善和提高。他们对毛主席的爱戴是非常动人的。有人说中国整部二十四史都是充满着民族纠纷的历史。的确是如此，如果我们从这个角度来翻阅一下历史，立刻就可以得到许多证明。大汉族主义和地方民族主义在我国历史上所造成的灾害是非常严重的。每隔数年或数十年，汉族和某些少数民族，或某些少数民族之间，总要以兵戎相见，互相残杀，死伤动辄逾万，甚至数十万。毛主席遵循了马列主义的正确民族政策，永远铲除了中国历史上的巨大灾害。刘少奇同志并且号召我们说：汉族在我国人口中占有极大的多数，由于历史条件的关系，汉族的政治、经济和文化在国内各民族中亦发展得较高，但是决不能因此就以为汉族可以享受任何一点特权，就可以在其他兄弟民族面前表示任何一点骄傲。恰恰相反，汉族倒有特别的义务去帮助各兄弟民族的发展。这也就更巩固了汉族与少数民族之间的友爱互助的新关系。

## 三、这次会议充分地体现了民主集中制和集体主义观点的原则。

在第一项中已谈到代表们的集体主义观点，下面谈民主集中制原则。拿修订宪法草案为例，宪法草案是由中共中央提出的，经过政协宪草委员会反复研究修改，又征求各省市党派八千多人的意见，整理以后发动全国人民深入讨论，收集所有意见加以周密考虑与斟酌后提交人民代表大会讨论，意见达到一致后，再由大会表决通过的。这一做法充分说明了"在民主基础上的集中和在集中指导下的民主"。选举的提名亦复如是。代表们在大的看法上本已相同，再经过这两个原则的高度掌握与运用，结果就使一千二百多人变成一条心，突出表现了我们的"政治一致性"。这是资本主义思想体系和逻辑所不能想象的。他们强调个人的利益与自由和小团体的利益和自由，而这些正妨碍着集体的与全民的利益与自由。因为在思想上搞不通，所以他们就硬说我们没有民主与自由，如果他们的揣测是正确的话，那么我们在工作和行动当中绝不能不暴露出来的。我们试看在抗美援朝的斗争中，在各种伟大的建设中，群众所创造的惊人奇迹，都是人民高度政治觉悟的表现，绝不是强迫命令所能做到的。这就充分证明了他们揣测的极端荒谬性。周总理在他的政府工作报告中说："我们的国家机关是属于人民群众的，是为人民服务的，因此它同旧中国的压迫人民的国家机关在原则上根本相反。"又说："人民群众第一次看到了廉洁的、认真办事的、艰苦奋斗的、联系群众的、同群众共甘苦共患难的自己的政府。"这正是我们每一个人心里头的话。唯其如此，所以它得到人民普遍的爱戴，人民才肯贡献出自己的一切，甚至他的生命。

### 四、人民政府五年来的成绩是伟大的，但领导上并不以此自满，号召对政府工作展开批评和自我批评。

通过周总理的政府报告和各部门负责同志的补充发言，以及一般代表的发言和讲话，我对政府五年工作有一较全面的鸟瞰。成就之大是空前的，是过去中国历史上任何时代所不能比拟的，而且这个成绩并不只限于几个大都市，而是在全国许多地区都如此，如东北、西北、内蒙、新疆等。特别是对国家经济、人民生活、国防等具有关键性的设施，不少都已开始了。第一个五年计划内的重大工业建设项目就有六百个！农林、手工业、国内外贸易、交通运输、文教卫生等都有相应的发展。在国防方面，我们也开始建立了强大的现代化的陆海空军。在国际外交方面，我国已取得世界领导大国的地位，不独亚洲问题必须有中国的参加始能获得解决，即世界性的问题中国亦可做重要贡献的。我真梦想不到政府在短短的五年内，又在美帝国主义和蒋匪帮的长期扰乱下，能完成过去几十年所不能完成的工作！我作为一个人民代表来检查审核政府的工作，自不能不向我所代表的群众表示我的结论。当然我赞美政府工作成绩之伟大，并不等于说一切需要做的事情都已做了，一切已做的事情都做得尽善尽美了。错误是不容易避免的，缺点是常常存在的。只要优点大大地超过缺点，而且我们承认这些缺点，正视这些缺点，设法纠正这些缺点，那就保证下次不致再犯了。所以毛主席号召这次大会发言的人都要贯彻批评与自我批评的精神，这样一来，政府就可以全面地检查他的缺点与错误，使将来的工作可以做得更好一些。

### 五、我们一贯奉行着和平的外交政策。

我们在周总理所提出的五项原则之下与其他国家建立外交关系，但坚持我国的主权和领土的完整与安全，绝不为任何暴力所屈服。鉴于过去长期在反动统治下所造成各方面的落后，我们新中国迫切需要从事建设。那就一定要有和平的环境，这样自然奠定了我们外交上一贯的和平政策。遵循了这个正确方向，我们同 25 个国家已经建立了或者正在建立外交关系。我们同我们的邻邦——苏联，以及各人民民主国家紧密地团结在一起，共同为保卫世界和平、反对侵略战争而奋斗。我们一向重视同东南亚的国家和其他邻国的和平合作，最近与印度和缅甸发表联合宣言，同意互相尊重领土主权，互不侵犯，互不干涉内政，平等互利和和平共处的五项原则。同其他的国家我们也愿意建立和平的关系，只要他们具有同样的意愿和诚意。但这并不是说我们极端畏惧战争以致要在任何牺牲下委曲求全要求和平。当我们的主权受到损害或者领土的完整与安全发生问题的时候，我们是绝对不能容忍的。所以美帝国主义于 1950 年侵略朝鲜，不久它越过了三八线，冲向鸭绿江边，威胁着我们的东北工业基地。我们当时声明不能置之不理，中国人民志愿军因而出国抗美援朝，经过两年的斗争，美帝终于 1953 年被迫在三八线上接受停战协定。现在美帝国主义又企图阻挠我们解放台湾，我们宣言正告全世界人民，台湾是我国领土，消灭蒋介石匪帮是我国的内政，绝不容许外人干涉的。这些事实都说明我们光明磊落的新国家态度和始终如一的外交立场。中国人民不仅已经站起来了，而且相当壮大了，任何实力派的蛮横措施都吓不倒我们的，只有使它自己碰得头破血流而已。

## 六、我们国家的性质是决定我们一切的根本因素。

我深深地体会到我们五年一切成就最根本的因素是在于我们国家的性质。即宪法第一条："中华人民共和国是工人阶级领导的以工农联盟为基础的人民民主国家。"有了这样性质的国家，人民才有了无限的权力，才能有真正为人民服务的政府，才能有正确的政策和美好的制度，也才能制定这样的宪法来保证我们走社会主义的道路。而这是与中国共产党的领导分不开的。它是工人阶级的神经中枢亦是我们国家的领导核心。五年以来的事实已经充分证明了它领导国家的非凡才能。为了巩固我们已经得到了的胜利成果和早日实现社会主义的事业，我们全国人民一定要更加紧密地团结在中国共产党的周围，努力工作，共同奋勇向前迈进！

## 对文教工作中几个问题的我见

此次大会给我最深刻的印象即是，国家在政治上、经济上进步得很快而文教工作有些赶不上。固然文教工作，在知识分子的思想认识、改造方面和学术水平提高方面是需要循序而不能躐等的，必须老老实实，勤勤恳恳，下些苦功长期坚持才能有点成就的。现在社会上对于国内文化、艺术、科学的普遍印象是内容贫乏，对于各级教育的普遍印象是质量低下。我此次在大会中遇到不少的科学技术工作者，他们对近年来的有些大学毕业生啧有烦言，认为他们在学业上最基本的东西有不少未能学好，在文字上不但不能掌握一个外国文字而且对于本国文字亦看不懂，写不通畅，或写出来的东西词不达意。这些毕业生在思想习惯上也存在着许多问题，有的经常闹情绪，请求照顾，身体也坏。因之，如何丰富和提高我们的文化、艺术、科学的内容和水平是我们当前的急务。我会细致地分析一下我们文教方面落后于形势要求的原因有下列三个：

（一）思想改造工作进行得不够彻底。政治学习未能深入，未能很好地结合自己的思想与行动，资产阶级与小资产阶级思想仍或多或少地发生影响，使工作积极性及团结合作都受到了很大限制，自由主义与分散主义都经常地出现。

（二）学习苏联进行教学改革是有不小成绩的，但骄傲自满的情绪是普遍地滋长着，这就阻碍着我们的继续深入和彻底完成。各级领导上都是从数字着眼，沾沾自喜，尚未能多从质量上来衡量自己的进步，提高对自己的要求。

（三）不少的人对于文教事业看得太容易。有的人以为有基础有才智即可以了，因而，外务太多，不肯下苦功、勤学习、严格锻炼自己，专想凭聪明、耍技巧，侥幸创造出惊人的成就；有人以为有了积极性就一定可以成功的，而未考虑到要有坚固踏实和比较宽广深厚的基础和一定的天资与能力。

## 我们的任务

从我们学校来说，本学期工作要点我们已经提出：（1）继续深入教学改革。（2）继续开展研究工作。（3）大力加强政治思想教育。（4）适当健全工作制度。在两年的教学改革当中我们确实取得了不少成绩，现在需要深入和坚持将其全部完成。按新计划应开设的基础课必须努力将其全部开出。专业与专门化的问题必须结合需要与可能来仔细考虑，分别轻重缓急，有计划地进行。开展研究工作是结合实际的途径，亦是提高教学的主要关键和培养大学师资的重要方法，我们必须积极地来做的。政治思想教育不但影响我们工作的积极性和创造性，而且可以指导我们工作的正确方向，避免错误，少走弯路。健全工作的制度亦是必要的。这样才能将整个学校纳入轨道，保证计划的贯彻与实施。现在宪法诞生了，新的政府已经成立了，和我们盟邦苏联的合作经过与苏联代表团的会谈，又更向前推进了一步了……这些都是无比强烈的动力源泉，激励全国人民加速进行工作。我们高等学校亦不能例外。我们还要：

（1）努力学习宪法，领会宪法的精神与实质；并且养成"守法尽职"的良好品德。做一个人民教师，人民文教工作人员，人民的大学生，首先应该体会维护我们国家大法——宪法的严肃性。

（2）宪法是中国共产党领导中国人民革命的总结，是我们国家进行社会主义建设和社会主义改造的有力保证，标志着我们国家已经进入了一个新的历史时期。但在这个过程中，帝国主义和其他一切已经被消灭或将被消灭的阶级是不会甘心的，必然要来破坏我们，因此我们必须提高革命警惕，防止任何麻痹大意、松懈斗志、太平观念等错误看法。

（3）我们必须加强全校间的团结，真正做到思想见面。以对同学全面负责的态度来教好学生功课；以自己正确行动来感召学生，使学生潜移默化于不知不觉之中，成为一切合乎规格的国家工作干部。为此，全体老师、行政干部和同学们必须努力、深入、系统地学习马克思列宁主义，经常地开展批评与自我批评，来克服自己的资产阶级思想和一切非无产阶级的思想。为了完成党和政府交给我们的任务，我们必须反对不顾国家需要而单纯从个人得失出发的个人主义思想；必须反对不顾国家、学校整体利益的分散主义思想；必须克服在教学改革中以及其他工作中的保守观点和冒进情绪；必须克服执行计划、服从计划中的自由主义思想。总之，是要树立一切为了社会主义的思想。

最后，我引用毛主席在此次代表大会开幕词中所说的话来结束我的报告。他说："我国人民应当努力工作，努力学习苏联和各兄弟国家的先进经验，老老实实，勤勤恳恳，互勉互助，力戒任何的虚夸和骄傲，准备在几个五年计划之内，将我们现在这样一个经济上、文化上落后的国家建设成为一个工业化的、具有高度现代文化程度的伟大的国家。"

（原载于《人民南开》新第 61、62 期，1954 年 10 月 21 日）

# 发挥科学潜力，积极开展高等学校研究工作

我读到郭沫若院长在中央人民政府政务院 204 次政务会议上所做"关于中国科学院的基本情况和今后工作任务的报告"以后，进一步认识到科学工作在国家过渡时期的任务和在社会主义建设中的地位与作用，更明确了自己在今后工作中具体的努力方向。在这里我愿意来谈一谈自己的体会，并提出个人的一些建议，以供参考。

实现国家的工业化，发展和繁荣祖国的科学事业，是多少年来一直为中国科学工作者寤寐以求的。但在旧中国根本不可能实现，那些曾为正直的科学家们所苦心经营的一点科学事业，也遭受到国民党反动派无情的摧残，所以旧中国的科学状况是非常落后的，正如报告中所分析的"基础薄弱，发展不平衡，人数甚少"，而且还是远离人民的。只有在中国人民革命胜利后，科学和工人阶级的事业、人民的事业结合在一起，才开始有了自己广阔的发展道路，科学工作者真诚的愿望和理想才能得到实现。随着国家社会主义工业化的发展和胜利，过去科学落后的状况也就将永远成为历史上的陈迹了。

去年 10 月，党和政府明确指出了国家过渡时期的总路线和总任务，科学工作者经过学习、讨论，普遍提高了认识和觉悟，明确了国家社会主义的前途，要把我国建设成为一个伟大的社会主义国家。这一伟大的指示和号召是吸引一切科学工作者最强烈的力量，鼓舞着每一个人从事科学建设事业的热情，自愿和乐意地为自己人民的事业而忘我地奋斗。

今天中国科学事业的建设必须以苏联作为我们光辉的榜样，学习它先进的经验来指导、改进和提高我们的工作，这已是大家坚定不移的信念。苏联科学在相当短的时期内，获得极其伟大与卓越的成就，为资本主义国家所望尘莫及，成为世界上最先进的科学，取得国际科学首要与领导的地位。其所以如此，据我个人的体会，除了社会主义制度的无比优越性，保证和推进科学与工人阶级事业相结合，从而获得迅速和繁荣的发展，是最根本的原因外，还有两个重要的因素：第一，苏维埃科学是以马克思列宁主义的普遍真理所武装起来的，科

学工作者善于掌握与运用辩证唯物主义与历史唯物主义的理论来解决社会主义和共产主义建设中所提出的巨大的理论和实际问题。正如斯大林同志所指示的："我所说的这个科学中的人物，懂得科学原有传统的力量和意义，并善于为科学利益来利用这些传统，但终究不愿盲从这些传统，而当这些传统趋于陈腐而阻碍它前进时，他就有胆量和决心来打破旧传统、旧标准和旧原理，而善于建立新传统、新标准和新原理。"（在克里姆林宫招待高级学校工作人员时的演说）苏维埃科学家正是这样以其对共产主义事业的觉悟、信心和力量，发挥了每个人大胆的首创的精神与集体的智慧，推进了科学事业的发展和繁荣。第二，科学服从于国家生产与建设的需要，充分利用科学的成就于工农业生产，而工农业生产的发展又推动了科学事业蓬勃的发展。因此，把科学提到空前未有的发展水平，而科学研究具有鲜明的目的性与缜密的计划性，预见科学进展的新方向，动员一切科学的力量集中进行研究。科学家能够贡献出自己最大的力量来解决生产建设中的科学技术问题与进行基本理论的研究，以发扬光大祖国的学术和文化。

在我国进入计划经济建设的第二年，如何发展科学事业的问题，已经提到国家建设的重要议事日程上来了。学习苏联来发展我们的科学已经是刻不容缓的事情。根据我个人的认识，学习苏联发展科学事业的精神，按照国家在过渡时期总任务的要求，研究解决社会主义工业化和社会主义改造中的各项科学问题，在目前时期要：（一）团结组织全国的科学人才充分发挥现有的潜在力量，加强马克思列宁主义及苏联先进科学经验的学习与介绍;（二）大力开展有计划、有目的、有重点的科学研究;（三）积极培养青年科学研究人员;（四）加强党与政府对科学工作的领导。加强这四方面的工作是十分重要的。

中国科学院成立后，集中了一批科学研究水准较高的人才，四年来经过调整改组已初具规模，渐入轨道。它在促进科学发展方面担负着主要的责任。郭沫若院长的报告中对现今中国科学工作存在问题的分析是正确的，工作任务的提出是恰当的，改进的措施也是切实可行的。这个重要报告的发表对于全国科学工作者具有极大的教育意义和指导作用，必将受到全国科学工作者热诚的拥护和支持。报告中指出："为了在现有基础上适当地组织科学研究的力量，使之能最有效地在国家建设中发挥作用，首先就需要加强调查研究，进一步全面地了解我国现在科学基础和力量，并据以制订确实可行的工作计划与发展计划，这是目前科学院工作中首要的也是最根本的问题。"这是完全正确的，也是目前迫切的首要的问题。

我想从高等学校开展科学研究工作方面来谈一谈这个问题。目前全国各高等学校里集中了大量的科学人员，是一支雄厚的潜在力量，它在科学研究事业中所能起的实际作用是很不小的。目前尚缺乏积极的办法，真正有效地组织起来，加以发挥和运用。科学院作为全国科学工作的中心，应该与高等学校取得密切联系和合作，大力予以协助和指导。一方面，可以通过各专门学会与科联来了解与组织各地区，包括学校、厂矿、机关等方面的科学人员，使其发生联系，进行讨论，发挥集体的智慧，形成解决问题与指导研究的核心，为将来各地区成立科学研究机构创造条件并打下基础。另一方面，可以通过中央高等教育部与各高等学校取得密切配合，有计划、有步骤地大力开展研究工作和培养青年科学研究人员。关于前者，若干地区的科联分会正在创造经验，本人不拟多谈，兹集中讨论后一问题。

无疑地，今天的高等学校是国内具有最雄厚的科学研究后备力量的机关，对之应有正确的估价。高等学校共有三部分人员可以进行科学研究。首先是教师，其中受过研究工作训练或基础较好、在适当指导下可以做些研究的，包括教授、讲师与具有数年教学与管理实践经验的助教在内，根据粗略估计约占全部教师的半数。第二部分是研究生，他们在修业期满必须提出研究论文，研究题目可以结合国家生产建设与学术上的需要来拟订。研究生目前人数不多，但今后是要大量招收的。第三部分是每年应届毕业生。按照新的教学计划均有毕业论文或论文设计的规定，他们的研究论文或设计可与教师的研究相结合，分担其中比较简易的研究部分。当然这三部分人员的研究能力目前究竟有多大是个问题，而且尚有教学和学习的任务，但可抽出一定的时间从事研究，而且这一部分研究力量是逐年迅速增长着，估计它的增长速度要比科学院本身力量的增长大好几倍。由此可见，高等学校中科学研究的潜在力量是极其雄厚的。

自从去年科学院访苏代表团归国后，将苏联先进经验做了广泛的传达，各方面都十分重视。中央高等教育部召开的全国综合性大学会议又正确地讨论和解决了高等学校教学与科学研究的关系，大家都有了新的认识，了解到在教学上理论必须结合实际，教学和研究是一件事情的两个方面，是不应割裂分离的。教师一面进行教学，一面又须开展研究，教学的理论可以指导研究，研究的成果可以丰富和提高教学，所以科学研究是教师岗位工作的一部分，而且是不可缺少的部分。这已经引起普遍的重视和响应。

目前高等学校的研究工作，除个别学校外，尚未具体开展起来。一方面由于还存在不少思想上的障碍，如强调任务重工作忙，或对研究工作悬格过高等，这有待进一步地提高认识，端正态度。另一方面有其实际的原因。自从 1952 年进行教学改革运动以来，教师们将绝大部分时间和精力用在学习苏联教学经验上面，如拟订教学计划、教学大纲，编译教材和钻研内容等。现在大部分基础课程已粗具规模，虽然尚须结合实际逐渐修订，但这是今后长期的工作。至于专业和专门化的课程，除少数例外，尚未就绪，涉及这一方面工作的教师固然人数不是太多，不过恰为开展研究工作中的主要人员。所以目前要普遍广泛地开展研究则对于专业与专门化课程的准备有一定程度的影响。此外设备不足、对领导研究缺乏经验等也是实际存在的困难，这些都需要我们逐渐加以克服。如果我们再从需要方面来着眼，教学质量需要迅速提高，生产建设中所涌现的大量科学技术问题亟待解决，这些都是十分重大的理由来让我们早日开展这一工作。即从目前本身任务，应届毕业生和研究生的人数逐年飞跃的增加来考虑，也是必要的。因为按照规定他们都须作研究论文，如果教师不先走一步以便有所准备并取得经验，则今后在掌握与指导学生研究上，一定会发生不少困难。因此，各高等学校必须下最大的决心，即日选择一两个重点系开始着手进行以创造经验，逐渐扩大范围。

高等学校在开展科学研究工作中，需要科学院积极协助与指导，俾能逐渐密切配合，打成一片。在人力的配备上，也须照顾到高等学校目前教学任务重、大量青年教师尚待培养的实际情况。为了进一步加强这一工作的领导，个人建议，科学院和中央高等教育部共同研究解决关于全国范围内各高等学校科学研究工作的统一领导和统一计划的问题，并可考虑在重点学校重点系建立研究小组，今年暑假期内进行组织，拟出计划，以便在下学年开学后逐步开始有领导、有计划、有重点的研究工作，采取稳步前进、逐步发展的方针。第一年参加人数不宜过多，根据目前人力与设备的条件来考虑，估计约占全国教师 $1/20 \sim 1/15$ 的人数。明年再扩大范围增至 $1/10$ 左右的人数。如是逐年增加，确乎是一支科学大军。经过很好的培养和提高，对于今后国家生产建设中科学问题的研究，是可以做出极大的贡献的。尚望各方面共同研究，以促进中国科学事业的繁荣和发展。

（原载于《科学通报》，1954 年第 6 期）

# 在中国科学院学部成立大会上的发言*

我们热烈地讨论了郭院长、张副院长的报告，中国科学院五年计划纲要，以及吴副院长关于物理学数学化学部的报告。最初对某些问题有些不同的看法，但经过研究和自由争论，观点渐渐趋向一致。最后我们一致同意并且拥护以上的报告。这里值得特别提出的是，苏联科学院代表团团员达纳那耶夫通讯院士以及苏联顾问拉菲柯夫同志都参加了我们的会议并发表了意见。苏联科学院的先进经验以及他们个人在科学组织工作方面的丰富知识给了我们极宝贵的指导和帮助，使我们对不少问题有了明确和一致的认识。

根据苏联科学先进经验，大规模的科学研究分科学院、高等学校、产业部门研究机关三部分来进行。为了使科学研究为生产服务，同时又能丰富和发展本门科学，征服自然，就必须要组织起来进行分工合作，才能收到最大的效果。这里，我完全同意和拥护郭院长报告中所提出的分工原则：科学院主要的应该是研究基本的科学理论和解决对国民经济具有重要意义的关键性的科学问题，生产部门的科学研究机构主要应当解决生产中的实际技术问题，高等学校的研究部则根据其具体条件研究基础的科学理论或实际生产中的科学问题。

由于我个人从事高等教育工作多年，现在又被推选为中国科学院学部委员，因此想就高等学校和科学院合作的问题发表几点意见。

首先，我认为高等学校和科学院有共同性也有联系性。科学院是专门从事科学研究的机关，高等学校则是一方面教学，一方面研究，而且我们已逐渐认识到教学和研究不是对立的而是一件事物的两个方面。这就是两个机关的共同性。同时，中国科学院有许多人是从高等学校转过来的，例如目前 233 名学部委员中就有 90 多名是高等学校的同人，占 1/3 以上。高等学校中也有不少科学

* 1955 年 6 月 1 日至 10 日，中国科学院学部成立大会在北京举行，正式宣布中科院物理学数学化学部、生物学地学部、技术科学部和哲学社会科学部成立。参加大会的除学部委员外，还有中科院各研究机构和高等学校及有关单位的负责人。杨石先被任命为物理学数学化学部委员、化学组组长，并在学部成立大会上发言。

院的同志在兼课和设置专业，这就使我们两个机关联系起来了。

其次，两方面的合作不但是互相有利，而且也是完全必要的。从科学院角度来看，科学研究人员太少，只有两千多人，高等学校则有三万人，其中能做科学研究以及将来可做研究的至少有一万人，潜在力量很大。科学院要扩大研究队伍，来和高校共同负担国家任务，同时还要填补学科及地区分布的空白点，培养科学研究的新生力量，这些都可以从大学得到帮助。所以科学院要领导全国科学研究，高等学校应是组织领导的第一步，也是重要的一步。另外一方面，从高等学校角度来看，高等教育部根据苏联顾问的建议，号召大家继续开展科学研究工作，可是很多教师从未做过研究，因此如何开展研究，特别是研究的经验、图书仪器设备、专门课程的计划、学生生产实习、研究论文等方面，科学院都可以给予很大的帮助。同时，过去高等学校的主业是从事教学或编讲义，学术气氛不浓，现在开展科学研究可以大大加强学术气氛，真正成为高等学府。

那么，双方的合作是不是就没有问题了呢？据我个人了解，有些同志还存在一些顾虑，而我认为这些顾虑都是不必要的。科学院方面有人认为高等学校潜在力量虽大，但要组织指导也很艰巨，可能要影响研究所本身的工作，科学院拿出的多，得到的少，不合算。而且高等学校领导的看法和我们不一致，组织高等学校的力量，他们疑心大，因此科学院就认为时机没有成熟，等一等再看。这种情况开始可能会有的，但逐渐会愈来愈少。我们从国家全面观点来看，要把全国科学研究组织起来，总要付出相当的代价和努力才能收到效果。组织科学研究是国家的共同事业，更不应该计较哪个单位得的多，哪个单位得的少。而工作的艰巨性也不必看得过分严重，因为高等学校一万人并不是一下子全部做研究，可以有重点、有步骤地开展，具体办法我后面还要提到。至于高等教育领导方面，固然有部分人看法和我们不一致，但也有一部分是和我们看法相一致的，我们应该极力地争取统一认识，采取暂时放一放的态度是不够正确的。高等学校方面也有不少顾虑，例如怕科学院把水平高的教师拉走，又顾虑科学研究要挤时间，影响学校的教学和行政工作；有的同志看到高等学校常常强调教学第一，研究应该结合教学，因此就认为未必能做出很多成绩来。这些看法我认为都是不正确的。因为国家使用干部要看他在什么地方发挥作用大，如果他适宜于科学研究，在科学院可发挥更大作用，就应调到科学院工作；如果在学校也可以做研究，同样发挥作用，也可以留在学校，反之亦然，不应怕拉走。当然，之所以有这种想法和目前高等学校的师资不足、水平不高的情况也有关，但一定是可以随着力量的发展而逐步得到克服的。关于工作的时间问题，根据苏联经验，教师有工作量和工作日的制度，矛盾是可以解决的。

目前，高等学校中科学水平高的人有不少是担任校院长、教务长、总务长等行政职务的，往往有许多行政事务工作，应该训练行政干部来分担；社会工作也如此，各项工作都要抓积极的、前进的以及学术威望高的教师来担任，因此造成兼职过多的情况，长期发展下去损失很大。因为中国的科学人才太少了，应该让他们空出一定时间来从事科学研究。至于教学第一、研究结合教学这种提法，我认为是不够全面的。可能开始时有部分人由于教学不熟悉进行教材编写工作，以后也不会全部人都去进行这方面的研究。目前全国 14 个综合性大学也提出有计划、有步骤、有领导地开展研究工作，有不少学校举行科学讨论会检查研究工作的结果。事实证明，研究题目是多种多样的，结合教学、研究教学法及编写教材只是一部分而且也是不大一部分。研究题目很多是从生产实习中来的，有些是和产业部门或研究所合作的，总结苏联先进经验在中国推广的结果的，以及总结劳动模范的生产经验提高到理论水平的，也有参加学术思想批判斗争的。从实际情况的分析中可以看出，高等学校的研究题目是形形色色的，绝不是专提教学。另外，我们更应该认识到教学不应和研究工作对立起来，而是一件事的不可分割的两个方面，科学研究做得好也必然会提高教学水平。

最后，我建议组织高等学校的科学研究可以分两步走：第一是调查了解研究力量的情况，加以分析。例如某一学校有哪些方面的潜在力量，每个人的力量也应做具体的了解，他是初级的或是有经验的人才，要做出精确的估计。第二步，科学院应和他们建立联系，可以从小的工作开始，订定短期的试行计划，经过一两年再将力量正式组织到科学院的计划中来。这样，由点到面就可以逐渐形成全国科学工作网，也就可以利用高等学校的力量作为空白地区的据点，为我们成立工作站或研究所打下基础。

我相信只要我们科学院和高等学校团结起来，我们一定可以完成国家交给我们的光荣任务。为了新中国科学事业辉煌的未来，请让我预祝科学院和高等学校的全体同志大团结！预祝大家在科学事业中对祖国的社会主义建设做出更多更大的贡献！

# 教学、科学研究和教师进修[*]

　　综合大学的基本任务是为国家培养合乎规格的科学研究人才和师资；同时，综合大学又是国家科学、文化水平的一个重要标志。它既负有为国家培养科学后备力量、扩大科学队伍的责任，也负有不断提高科学水平的责任。因此，综合大学在积极完成培养干部的任务的同时，也还必须努力开展科学研究工作。在综合大学内，教学与科学研究是相互联系、相互为用的；但是，教学与科学研究毕竟又是两项不同的工作。要想完成综合大学的任务，把这两项工作都做好，关键是在于认清它们之间的联系和区别，认清综合大学的性质和我校的具体情况，随着学校工作不同的发展阶段，将二者妥善安排，并且在实际工作中，尽可能地把它们有机地结合起来。

　　那么，在过去几年教学改革期间，我们是如何对待这个问题的呢？我们有必要简要地回顾一下。

　　在教学改革初期，教学工作任务是非常繁重的。我们要进行教学内容、教学方法、教学制度等各方面一系列的改革，要开设许多新的课程，而我们对苏联的先进教学经验还很生疏。在这样的情况下，我们把主要力量放在教学改革工作上是必要的，是正确的。正因为那样做，才保证了教学改革能够比较顺利地、迅速地开展，取得了今天大家所看到的这样显著的成绩。但是，能否就认为在教学改革完成以前，除了教学工作以外，就不能兼顾科学研究，或者认为除非教学质量有了保证之后，才能开展科学研究呢？显然是不能的。事实上，在教学改革的过程中，就证实了要想不断提高教学质量，更好地完成教学改革，必须进行科学研究。许多教师在教学实践中也体会到，要把最先进的科学知识传播给学生，要训练学生创造性地运用所学的知识，培养学生进行科学研究的能力，就必须教师自己把科学研究开展起来。因此，从 1954 年开始，当教学改革基本走上轨道后，我们就纠正了忽略科学研究的现象，着手大力推动科学研

---

[*] 本文是杨石先于 1956 年 9 月 29 日在南开大学全体教师大会上的报告全文。

究的开展。在这几年中，我们取得了开展科学研究的一些初步经验。例如：如何使科学研究与教学、生产实践相结合，如何确定研究方向和选择研究题目，加强科学研究的组织工作，开展学术思想批判和学术上的自由讨论等等。当然，这方面的经验还是很不成熟的，存在问题也是很多的。总的情况是科学研究开展得还不够好，还不能适应形势的要求。

这些问题没有得到较好的解决的基本原因之一，是我们对教学和科学研究两者的关系，缺乏全面的、具体的安排，我们多少还停留在一般号召的状况，我们也缺乏领导和组织科学研究的经验。现在党和政府又向我们发出了"向科学进军"的号召，要在 12 年内，使最急需的科学部门接近世界先进水平。当然，大家都是热烈响应这个号召的。而要在实际工作中，具体地贯彻执行这个号召的精神，那么妥善地安排教学和科学研究的关系问题就更为突出了。因此，现在完全有必要来认真地、深入地解决这个问题。

如何解决呢？我现在提出如下五方面的一些意见，请同志们研究、讨论。

第一，我们需要再一次统一思想认识，把一些带有原则性的问题再进一步明确起来。毫无疑问，在向科学进军中，综合大学的任务是更加繁重了。我们要完成为国家培养合乎规格的建设干部的任务，也要部分地担当起提高国家科学水平的任务。我们不能只搞教学，忽视科学研究，否则，就不能不断地提高教学质量，也就不能保证培养干部的质量。但是，也不能认为现在要集中力量搞科学研究了，教学是次要的了，因而不愿意或者想尽可能少地担负教学工作，对教学工作中的问题不再深入研究。教学若受到了削弱，即使有些同志的科学研究工作取得了成就，甚或是比较重大的成就，也不能保证培养出足够的、合乎规格的建设干部，从而也不能真正地、迅速而又彻底地提高国家的科学水平。因此，教学和科学研究二者不能有一偏废，或有所忽视，否则，都将影响我们的任务的完成。

但是，要妥善地安排教学工作和科学研究工作，使它们不至于有所偏废，首先，就要认清综合大学的特点。我们知道，综合大学既是教学机构，又是科学研究机构。作为一个教学机构，它的科学研究工作就和一个纯粹的科学研究机构不尽相同。它的科学研究工作在很大程度上需要和教学工作相结合。例如：有许多科学研究工作是和开设专门化或选修课程、指导毕业论文、指导研究生等相结合的，不少的科学研究工作不是以论文的形式而是以教科书或讲义的形式出现的。这种类型的科学研究对于提高教学质量、提高我们的科学水平所起的作用也是很大的。在目前阶段，这种类型的科学研究，尤其不容忽视。

其次，还应该承认，科学研究工作是复杂、艰巨的劳动，需要一定的时间。

而由于我校各方面条件的限制，科学研究的开展必须经过一个由无到有、由小到大、由低到高的发展过程。去年科学讨论会举行的情况，可以说明我们已经初步解决了科学研究的有无问题，今后需要继续扩大和提高。我们要鼓励大家勇于发表科学研究的成果，但也不能要求过急，普遍地要大家立刻拿出研究的成果；对科学讨论会和学报论文的质量，也不能要求过高。对于那些愿意进行比较重大的问题的研究而又有条件这样做的教师，还应当给予较长的时间，为他们创造更好的条件，使他们能做出较大的贡献。总之，我们要认清我校科学研究的发展过程，不能脱离实际，操之过急。但是，也绝不能在新形势之下，满足于现状，不积极地创造各项条件，推动科学研究工作的开展。

第二，要具体地安排老教师的教学和科学研究工作。现在一般的老教师的教学任务还是较重的，要积极地开展科学研究，就不可避免地会在力量的使用和时间的安排上产生一定的矛盾。要适当减轻这些矛盾，必须按不同情况，分别对付。对教学有丰富经验而又能领导科学研究工作的教师，在安排他们工作的时候，应该积极地从各方面创造条件，使他们能够进行科学研究。他们的一般教学工作应该适当减少。如果能够有人接替他们的部分教学工作，就由别人接替，没有人接替，就早些培养，以使他们的主要力量能够用于开设专门化（选修）课程，进行重要的科学研究工作和培养研究生的工作；并且还可根据他们的科学研究工作的开展，组织一些青年教师，在他们的指导下进行科学研究，以便逐步形成科学的集体。目前正在筹设新的专门化或者准备开设新课程的教师，如果兼顾科学研究确有困难，可以通过专门化的筹设和新课程的准备，创造和准备科学研究的各种条件，为以后的科学研究工作奠定基础。对有研究经验而研究工作曾经中断过一个时期的教师，或者是教学效果好但缺乏科学研究经验的教师，应当给他们一定的准备时间，有计划地结合教学，逐步进行。

对重要的基础课，原则上希望能由有丰富教学经验的教师来担任，但仍应考虑具体条件，不要强求。如果需由青年教师来担任，一般地，教研组要注意帮助其保证教学质量。对毕业论文等教学环节，可根据高教部最近的指示，结合各单位的具体情况，灵活掌握。我们应该设法逐步提高这些教学环节的质量。但目前学生多，操作水平低，指导毕业论文的教师少，对于毕业论文的要求就不宜于过高，免得产生教师对学生具体帮助过多的现象，免得许多有领导科学研究能力的教师把大部分精力都用于这一方面。教师的这部分精力节省下来，可以转移到科学研究上去，这样做，对以后毕业论文的开展和质量的提高会有很大的好处。当然，我们也应该积极培养青年教师逐步地担负起这方面的任务。

第三，要妥善地安排青年教师的进修提高。在向科学进军过程中，青年教师迫切要求提高的心理是可以理解的。而培养青年教师是迅速地扩大我们的科学队伍、提高我们的科学水平的十分重要的一环。这项工作既符合国家利益，也符合教师个人的利益，必须予以重视。

我们认为，对青年教师的培养，也要根据个人情况，分别对待。一般说来，除少数毕业不久的专修科和提前毕业的助教需要以一部分时间补课以外，主要的途径是通过教学和科学研究。而一般青年教师，应该首先熟练教学业务，通过教学工作来培养提高；有条件时，就开始科学研究。但在初期，要求不能过高，也应该密切结合教学工作，可采取做专题报告、做小的实验研究题目等办法。比较成熟的青年教师，应该有一部分时间进行科学研究，其中主客观条件具备，经过批准，还可以按照研究生的要求，进行学位论文的准备。在准备期间，可按不同阶段适当减少教学任务。如果本校没有这方面的导师，可争取其他兄弟学校或科学院的指导，必要和可能时，也可派至校外进修。初担任教学工作的青年教师，一般应当把进行教学工作作为提高的途径。

目前在这方面存在的问题是有些青年教师心情过于急躁，有的不愿意担任教学工作，强调脱产进修；有的不愿担任基础课的各种教学任务，如管实验、上习题课；有的没有经过教研组的同意，自己决定进修的方向。另一方面，有些青年教师的具体培养方向没有明确，有些导师对青年教师的指导也不够，使他们独自摸索。我们希望青年教师能够明确：担负一定的教学任务是必需的，在教学中培养、提高也是必要的，在工作中应该尊重导师的意见。我们也希望老教师能够认真地担负起培养师资的光荣职责，更多地关心青年师资的进修、提高，加强具体指导，使我们的教学和科学研究工作不但后继有人，而且队伍还能迅速地扩大。

大家知道，国家的干部是非常缺乏的。我们不可能一方面允许许多教师脱产进修，另一方面向国家多要师资。大家也知道，担负并很好地完成教学任务是每一个教师的基本职责。培养和提高师资，首先也是为了能把教学进行得更好。因此，培养青年教师一般地应当采取在职培养的方式。但是，为了迅速地培养师资，满足工作的需要，我们也不排斥脱产或部分脱产进修的方式。我们认为，凡教学上确有急需，如筹设新的专门化，开设新的课程，而我校缺乏培养条件者，可以到校外有关部门进修；我校有条件培养者，可在校内脱产或部分脱产进修。在抽调教师脱产进修的时候，还必须考虑他们的业务条件。

此外，我们还应该加强有计划地选派教师出国进修的工作，以进一步提高科学水平，适应我校教学和科学研究工作长远发展的需要。过去，我们在这方面的预见性和计划性都是不够的，今后应该注意安排。

以上是就教学、科学研究、培养师资的关系和各类教师力量的使用和安排提出一些一般的原则意见。大家如果同意，就请根据各单位的情况，研究、安排、提出具体的方案。

第四，要积极地创造和改进教学和科学研究的条件。教师力量的合理使用，教学和科学研究的合理安排，重要的一个方面决定于教师时间的运用是否合理。不可否认，我校对这个问题的解决是不够好的：有些教师还过多地纠缠于事务工作；会议、接待制度没有很好地被贯彻执行；兼职问题没有彻底解决，尤其是有些系主任和教研组主任的行政事务工作过多，影响他们的科学研究，这对我们的教学和科学研究的领导是非常不利的。这些问题，有的是学校能够解决的。我们已经决定由校长办公室负责，配合各有关方面研究如何保证教师六分之五的业务时间问题；同时，还决定以物理系为重点，从工作制度、干部配备、工作方法等方面，深入解决系行政工作中的问题。我们希望各单位也要深入解决本单位所能解决的有关教师时间合理使用的问题。

我们的条件比起一般院校还是较好的，图书、仪器如果学校没有，还可以到北京设法，等到自己工作有了成绩，当然设备更容易取得。科学院、高教部、市，都可以帮助。

关于教学和科学研究的物质条件也还是不能完全满足需要的，这方面的工作困难是不少的。现在国家各方面的建设都在向前发展，都需要资金和各种物资，因而给学校的资金常是很紧的，物资的供应，如五金机械材料、建筑材料等也是有限度的，图书、仪器也常常不易买到。因此，我们对教学和科学研究的物质条件，一方面要尽可能改进工作，逐步满足需要；一方面也必须考虑可能的条件，不是每一项需要都能满足的。我们必须把国家分配给我们的有限度的资金和可能得到的有限度的物资，精打细算地、有效率地使用，以使在教学和科学研究工作上发挥最大的作用。我们还需要做好年度预算和年度设备计划，以使我们的需要得到较好的供应。没有计划的、临时提出来的需要，是很难得到供应的保证的。当然，由于科学研究工作的特点，有些需要的物资，不易事前计划全年的需要，这种情况，我们已一再向上级反映，希望将来能够有所改善。对一些带有全国性的问题，如物资的供应等，我们也要向上级反映，但也有些问题是需要一个解决过程的。

我们已责成总务处在最短期内建立教学设备科，这会使教学和科学研究的设备条件得到较好的保证。但是，有些有关设备的工作，特别是专门的设备，仍旧需要教师共同设法，甚至需要教师亲自购置。

关于研究助手、教学辅助人员和各种技工，人事处已在大力解决。现在教学辅助人员已经来了不少，希望有关各系制定必要的制度和具体培养计划，加强培养，合理地使用。

行政事务工作是要为教学和科学研究工作服务的，我们需要在行政人员中进一步树立这个思想。现在一般行政人员的工作态度是积极负责的，但工作中的困难也是不少的，有的不是一校、一科、一人所能解决的，有的也不是很快就可解决的。我们希望行政人员继续努力发挥工作中的创造性、主动性，尽可能地克服困难，满足教学和科学研究工作的需要。我们也希望教师能够更多地了解行政工作的问题，多多提出改进意见。大家同在一校，工作性质虽有不同，但目的是一致的。只要大家能够相互了解，相互关心，能够多为对方着想，多提改进意见，能够正视困难，共同克服，我们的工作是会搞得更好一些的。

第五，要改善教学和科学研究工作的领导。首先，是要在各级领导中明确教学与科学研究的关系，要认真地、具体地、妥善地根据不同情况，安排教师的力量。其次，是要进一步贯彻民主集中制的精神。各级领导要善于听取和分析各方面的意见，深入基层，深入群众，和教师一道研究教学和科学研究的经验，贯彻"从群众中来，到群众中去"的领导方法，克服一般化的领导方法和工作不深入、解决问题不及时的缺点。同时，在广泛发扬民主的基础上，也要加强集中统一领导，注意克服目前工作中存在的一些问题，如议论很多，但不能统一认识，做出决定；或者只从一方面看问题，没有经过充分讨论和领导的同意，就自做决定等。最后，要在教学和科学研究的领导上，给予系以必要的灵活性。例如，对高教部发下的"教学工作需要采取的若干措施"的掌握，教学、科学研究经费的掌握等等。

同志们，以上五方面的意见，主要是针对我们教学、科学研究和培养师资的关系提出的，没有包括教学和科学研究工作的各个方面，所提意见也不是十分成熟的，请大家研究、讨论。

（原载于《人民南开》新第 137 期，1956 年 10 月 6 日）

# 在邓小平同志主持的关于科学、教育工作座谈会上的发言*

　　我就如何把科学技术搞上去，向中央提出以下建议：（1）成立国家科委，统一管理和协调全国科学技术工作。各省、市、自治区也应当有相当的机构。（2）通过一定的方式选拔优秀科学人才。由于条件和所受训练、锻炼不同，有些人不适合搞科学，勉强搞也上不去。运动员、演员都可以选拔，为什么培养科学人才不能选拔呢？（3）要采取措施，把中年教师从烦琐事务中解放出来，充分发挥他们的作用。现在学校教学、科研的担子主要落在 40 岁左右的教师身上。学校"服务行业"搞得不好，买一瓶药、一个零件，都要教师自己去买，守夜、巡逻，教师都要参加。学校里还搞什么"包乘组"，各个专业要自成系统，专业教师不仅要教专业课，还要教物理、数学、外文，用非所学。教材年年编，每个学校都自己编，大同小异，浪费很大。这些问题，上面要说话，不创造条件，工作是搞不上去的。（4）在中国驻美联络处设一个科学教育秘书。在美国的美籍华人学者很多，几乎每所大学都有，多的六七人，少的也有二三人。他们多数愿意为发展我国的科学技术做出努力。如果我们设有科学教育秘书，可以进行必要的联系。

---

　　* 1977 年 8 月 4 日至 8 日，邓小平邀请部分科学工作者、教育工作者举行座谈会，共商如何把科研和教育搞上去。本文是杨石先在座谈会上的发言。

# 为革命学好数理化

我是从事化学工作的，新中国成立以来，曾多次幸福地见到伟大领袖和导师毛主席和敬爱的周总理。我在有机化学农药研究方面能取得一点成绩，首先应该归功于党的培养和教育。我在实践中体会到，作为一个科学工作者，必须掌握坚实的数、理、化等基础科学知识。关于学好基础科学知识的重要性和如何学好的问题，我简单地谈一点意见。

一、数学。这是自然科学中最基本的一门课程，物理学、化学和工程技术等都不能离开它。例如，我们搞有机化学研究的人在碰到有机结构理论上的问题时，要用到很深的现代数学。其他专业也一样，尤其是电子计算机和物理化学等方面，都必须学好数学。要学好数学，就要弄懂道理，多做练习。

二、物理学。农业现代化、工业现代化、国防现代化和科学技术现代化都需要物理学，我们应当掌握物理学中的基本理论和基本实验技能。

三、化学。我国地大物博，资源丰富，如石油、天然气以及各种矿产等，这是发展农药、化肥、医药、炸药、染料等工业品的原料。现代高分子化学应用很广，如塑料、纤维、橡胶等工业发展很快，这些和我们的衣、食、住、行都有密切的关系。大力发展化学工业，可以促进我国尽快实现四个现代化，所以我们必须掌握化学的基本理论和基本实验技能。

这里强调的是必须重视科学实验。在自然科学中建立一个理论，必须用实验证明它，没有实验的证明，理论是不能成立的。不断总结实验工作又可以发现新的理论。

四、外文。我认为在学好本国语文的基础上，再学一两门外文是十分必要的。我们不懂外文，对外国科学发展的状况就无法理解，也无法学习他们的先进技术，甚至会不知道赶什么、超什么。学习外文首先要有耐心和恒心，一鼓作气，逐步达到能阅读专业书的能力。

为了使青少年学好数、理、化，我还想对中小学教师说几句话。

中小学教师同志们：你们担负着教育青少年、为我国培养又红又专人才的重大任务，工作很光荣，也很辛苦。我国社会主义革命和建设事业，需要规模宏大的又红又专的忠诚党的教育事业的教师队伍。我们新中国成立以来，教育战线的广大革命教师，为贯彻执行毛主席的无产阶级教育路线和方针、政策，付出了繁重的劳动，取得了很大成绩，应当受到各方面的尊重。在党中央向科学技术现代化进军的伟大号召鼓舞下，广大中小学教师精神焕发，为革命而教的干劲倍增。你们肩负着多么重大而光荣的任务啊！我衷心希望你们继续坚持坚定正确的政治方向，认真负责地从思想到业务带好、教好青少年，对他们的学习严格要求，严格训练，包括加强课外活动的组织和指导，为他们今后的学习和工作打下坚固的基础，使他们从小学起就对科学感兴趣，这也是你们为实现毛主席和周总理的遗愿，实现四个现代化做出的最大贡献。让我们在党中央领导下，抓纲治国，继续革命，团结战斗，奋勇前进吧！

（原载于《天津日报》，1977 年 10 月 26 日）

# 在高等学校科研工作座谈会上的发言

这次因参加高等学校科研工作会议，得以有机会参加这一座谈，感到十分幸运。我谈几点个人意见：

大家对教育和科研的看法还有相当大的分歧，很不一致。例如有人说："教育是消费机关不是生产机关"；"是教人读书学习，提高文化知识水平，不是研究机构"。试问各部门的行政工作人员、科研部门的研究人员都是哪里来的？是从天上掉下来的？不是。过去强调"在干中学"，那是因为训练合格人员缺乏，迫不得已的办法，必然造成效率低、质量差的结果。各级学校是培养人的地方，它的产品是人不是物，而人是国家最宝贵的财富，那么怎能说教育是消费机关而不是生产机关呢！我说教育是人类最大、最重要的生产机关。现在有些人一提生产，就把教育一脚踢开，这是什么逻辑？人的数量不够、质量不高，四个现代化怎么能大干快上？二十几年一晃就过去了，然后回过头来检查原因，说教育拖了后腿，那就太晚了。至于说教育不是科研机关，高等学校只是读书学习的地方，没有能力搞科学研究，这是一千多年来封建统治者愚民政策所造成的结果，世界上其他国家如美洲、欧洲、日本都不会有这种看法。因为高校有各方面的人才，有老、中、青三代不断地衔接，有三代人是任何科研机关所无法比拟的。欧美从1500年以来科学研究在高校里已成为风气。首先从理论方面扩展了领域，然后在生产方面发挥了巨大的作用。高等学校是两个中心（既是教育中心，又是科研中心）没有人会加以反对，因为这是经验证明了的。中国在春秋战国时期诸子百家人才辈出，凡具一技之长，无论是匠人还是御者都是受人们尊敬的。所以中国人在诸多科学上的发明创造要比欧洲早几百年。到了汉唐以后，崇儒学孔，实行愚民政策，专用经史训诂和文章辞藻选拔人才，在旧学校里面（太学、府学、县学等）连应学的也不学了，所以在科学技术上的发明就愈来愈少，于是被西方国家远远地拉到后面去了。这些封建统治者不是十分得意地说，天下英雄尽入我的彀中（意思就是说上了我的圈套）吗。

我是天津南开大学的一名教师，在1923年就参加了教学工作的。那时南开是一个私立的、规模很小的学校，学生只有三四百人。创办人是抱着"教育救国"的目的来办学的。因为他当时是清朝海军学校的学生，学校在威海卫。日俄战争时，日军占领了威海卫。战后清政府请英、法两国出面调停关于日本在中国应享有哪些俄曾取得的权利，日本获得旅顺、大连和中东铁路及其沿线采矿的权利。作为调停的报酬，威海卫被转归英国租借，广州湾转归法国租借。所以尽管威海卫是中国的领土，俄国国旗降落后却升起了英国国旗。由此他受到很大刺激，遂从海军学校退学，从事教育，力图唤起广大青年的爱国心，用各种方式来挽救国家。[①]先从一个地方绅士的家塾开始，从十几人到几十人，遂扩展成为一个中学。这个中学办得十分成功，不但全国各省都有学生来报考，而且从南洋，甚至美国的侨胞也来了。随后不久又办了女中和小学。在五四运动时，他办了大学。他是个实用主义者，认为文、理科都没有太大的用处，强调工科和财经。但办工必须有理，办财经必须有文，所以就设立了文、理、工、商四个学院。经费都是自己募捐得到的，从富商、大贾、军阀到贵官，但数量总是不够用的。然而还是设立了两个研究所：经济研究所（1927 年）和应用化学研究所（1930 年）。

　　新中国成立后，天津市因财经部门有需要将经济研究所调出学校。周恩来总理到天津第一次视察南开大学时（总理在南开中学毕业后曾在南开大学一年级学习过一段时间）发现只有几个人在搞农村经济，大为诧异。回答说大部分被市政府调走了。总理表示不同意，说市里只用得着一小部分，而全国性的、农村的以及世界的经济都要搞嘛！何况这个所是有国际地位的，更不能随便拆散。于是经济研究所又迁回来了。应用化学研究所则是化工、化学两系合办的，化工系占多数。但院系调整时化工系被调整到天津大学去了，应化所（应用化学研究所）遂被市里拿去改成工业试验所，由于将研究范围扩大，故未能将其恢复。在 1956 年周总理主持"全国十二年科学技术远景规划"时，我是参加的。关于农药的规划，大家点了科学院有机化学所的名，高校点了南开大学的名。总理说：大家要勇于承担国家的任务，可先安排在原单位抽三五个人搞起来，三五年后国家自有安排，先不要向国家要人要钱。为什么人家点我们的名？因为在第一次世界大战后，农药发生了一场革命，以前是用无机化合物如砷（砒霜）、汞（水银）、硫、铜等和某些植物如除虫菊、毒鱼藤、烟草、黎芦等做农

---

①"光绪二十三年（1897 年），英人继德、俄之后，强租我威海卫，清廷力不能拒，允之。威海卫于甲午战时，为日人占据，至是交还。政府派通济轮前往接收，移交英国。其时苓适毕业于北洋水师学堂，在通济轮上服务，亲身参与其事。目睹国帜三易（按：接收时，先下日旗，后升国旗，隔一日，改悬英旗），悲愤填胸，深受刺激！"——引自张伯苓：《四十年南开学校之回顾》，原载于《南开四十年纪念校庆特刊》。

药的。而在第一次到第二次世界大战期间，发现有机化合物如六六六、滴滴涕及有机磷神经毒剂可以在农药上发挥作用。特别是有机磷化合物在结构上比较复杂，它们的结构式可画成建筑物式的图纸。将结构的某一小部分做了变动，其就可以在生物活性上发生变化，就可以有多种的用途。因此，在短短三四十年中，农药从原来的三四十种发展到几百种甚至几千种。当然，我们要从这些农药中选出优点最多、缺点最少的进行生产使用。大家也许听过农民说的：能种不种在于水，多收少收在于肥，保收不收在于药。没有农药，就要有饥荒，许多人会饿死。我们在 1962 年成立了元素有机化学研究所。为什么叫做元素所呢？因为在八字方针发表后，全国都在进行整顿巩固，充实提高，大学毕业生一大部分分配不出去，高教部对我说，和科委与科学院也讨论过，觉得元素有机化学的范围大一点，理论性的东西多一点，是不是成立元素有机所。而目前的任务则是先搞农药，这涉及磷元素的有机化学。等到农药搞上去以后，再全面地开展元素有机化学的研究。

（1978 年）

# 在全国科学大会上的发言*

　　全国人民盼望已久的全国科学大会胜利召开了。这是全国科技界的空前盛会，是党中央向全国人民发出向科学技术现代化进军的动员大会。它标志着我国科学事业将进入一个新的发展时期。这次会议将成为我国科学发展史上新的里程碑。

　　我是个年过八旬的老知识分子，从事教育工作和科学工作已50多年了。今天我参加这次大会，抚今追昔，百感交集。

　　我的前半生经历过清朝末年、北洋军阀、蒋介石王朝几个不同历史年代，耳闻目睹了反动统治阶级丧权辱国的种种罪行。我青年时期，在国外求学时，被人瞧不起。当时，中国人被人鄙视为最劣等的民族。看到祖国被帝国主义任意宰割，祖国人民陷于水深火热之中，我心里非常难过。当时我认为中国之所以软弱无能，受人欺侮，主要是教育和科学不发达，国家不富强。所以，我曾三次赴美求学和从事科研工作，梦想走"教育救国""科学救国"的道路。可是历届反动政府根本不重视教育和科学，使我梦寐以求的愿望统成泡影。后来，中国人民在自己的大救星毛主席和中国共产党的领导下，战胜了国内外强大敌人，创建了新中国，中华民族苦难深重的历史才从此结束了。1949年，我作为教育界代表参加开国大典，在天安门城楼上，是敬爱的周总理把我介绍给伟大领袖毛主席。当我听到毛主席以磅礴宏伟的气势向全世界庄严宣告"中国人民从此站起来了"的时候，我热血沸腾，喜泪盈眶。新中国成立以来的20多年中，祖国的教育事业和科学事业以旧中国不可比拟的高速度蓬勃发展，又给了我深刻教育。两种社会两重天的鲜明对照，使我深深地认识到，伟大领袖毛主席指出的"只有社会主义能够救中国"这个至理名言是多么千真万确啊！

　　伟大领袖毛主席和敬爱的周总理对知识分子十分关怀和爱护，对教育事业

---

　　* 中共中央、国务院于1978年3月18日至31日在北京人民大会堂召开了全国科学大会。本文是杨石先在会议上的发言。

和科学事业热情扶植。新中国成立以后,我曾多次幸福地见到毛主席和周总理,亲聆教诲。可以说,我在世界观改造上的每一点进步,在教育、科研工作中所取得的每一点成绩,都凝结着毛主席和周总理的心血。

1958年8月13日,在沸腾的南开园里,我陪同伟大领袖毛主席视察了化学系师生在"大跃进"年代办起的生产车间(农药车间、离子交换树脂车间、放射原子锆的车间)。当时尽管车间十分简陋,但是伟大领袖毛主席对学校搞科研、学校办工厂,实行教学、科研、生产三结合的方向给予了热情的赞扬和支持。那天,毛主席还把我和天津大学负责同志召集在一起,向我们做了极其重要的指示:"高等学校应抓住三个东西:一是党委领导,二是群众路线,三是把教育和生产劳动结合起来。"毛主席的教导使我认清了无产阶级教育革命的前进方向。此后,我在教学和科研工作中能够努力坚持无产阶级政治方向,为社会主义教育事业和科学事业贡献自己微薄的力量,全是得益于毛主席的谆谆教诲。几年来,在毛主席革命路线的指引下,当年毛主席视察过的离子交换剂车间,目前已发展成为拥有离子交换树脂、催化剂、无机等几个车间的初具规模的综合性的校办工厂,成为教学、科研、生产三结合的基地。当年的农药研究小组现已发展成为一个研究所。以毛主席视察过的化学系为例,已发展成为拥有无机、有机、高分子、分析、物化、石油、环境保护各专业的一个大系。

周总理对我的教益,同样使我永志难忘。1951年周总理在接见京津文化界、科技界知识分子代表时,他曾用自己参加革命前后的思想变化和参加延安整风运动思想改造的亲身体会,向我们深入浅出阐述了毛主席为我党制定的知识分子政策和知识分子思想改造的必要性。周总理在这次大会上讲的一段话,至今还铭刻在我的脑海里。他说:知识分子的思想改造,只有民族的立场还不行。民族立场也可能发展成为民族主义,甚至堕落成法西斯主义。要想进行彻底的思想改造,必须认真学习马列主义、毛泽东思想,参加现实斗争,变民族立场为无产阶级立场。我听了以后,总觉得周总理这段话是针对我的思想讲的。他说的是多么真挚,多么中肯啊!记得周总理在一次接见我时问我:新中国成立前,你在国民党反动统治下,搞了二三十年的教育工作,你那"教育救国"的道路行通了吗?科研成果搞出了几项?到底被蒋介石采用了多少?周总理的教导长期以来激励着我努力学习马克思主义,自觉树立无产阶级世界观。周总理在一次垂询我的工作情况时,十分具体地帮助我分析和安排了教学、科研和行政管理等项工作。总理指示我:以后你要逐步地把主要精力放到科研上去。因为目前我们在这方面,队伍还很小,力量十分薄弱,但是科学技术对我们是十分重要的啊!四届人大期间,我又亲聆周总理遵照毛主席提出的发展我国国民经济的两步宏图，要求在本世纪内把我国建成全面实现四个现代化的社会主义强国的伟大号召。我为毛主席、周总理为我们展示这幅宏伟蓝图感到无比激动。我决心把我有生之年全部献给祖国的教育事业和科学事业。

但是，"四人帮"诬蔑实现四个现代化就是资产阶级化、"西方化"，鼓吹"卫星上天，红旗落地"的谬论。他们把国务院通过、呈报毛主席批阅的发展、繁荣我国科学的《汇报提纲》，胡说成"复辟纲领"，强令全国批判。他们公然对抗毛主席的重要指示，破坏党的知识分子政策，否定知识分子的作用，动不动就挥舞"洋奴哲学""爬行主义""业务挂帅""白专道路""资产阶级分子"种种帽子和棍子，打击迫害广大教育工作者和科技工作者，严重地削弱了学校的基础理论的教学和科学研究，打乱了教材的系统性、理论性和完整性，使讲授成了"无源之水，无本之木"。他们把大学办成了中、小学水平，实行愚民政策。看到"四人帮"在教育界横行无忌，给我国教育事业和科学事业造成极大危害，我怒火满腔。

在"四害"横行的日子里，南开大学元素有机化学研究所也面临着研究所被取消、科研队伍被拆散的灾难。而且，这个研究所唯一的中间试验车间也被调拨出所。看到研究所命运岌岌可危，我曾多次把自己的想法和意见反映给党组织，并贴出"坚持把研究所办下去"的大字报。我多次强调，南开大学元素有机化学研究所是根据周总理亲自主持召开的十二年全国科学技术远景规划会议和全国农业规划会议精神而建立的，它在为我国研制新农药上起到了一定的作用，任何人也不能随意将它砍掉。在四届人大开会期间，我准备向周总理汇报我们开展农药基础理论研究的情况和问题，却遭到"四人帮"在天津那个亲信的蛮横阻挠。总之，他们设置重重障碍，使我们无法好好工作；他们的目的，就是要把人们的思想搞乱，从而乱中篡权，复辟资本主义。

党中央一举粉碎了"四人帮"，为我们向科学技术现代化进军扫清了前进道路上的障碍。有毛主席革命路线的指引，有党中央的正确领导，有粉碎"四人帮"以后广大知识分子迸发出来的社会主义积极性，我国科学教育事业必定兴旺发达，在本世纪内实现四个现代化的大业必将胜利完成。

下面，我就如何把高等学校科学事业搞好，提出一些看法和建议。

高等学校是我国科学研究的一个重要方面军。新中国成立前，我国的科学技术力量十之八九是在高等学校。新中国成立后，中国科学院和产业部门的科研力量逐步成长起来，但高等学校的科研力量仍然占相当比重，在认真搞好教学的同时，积极开展科学研究，对于贯彻党的教育方针，搞好教育革命，造就工人阶级知识分子的宏大队伍，实现四个现代化都具有重要作用。高等学校在科学研究方面大有可为。对"四人帮"在高等学校的影响和流毒，绝不可以低估。"四人帮"向教育系统安插了帮派亲信，干扰和破坏了学校的正常教学秩序、专业设置和科研机构，搞乱了人们的思想。所以，头等重要的是进一步肃清"四人帮"的流毒和影响，端正路线。这项任务至今还不能忽视，还远未完成。

毛主席教导我们说："政治路线确定之后，干部就是决定的因素。"一个研究所（研究室）要配备能全面地、准确地执行毛主席革命路线、热心科学事业的政治领导干部。这样，党的各项政策才能真正地落到实处，才能调动起广大科学工作者的积极性，才能保证一个研究单位不致走偏方向。对于那些业务领导能力不强的班子，要选择内行或接近内行的人担任业务领导，物色勤勤恳恳、埋头苦干的干部负责后勤工作，以提高科研的组织和管理水平。不称职的干部应及时予以调整。

恩格斯指出："不管自然科学家采取什么样的态度，他们还是得受哲学的支配。"我们要提倡科学工作者学习马克思主义哲学，运用辩证法，树立辩证唯物主义和历史唯物主义的世界观。这对自然科学工作者来说是头等重要的事。有了它就能有正确的政治方向，有真正科学的思想方法、工作方法，科学研究工作才能沿着正确的思想路线和政治路线前进。我搞了几十年的教学和科研，对此深有体会。马克思精通数学并很注意其他自然科学。恩格斯为了批判杜林，专心致志地学习很多自然科学。列宁为了批判唯心论形而上学，学习了物理学。毛主席经常广泛地了解各门自然科学的最新发展，对农业、医药、尖端科学、技术和基础理论研究，都从辩证唯物主义高度做了精辟的科学概括。指导自然科学工作的各级领导同志就更应该多学习一些自然科学的知识，使自己的工作搞得更好。

周总理早就指出："没有一定的理论科学的研究作基础，技术上就不可能有根本性质的进步和革新。"我们高等学校在重视应用科学研究的同时，更要重视基础理论的教学和研究，发展基础科学。必须以当代世界先进水平为起点，对自然科学的各个学科开展系统研究，特别要注意各学科互相交叉渗透的边缘地带，及时占领学科中的新领域。这就需要校内校外、专业之间的协同作战。基础科学和理论研究难度较大，往往需要较长时间的努力，才能有所突破，所以必须坚持下去。我认为高等学校今后组织科学研究，要有一批相对稳定的、对国民经济和科学技术意义比较重大的专题，不要轻易地变来变去。

现在一个突出的问题，是科学技术方面后继乏人。"文化大革命"中我们辛辛苦苦培养的一大批科研人员被送走了、遣散了，这些人虽然在现在的工作岗位上有的也发挥了作用，但未发挥其全部作用，而有的则根本未发挥作用，所以要求将他们重调回来。另一方面，我们缺少中青年科技人员，尤其是缺少25岁至35岁有较好基础训练的青年人。培养科技人才，刻不容缓。为解决这个问题：一是要建立健全选拔制度，通过多种的方式选拔优秀科学人才。由于条件和所受训练、锻炼不同，有些人适合搞科技工作，有些人则不一定适合。运动员、演员可以选拔，为什么培养科学人才不能选拔呢？不适合搞科学技术的，做其他工作也许会做出更大成绩。二是必须办好高等教育。除培养合格的大学生外，大学（特别是重点大学）和科研单位都要尽可能地培养研究生。招收、培养研究生，这是充分发挥专家的作用、迅速培养科技骨干力量行之有效的方法。对青年教师和科技人员要加强基本功的训练，严格要求，严格训练，有计划，有考核，特别是应在中老年同志的指导下迅速提高他们的实验技能、外文能力和基本理论。同时，还要使大学师生及时掌握世界上自然科学的最新成果。目前，中年科技人员在科技队伍中占有相当大的比例。这一代，在我国科学技术队伍中是具有承前启后作用的关键一代。但由于"四人帮"的干扰破坏，其中多数人业务能力和所负的重任很不相称。对他们，要在老一辈科学家指导下，进行业务上的再提高。结合科研课题，经过三四年的严格训练，进步将会很快。可以举办短训班，培养某一方面的业务骨干，也可以送到外单位去，在有经验的指导教师帮助下，完成某一方面的学习或研究。对他们经过严格的考核后，要晋升一批讲师、副教授或教授。三是要重视同科学技术先进的国家进行学术交流和人员交流。应有计划地聘请外国专家来我国讲学，选送一批已有相当工作经验、有前途的中年科技人员到国外参观、考察或者进修。有成就的科学工作者出国参加国际会议也是完全必要的。要从多种角度来考虑问题，这是提高的好途径。

我有机会参加这次全国科学大会，感到很高兴。会上倾听了中央领导同志的报告，受到了很大的教育、鼓舞和鞭策；听取了代表们的发言，学到了许多先进经验，找到了我们工作的差距，明确了今后努力方向。我除参与学校的领导工作以外，主要精力和时间是用于我校元素有机化学研究所的领导并从事科学研究工作。我们这个研究所是在敬爱的周总理的亲切关怀下于1962年成立的，现已初具规模，建立了比较长远的、稳定的农药科学研究方向和元素有机化学研究方向，为支援农业生产和国防建设积极地开展了工作，做出了一定成绩。但同党和人民的要求相比，我们的工作还有很大差距。元素有机化学是有机化学的一个主要分支，是有机化学发展最快的主要方面之一。元素有机化合物在国防、医药、催化、有机合成和高分子研究上得到了广泛应用，在结构理论研究上有重要意义。它是很有发展前途的新学科。为在不远的将来赶上和超

过世界先进水平贡献力量，我们初步规划，三年努力充实、加强元素有机化学
和农药化学的研究，在八年内培养一支又红又专、能打硬仗的科研队伍，使科
学实验手段和工作条件基本现代化，做出几项具有国内和世界先进水平的重大
研究成果，出版几种具有较高水平的科学论著，培养一批研究生。在此基础上，
在 2000 年内主要研究方面赶超国外先进水平。

现在，大自然给予我的时间不多了。我决心在有生之年，紧跟党中央，进
行新的长征，以只争朝夕的革命精神，为发展社会主义科学、教育事业，尽快
实现祖国四个现代化的宏伟蓝图贡献出自己的全部力量！

# 参加全国科学大会和参加科学规划会的
# 一点感受与体会

　　我是代表南开大学元素有机化学研究所出席这次全国科学大会的。下面我想扼要地谈几点个人的感受和体会：

　　第一，这次全国科学大会的确是我国科学技术界的一次空前盛会，在我国历史上也是第一次。既开得严肃认真，又极其生动活泼，人人精神振奋、意气风发，大家畅所欲言，心情极为愉快。因为这是彻底从"四人帮"强加在人们的精神上的枷锁中解放出来，这不仅是出席会议的六千人的心情，并且激动了全国。向大会拍来的贺电、寄来的信件达几千封，献礼亦有几百件。例如，一个老中医将祖传四代的秘方抄本和他本人毕生行医的经验总结，让他的孙女专程送到北京献给大会；一位农民将家中遗留下来的两个金戒指捐献出来；还有青年工人、学生在业余劳动中所积累的数十元、数百元亦纷纷寄来，红领巾的献礼更是多种多样的。此外，这个大会还震动了整个世界。不少外籍华人表示要回国协助把科技搞上去。许多先进国家的科学家认为中国人是有聪明才智的，不仅在历史上有重大的贡献，就是在现在最新一代的中青年中亦有不少杰出的人才。如诺贝尔物理奖获得者，其中美籍华人就占了三名，华人专家教授在世界各地都有，现在在美国就有数千名。由于他们对美国的贡献，所以美国总统卡特在新年时发电向他们表示敬意。中间有一段中国人在科技方面落后了，这是由于封建统治者的愚民政策造成的，他们不是高兴地自夸说"天下英雄尽入吾彀矣"吗。现在中国领导人有了决心，要在科技事业上赶超世界水平，他们相信这完全可以做到。西德一位科学家甚至说，他自告奋勇地参加我们的新长征，将他们今后的成果贡献给我国的建设事业。一个素不相识的外国人尚且如此，我们自己人怎能不革命加拼命，克服任何困难，去攀登各种科学高峰呢！

　　第二，党中央发出"一定要极大地提高整个中华民族的科学文化水平"的号召，确实是站得高看得远，使我们深受教育。坚持社会主义道路是和四个现代化不可分割的,而极大地提高整个中华民族的科学文化水平,向四个现代化进军,与完成新时期的总任务同样是紧密联系的。群众科技队伍是科技战线上的广大民兵,是后方,是源泉;专业队伍则是科技战线上的野战军和地方军,是担任攻坚任务的尖兵,是前线。两者必须紧密地联系、紧密地配合。这种体制是我国人民解放战争取得胜利的体制,在今后的科技战线上要取得胜利,同样也可以应用。这就是过去毛主席提出的全民皆兵的思想。现在中央希望提高全民族的科学文化水平,就必须有一支巨大的、能打硬仗的科学技术队伍。所以,我们每个同志都要积极地投入到科学普及工作中去,并和工人、农民并肩作战,把工农业生产尽快搞上去,把科学技术不断地推向新的高度。

第三,我们认识了科学技术是生产力,不是上层建筑,这是马克思主义者的一贯观点。科技工作者是脑力劳动者,是劳动人民的一部分。脑力劳动和体力劳动只是分工的不同,对生产都有巨大的推动作用,而且从劳动生产率看(美国一个农民一个人可生产供 56 个人食用的粮食,而我国农民一人只能生产几个人的,美国工人一个人可生产几万美元的财富),脑力劳动愈来愈起重大的作用。科学技术是关键,这一真理在回顾科技发展史后就会看得非常清楚。“四人帮”不但把科技工作的脑力劳动看成不是劳动,甚至科技工作者在业务中的体力劳动(如农业上小麦育种人员的灌水、施肥、除草等),也不承认是劳动,说那是业务工作,真是个荒谬的逻辑!他们完全是别有用心的,是想把科技工作者从事的科技工作全盘予以否定。他们是一伙骗子,靠一贯造谣诬蔑、一贯说假话过日子,把有成就的科学家诬蔑为“资产阶级反动学术权威”,把我们党和国家多年来培养的优秀中青年科技人员诬蔑为“修正主义苗子”,使我们选拔和培养人才工作遭到极为严重的损害。邓副主席在讲话中特别强调,必须打破常规去发现、选拔和培养杰出的人才。革命事业需要有一批杰出的革命家,科学事业同样需要有一批杰出的科学家。文艺、体育可以选“尖子”,为什么科技工作就不能选呢?方毅副总理说:不讲重点,不准“拔尖”,这绝不是无产阶级的政策。

第四,要不要向外国学习?中央领导在讲话中做了非常明确的指示:“为了提高我们中华民族的科学文化水平,有必要重申毛主席提出的向外国学习的口号。”邓副主席也指出:“独立自立不是闭关自守,自力更生不是盲目排外。”“四人帮”把向外国学习诬蔑为“崇洋媚外”“洋奴哲学”“爬行主义”,实质上是别有用心地混淆是非,颠倒黑白,是为他们篡党夺权制造的反革命舆论,是为了打击那些正确执行毛主席革命路线的中央领导。要充分利用国际上最新的科技成就,吸取其精华,这是高速发展科技的重要途径。既要知其然,又要知其所以然,在此基础上进行自己的创造。决不能只一知半解就强调独立自主,也不能只采用人家的原始方法作为现在进行科研的主要途径。还要有较强的时间观念，既要应付当前的急需，也要考虑今后长远的需要。

下面再谈一下参加《1978～1985 年全国科学技术发展规划纲要（草案）》和《自然科学基础理论发展规划（草案）》讨论的一点体会。

我们参加两个规划讨论的同志都一致认为，规划的方向明确，重点突出，措施得力，确实是一个为实现四个现代化服务、以当代世界先进水平为起点的、高速度发展的规划。有了这样一个战略规划，就能更好地把各方面的力量组织和调动起来，向科学技术现代化进军。

伟大领袖毛主席和敬爱的周总理十分重视自然科学基础理论的研究。而"四人帮"却借开展学科领域革命大批判为名，一会儿批判相对论，一会儿批判热力学第二定律，一会儿又批判分子生物学，恨不得把现代自然科学发展中起重要作用的基础理论统统贴上唯心主义、形而上学的标签。谁要研究，谁就是洋奴，就是反马克思主义，把我国的自然科学基础理论的研究搞得乌烟瘴气，糟蹋得不成样子。他们破坏我国自然科学基础理论的罪恶矛头直接指向了伟大领袖毛主席和敬爱的周总理。他们对自然科学一窍不通，从形而上学观点出发，硬要用"马列主义哲学"代替自然科学。"四人帮"在东北的那个死党甚至大搞永动机的研究。在 1974 年他一声令下，集中了 18 名技术人员和教师为他查资料、搞设计，还宣布要保密，在一个僻静的地方进行研究，又取了一个某某工程的代号。幸而没有在报纸上宣传，才侥幸未在国际上被人讥笑。搞了十多个月，糟蹋了几万元钱，其结果自然是一事无成，不了了之。（永动机是 16～19 世纪有些人在设计各式各样机器的时候，幻想发明的一种不消耗任何能量如煤、石油、太阳能等，而能永远运动的机器。）其实毛主席在《论十大关系》中，在批判苏联采用"把农民挖得很苦"的义务交费制等政策时，曾生动地指出："你要母鸡多生蛋，又不给它米吃，只要马儿跑得好，又要马儿不吃草，世界上哪有这样的道理？"毛主席的这段话包含着自然科学上一个很深刻的道理。前一段涉及质量守恒和转化的定律。这就是说，鸡蛋这种物质形态，只能由米转换而来；马儿奔跑时所消耗的能量，只能由草里蕴含的能量来供给，马儿不吃草而又能奔驰，这是绝对不可能的。然而"四人帮"却偏偏奉行这样的道理，实践这样的道理。

所以我们目前最重要的任务，首先是彻底批判"四人帮"和肃清其流毒。在科学战线上绝对不能弄虚作假，必须老老实实，否则将一事无成，永远不能作为科技战线的一名战士。况且任何伪造很快就会被人揭露，因为当别人重复你的工作时，却会得到另外一种结果，那么他就要追查和发表他的正确结果和评论。

其次，在"四人帮"横行的日子里，一切规章制度都遭到了彻底的破坏，现在必须马上恢复，这是大势所趋。但不少人由于多年的习惯，一时尚不能严格遵守执行。当然某些条件尚未具备，也有实际的困难，一定要千方百计地加以克服。

现在科学大会已经闭幕了，大家的积极性也都调动起来了，都想贡献自己的力量，这是十分可喜的局面。但也要防止出现分散主义的不良倾向。我们多少都读过一些科学发展史，最早总是有几个杰出的科学家匹马单枪地开辟某一个领域，做出卓越的贡献，以后逐渐出现某些研究中心，并有一群人在密切配合地进行工作。这是因为问题愈来愈复杂，涉及许多方面，需要形成一个拳头，要有计划、有步骤地攻克几道难关，然后才能拿下一个巨大的成果。这种演变的过程首先出现在英国大学，接着在美国的大企业，最后在许多国家的科学院，都是如此。所以要全面规划，突出重点，不能搞平均主义，更不能搞分散主义。这并不是说你个人的爱好绝对不能搞了，但要有全局观念，要有轻重缓急之分，要做好安排来进行。在新形势下，还有不少新的工作要开展，新的协作任务要接受。以往的分工可能不适合当前的局势，可能出现有的部门招架不了，有的部门则比较清闲，一定要发扬互相支援协助的好风尚，不应强调不是自己分内的事而不去做。至于剽窃别人的成果，或者打着各种各样旗号，动员别人替他个人做工作，积累资本，那涉及个人的道德品质问题，很快就会被群众发现，遭到唾弃，这里也无须齿及。

最后，经过参加科学规划和科学大会，我深受教育，充分认识到自己这十几年来大大落后的面貌。虽然在很小一部分自己的专业领域中勉强了解一些国际的进展情况，但在许多与之密切相关的部门中，更不要说在全部的自然科学领域中，确实知道的太少了，与作为一个在20世纪科学战线上的战士称号实在太不相称了。所以我只能用中央领导同志的两句指示——"学习、学习再学习；团结、团结再团结"，与全所的同志共勉之，把规划中的农药和元素有机两项工作迅速搞上去，使农药研究所在1980年可以成立，元素有机化学所在1985年可以全面开展工作。为到2000年前者赶上当时世界先进水平，后者可以在多个领域内接近当时的世界水平而努力奋斗。

# 科学需要民主

发扬学术民主，是科学研究工作中的一个十分重要的问题。古今中外，无论自然科学史还是社会科学史都证明，新的科学发现和理论概括，总是在总结前人的经验或失败的教训的基础上做出的；而真理在最初只是掌握在少数人手里，以后才逐步被多数人所接受。科学要获得繁荣和发展，必须有民主作为它的前提和保证。没有学术上的民主，无异于取消科学研究，实现科学技术的现代化，自然也只能告休于天下。因为很难设想，在长期的思想禁锢下，会有科学的春天。

科学研究是一种探索性、创造性的劳动。发扬学术民主，提倡独立思考，开展自由讨论，是科学工作本身的客观要求。毛泽东同志早就为我们党制定了一条促进艺术发展和科学进步的正确方针，这就是"百花齐放，百家争鸣"的方针。毛泽东同志说："艺术上不同的形式和风格可以自由发展，科学上不同的学派可以自由争论。""对于科学上、艺术上的是非，应当保持慎重的态度，提倡自由，不要轻率地作结论。"（《关于正确处理人民内部矛盾的问题》）这就是用发扬艺术民主和科学民主的方法，来促进和保证我国社会主义科学文化事业的发展，也是社会主义民主在科学文化上的具体体现。周恩来同志也一贯重视发扬民主、解放思想，以促进我国科学文化事业的繁荣。1961 年 6 月，他在文艺工作座谈会和故事片创作会议上的讲话，一开始就明确地提出："现在有一种不好的风气，就是民主作风不够。我们本来要求解放思想，破除迷信，敢想敢说敢做。现在却有好多人不敢想、不敢说、不敢做。想，总还是想的，主要是不敢说不敢做，少了两个'敢'字。"他还用辩证法的思想教育我们："想得、说得、做得偏了一些，是难免的，这并不要紧，只要允许批评自由，就可以得到对立面的统一。"多年来的实践反复证明，在科学文化领域，只有正确执行了党的"双百方针"，我们的科学文化事业才能获得繁荣发展；反之，就遭到灾难性的后果。

中央领导同志明确指出，高等学校不仅要办成教育中心，而且要成为科学研究中心。党的十一届三中全会以后，全党工作的着重点转移到社会主义现代化建设上来。适应四化建设的需要，高等学校必须在加速"两个中心"的建设上做出贡献。面对这样一个艰巨的战略任务，我们的责任是巨大的。科学需要民主。高等学校要切实办成"两个中心"，就必须坚持四项基本原则，继续解放思想，切实执行"百家争鸣"的方针，把学术上的民主空气真正活跃起来，努力造成一种敢于思考、敢于争论、勇于探索、为真理而斗争的新气象。

应该看到，十多年来，林彪、"四人帮"对我国高等教育的破坏是极其严重的。他们实行封建法西斯专政，一方面把广大知识分子打成"资产阶级"，列为"专政对象"；另一方面肆意诬蔑社会主义大学是"资产阶级的世袭领地"，实验室是"资产阶级知识分子的避风港"，致使教学科研万马齐喑。特别是在社会科学领域，由于林彪、"四人帮"以现代迷信代替理论研究，制造了无数禁区，根本取消了正常的学术探讨，封锁了真理的声音。这不仅在理论上造成了极大的混乱，而且使不少人受到毒害，至今思想上还未完全摆脱僵化、半僵化的状态。

粉碎"四人帮"之后，党中央完整、准确地贯彻执行党的教育方针，彻底批判了"两个估计"，推倒了压在教育战线上的两座大山，广大师生员工备受鼓舞。特别是党的十一届三中全会，发出了解放思想、开动机器、实事求是、团结一致向前看的号召。随着实践是检验真理的唯一标准的讨论深入开展，林彪、"四人帮"在教育战线上推行极"左"路线所造成的窒息空气，进一步被打破，科学研究工作正在出现生机萌动的局面。

为了充分发扬学术民主，促进科研工作的开展和教学质量的提高，我们首先必须继续解放思想。林彪、"四人帮"长期禁锢所造成的思想僵化，仍然是当前科研工作的主要障碍。三中全会以来，我校一些同志积极参加当前的思想解放运动，为恢复马列主义、毛泽东思想体系的本来面目做了一些拨乱反正的工作。但是，思想解放运动在我校还没有真正兴起，许多同志还在这个运动之外观望徘徊，对研究现实问题心有"余悸"或"预悸"，而不敢涉足其间。社会科学如果不研究现实问题，不面对四个现代化的实际，如何前进？

这里存在一个如何正确认识坚持四项基本原则和解放思想的关系问题。四项基本原则是指导我们进一步正确解放思想的准则；而解放思想又是搞好拨乱反正、恢复四项基本原则本来面目的保证。因此，我们不能因为强调坚持四项基本原则就不敢继续提倡解放思想；不能把社会上出现的怀疑甚至反对四项基本原则的思潮同发扬民主、解放思想等同起来；更不能把一些同志在探求真理过程中出现的某些不够慎重的议论，不加分析地看作是"阶级斗争"的表现，压制思想解放运动的进行。在思想解放运动的过程中，不能因为出现错误思潮的干扰就望而却步；在捍卫四项基本原则的斗争中，应该继续解放思想，为完整、准确地理解和阐述马列主义、毛泽东思想的科学体系，义无反顾地前进！

马列主义、毛泽东思想是一个科学体系，是指导我们思想的理论基础。我们学习、运用马列主义、毛泽东思想，首先必须掌握其中的立场、观点、方法，以指导日益发展着的革命实践。只有完整、准确地理解马列主义、毛泽东思想的科学体系，坚持把实践作为检验真理的唯一标准，才能真正捍卫和不断发展真理，才是真正高举马列主义、毛泽东思想的伟大旗帜。

科学的生机在于独立思考。人类的历史，是一个不断地从必然王国向自由王国发展的历史。无论在阶级斗争、生产斗争还是科学实验范围内，人类总得要不断地总结经验。只有独立思考，才能在前人成果的基础上不断地有所发现，有所发明，有所创造，有所前进。自然科学的发展如此，社会科学的发展也是这样。我们提倡独立思考，就是鼓励师生学会分析事物的方法，养成分析问题的习惯，以便在教学科研中，能够本着探求真理的精神，开动机器，思考问题，敢于提出自己的独立见解，大胆进行争鸣，以促进科学的发展。要力戒用行政命令的方法对待学术问题；同时注意纠正那种唯命是从、人云亦云，盲目跟着别人跑的不良风气。无论是对于自然科学，还是社会科学，我们判断一个观点或结论是否正确，都只能根据实践这个检验真理的唯一标准。解决学术问题，只服从真理，不承认任何特权。服从真理，就是服从无产阶级党性，服从马列主义、毛泽东思想。

人的认识是在正确与错误的辩证法中前进的。在科学研究工作中，允许犯错误，允许改正错误，这是一个很大的政策问题。由于客观条件和主观条件的种种限制，认识上的错误是常有的。尽可能少犯错误，这是我们的希望，不犯错误，那是天使的梦想，是完全违反认识发展的客观规律的。周恩来同志曾经说过："人们不仅在犯错误的时候要讲出不正确的话，即使在正确的时候也会有些话讲得不恰当。"这话讲得多么实事求是，多么深刻！人对事物的认识，必须经过实践的检验，肯定其正确的部分，纠正其错误的部分，才能不断地深化和完善。既然这是人所共知的道理，就不能要求人们发表的意见必须完全正确，就不能一有错就揪住不放、乱打，甚至一棍子打死。更何况在理论问题上做出科学的判断往往需要考验的时间，如果匆忙做出结论，甚至把真知灼见当做谬论置之死地，岂不更是错上加错么！

正确对待理论工作中的缺点错误，是发扬民主、活跃思想的一个重要问题。我党一贯主张坚持真理，修正错误，这也是我们在理论问题上应该严肃采取的原则。正确与错误作为一种矛盾的两个方面，互相依存，并依据一定的条件，各向着其相反的方向转化。开展民主讨论，借以发展正确的意见，克服错误的意见，正是运用马克思主义辩证法解决理论问题的正确方法。我们不能用形而上学的观点对待这个问题，好像在理论问题上出现不得缺点错误，如果出现了缺点错误就觉得不得了，甚至大兴问罪之师。不允许犯错误，又不允许改正错误，其结果只会造成思想僵化，而思想僵化又必将导致更多的错误。

为开展学术上的自由争鸣，在实际工作中，我们一定要坚持"三不主义"，实行"言者无罪"的原则，反对主观武断和粗暴态度，反对片面性和绝对化。我们提倡在科学研究工作中，有独立思考的自由，有辩论的自由，并且允许被批评者进行反批评，允许有不同意见的人保留自己的意见。在学术讨论中，对不尽完善的意见，不能求全责备，苛责非难；对有争议的观点，要容许作者申辩，不要轻率地加以否定；对错误的观点，要用科学的方法去分析，凡是属于认识的问题，就要通过学术批评加以纠正，不要着重追究个人责任，更不能无限上纲，无情打击。特别要注意区分政治问题、世界观问题和学术问题。虽然社会科学可以直接或曲折地表现阶级斗争，但两者之间终究是不相同的；科学研究中的问题大都属于认识问题。学术观点虽然受世界观所制约，但它还有其相对的独立性。因此，我们要在政策上对学术问题同世界观问题和政治问题严格加以区分，一时难以区分的，应首先按学术问题对待。如果我们在科学研究工作中，真正按照党的方针政策办事，既不因人废言，又不因言废人，广大师生的积极性和才能就会充分发挥出来，科学研究工作生动活泼的局面就会形成。

今年恰逢新中国成立 30 周年大庆，并欣逢我校建校 60 周年。通过"双庆"活动，我们要进一步正确贯彻党的教育方针，落实党的方针政策，把南开大学的学术研究空气活跃起来，使周恩来同志的母校为祖国的四化建设做出应有的贡献。

（原载于《南开大学学报（哲学社会科学版）》，1979 年第 4 期）

# 祝贺《科学学与科学技术管理》杂志创刊

在这百花争妍的 80 年代第一个春天到来之际，我国第一个科学学杂志《科学学与科学技术管理》创刊了，我以极其兴奋的心情，表示衷心的祝贺。

粉碎"四人帮"以来，特别是全国科学大会以来，党中央、华主席高度重视科学技术工作，把科学技术摆在了实现四个现代化的关键位置上。而要实现科学技术现代化，又分为两个方面：第一，是科学技术本身得抓上去；第二，需要科学管理现代化。有人把科学技术本身叫做"硬件"，科学管理叫做"软件"，就像电子计算机有了"软件"，"硬件"才能活起来、发挥作用一样，只有搞好科学管理，才能充分发挥科学技术的作用。如果不懂科学管理，会使优秀人才的作用得不到充分的发挥，使很好的技术设备可能被糟蹋掉，造成很大的浪费。因此，应该从战略转移的需要来认识科学管理的重要性。

我们还可从当代科学技术发展的特点来了解科学管理的必要性。因为，当代科学技术的发展规模越来越大，越来越向综合方向发展，由个人研究发展到集体研究和国家规模的研究了。要搞现代的科学技术，必须靠组织起来集体研究，靠整个社会的通力协作、密切配合。这种集体化、社会化的研究特点，就需要科学的组织、协调和管理。

二次大战以后，科学发展达三四百年历史的欧洲各国，远远落后于科学发展不到二百年的美国，形成了"技术差距"。人们对此议论纷纷。探求原因，最后一致认为关键在于科学管理落后，与其说是"技术差距"，还不如说是"管理差距"。可见，科学管理工作对科技和经济的发展，在某种程度上已经起了决定性的作用。如果说我国与世界先进科技水平相比差距较大，那么在科学管理的水平上差距就更大了。因此，对我国来说，赶超世界科技管理水平的任务，比起赶超科技水平，还要艰巨一些。对此，必须有足够的重视。今后，我们在努力学经济、学技术的同时，要重视学习科学管理。

"科学学"是一门新兴的边缘科学。我国在 60 年代中，有人开始研究并做过介绍，但很快被"四人帮"扼杀了，至今还没被更多的人认识。现在，《科学学与科学技术管理》杂志出版了，它应该成为推动这一新兴学科研究的全国性刊物，以各种形式向国内广大读者介绍科学学和科学技术管理的理论和方法，介绍国内外有关科学学与科学技术管理方面的研究成果，开展学术讨论，传播管理经验，以有力地推动我国科学管理的开展，为建立我国自己的科学学和科学管理学而奋斗。

我相信，在广大科技工作者的共同努力和支持下，科学百花园中的这朵新开的鲜花，一定会茁壮成长，越开越旺，为加速实现四个现代化做出更大的贡献！

（原载于《科学学与科学技术管理》，1980 年第 1 期）

# 对教育工作的几点意见

## 实验工作要加强

现在我国的教育工作已经开始走上了正轨，学校里和社会上的学习风气很浓。但是，实验工作还没有很好开展起来。许多中学生没有做过实验，不少大学生也没有受到必要的实验训练，这说明人们对实验工作的认识不足。

早在前清时期，受张之洞"中学为主，西学为用"的影响，有些小学除自然外，也开始学习生物、化学和物理，并且有了演示实验。1907 年，我在天津民立第二小学高小二年级上化学课时，化学老师每堂课都做演示实验。从玻璃仪器的安装到氢气、二氧化硫、氨、氯气、硫酸等的制备，一年内做了三四十个化学物质的制备、性能和应用的演示实验。在高小三年级学物理时，教师也同样做了力、热、声、光、磁、电多种演示实验。也就是在那时，我对化学和物理产生了浓厚的兴趣。

但是，时隔 70 多年的今天，非但小学没有化学和物理课程，中学的理化课也很少做实验。有些高中毕业生没见过试管、烧瓶、滴管是什么样的，更不要说自己动手做实验了。甚至是大学也很少进行必要的实验训练。这是为什么呢？除了封建文化专制的影响、殖民主义者的侵略，使中国的文化教育落后，特别是"文化大革命"中，林彪、"四人帮"对科学文化的摧残极为严重。"四人帮"刮了一阵风，就把科学的细致观察、深入研究进行的实验给吹掉了。

1921 年，我在美国的一个大学的研究院做研究员时，兼管过实验室，看到有的中国大学化学系毕业生由于不会化学实验操作，在几天内损坏了很多仪器，赔偿损失后，这些学生连吃饭都发生了困难，不得不改学文科。没料到，60 多年前中国留学生不会化学实验操作的历史，如今又重演了。这两年，我们向许多国家选派了大批留学生，其中有一部分只是外文好一点，但是专业基础较差，竟连一些必要的实验都没做过，所以他们在国外的学习研究工作很难进行。这不仅是中国这个特定历史时期的现象，也反映了各级教育部门对基础理论和实验工作的认识不足。

1972年，周总理着手解决被林彪、"四人帮"严重破坏的教育战线的问题，提出大学要加强基础理论研究。《光明日报》刊登了周培源同志的关于加强基础理论研究的文章。《光明日报》征求我的意见，我复信说："很好！周培源同志的意见很对。我还要补充一点，除了加强基础理论研究之外，也要加强实验工作。我们要赶紧想办法把仪器制造和试剂药品的生产抓上去！"现在有许多情况表明，这个问题至今没有得到解决。原因是多方面的，正如一位中学教师讲的："有时有钱没有仪器，有时有仪器没有钱，也有时有钱有仪器没有人去买。"拿玻璃仪器的生产来说，"文化大革命"前北京、上海、天津都生产玻璃仪器，能够满足科研和教学的需要，有些还畅销国外。但是近几年来，玻璃仪器的生产虽然做了一些努力，仍然没有达到"文化大革命"前的产量，种类也不多。其原因是，一方面生产部门愿意生产大批量的、高产值的、盈利率高的，不愿做批量小、难度大而盈利率低的；另一方面是工人的技术力量缺乏。这个问题应该引起有关领导部门的重视。

我希望随着教育事业的发展，国家有关部门能尽快地安排仪器和试剂药品的生产；将大学和中学以至小学的实验室尽快恢复和建设起来，普遍地开展实验教学。否则，我们会在这个问题上吃大亏。

## 基础学科要全面发展

人们通常认为自然学科只有三大基础，所以就有"学会数理化，走遍天下都不怕"的说法。其实，基础学科还包括生物（植物、动物、生理）、自然、地理等等。基础学科要全面发展。

这些年受"四人帮"的迫害，教育工作被摧残，一些基础学科被取消。就化学而论，受有的人关于数学和物理两大基础可以包括化学的影响，化学这门基础学科被削弱了。

1979年，天津市一个重点中学200名学生考化学，超过50分的只有一个，其余都在50分以下。1979年天津市高考，参加化学考试的有77298人，及格以上的有180人，占0.23%，其中80分以上的只有两人，最高83分。这种现象是极不正常的。

无论是中国，还是外国，从事化学生产和化学研究的要比从事物理和数学研究的多许多倍。因为化学的应用是非常广泛的，从医药、农药、炸药、高能燃料到化肥、化纤以及肥皂、牙膏这样的生活用品，都离不开化学。而我国从事化学方面工作的人才特别缺乏。有些小的化肥厂和农药厂，竟然连一个受过专门化学教育的人都没有。这样的生产和产品的质量是很难设想的，所以化学学科的教育要加强。

生物这门学科这些年也被忽视了。中学有数理化竞赛，而没有生物竞赛。许多中学的生物教师改行了，因对这门课程不重视或缺少教师，有的学校把这门课程取消了，有的学校把这门课程的学时减少了，生物实验更无从谈起。随着科学技术的发展和农业现代化的需要，生物在自然科学中的地位越来越重要了。揭开生命秘密的遗传工程研究的开展，促使生物发展到分子生物学的深度。农业育种、植物保护、医药卫生和环境保护都需要大量的生物学专门人才。为培养新一代的农民，办好农业中学，也需要大批生物教师。农业要上去，生物学科要发展。

所以，我们不但要重视基础理论学科，也要重视应用学科。各门基础学科要全面发展。我们培养的学生是又红又专，而这个专是一专多能。因为现代的科学是相互渗透、相互影响的，所以从小学、中学就要全面打好基础。没有全面的坚实的基础，培养人才将是空中楼阁。

## 要坚持"两个中心"的思想

1954 年，我在《科学通报》上发表了《发挥科学潜力，积极开展高等学校研究工作》的文章。后来中央领导同志提出了把大学办成教育中心和科研中心。但是现在还有人说："大学应只有一个中心，就是教育中心，如果把大学办成教育中心和科研中心，大学成了多中心。"还有人说："大学的师资维持教学都有困难，无法顾及科研工作。"等等。在这里，我还要老生常谈一番。

大学既是教育中心，又是科研中心，这在国外早已经是人人皆知、毋庸置疑的了，因为许多研究工作都是首先从大学搞起来的。例如，德国有个拜尔医药染料公司。拜尔是什么人？他是德国大学教授，他研究了靛青染料。蓝靛是蓼蓝叶泡水发酵用石灰沉淀所得的蓝色染料。早年印度许多地方大规模种植，英国通过在印度生产蓝靛，赚取了大量财富。拜尔经过分析，得出蓝靛是有机化合物的认识，找出其化学结构，进行人工合成后，用化学方法进行生产。化学生产的蓝靛要比印度农民生产的还便宜，质量也更高。因为蓝靛种植的地方土壤不同，品种不同，它所含的蓝、黄、红的色素的比例也不同，用同一蓝靛染出织物的颜色也就不同，而人工合成的是纯的蓝靛，没有天然缺欠。所以在国外人们知道大学能够搞科研。工矿企业的问题也都找大学去研究。不论是欧洲还是美国，都是这样，大学先搞科研，然后才有企业和国家的研究机构。

我在 1954 年时说过："高等学校有三部分人员可以进行科学研究的。首先是教师，其中受过研究工作训练的或基础较好、思想活跃的青年教师，在适当指导下可以做些研究工作，包括教授、讲师和具有教学与管理实践经验的助教在内。第二部分是研究生，他们在修业期满必须提出研究论文，研究题目可以结合国家生产建设与学术上的需要来拟订。第三部分是每年应届毕业生。按照教学计划均有毕业论文或毕业设计的规定。他们的研究论文或设计可以与教师的研究相结合，分担其中比较简易的研究部分。"这就是把高等学校办成科研中心的具体条件。在实现四化的过程中，发挥高等学校的科研潜力尤为必要。

有人把高等学校的教学和科研看成是矛盾的。1971 年，南开大学的一个"领导"找我说："学校不是科学院，要研究所干什么？"他们要拆掉周总理委托我办的南开大学元素有机化学研究所，被我顶了回去。实际上，教学和科研是一件事情的两个方面，是不应割裂分离的。不但理科和工科是这样，文科也是这样。就拿大学的政治课来说，学生说小学是这样讲，中学也是这样讲，大学还是这样讲，我们都背下来了，所以在上政治课时，学生看别的书。如果政治课教师对他所讲授的内容进行认真的研究，他讲课时就不会公式化、干巴巴。教师一面进行教学，一面开展研究，教学的理论可以指导研究，研究的成果可以丰富和提高教学。所以，科学研究是教师岗位工作的一部分，而且是不可缺少的部分，新中国成立后前 17 年的教学与研究实践已经证明了这一点。目前有教学经验的教师缺乏，这是"四人帮"破坏的后果，是暂时的现象。

高等学校是人才荟萃之地，有许多不同的学科，而且老、中、青长期延续不断，思想非常活跃，要发挥高等学校的科研潜力，将其办成教育和科研中心，为四化多做贡献。这是高等学校的领导应该重视、应该加强组织领导的一件大事。

（原载于《人民教育》，1980 年第 9 期）

# 二、关于化学与农药研究

# 化学科学与国民经济的关系[*]

## 一、化学科学和它的领域

化学是研究物质的组成、结构、性质和它们相互转变规律的科学，因此它是极其密切地和人类生产实践相联系着的。古代人们对于自然界许多现象都不能给以合理的解释，很多物质的相互转变对于那时的人类是非常神奇的。但是人类要生存，在长久的劳动后，人们总结了一些经验，认识到物质的某些性质，譬如石头是坚硬的，枯草和干的木材是可以用火燃烧的。这样人们才能掌握用石、用火等的方法。此后人们发现了铜、铁等物质，并利用以制造工具。在古代研究物质的人，我们今天称之为炼金家[①]。炼金家那时认为一切金属都可以变成黄金，因此他们为了追求得到贵重的黄金，便开始研究金属相互转变的方法。当然这是不会有结果的，然而却开始了古代化学研究工作。

经过十几个世纪，人们的生活经验多起来了，认识物质的知识亦更丰富了。17、18世纪出现了很多的有名的学者，如俄国的罗蒙诺索夫、英国的道尔顿、法国的拉瓦锡等。他们研究了化学上不少的重要问题，并奠定了化学的初步理论基础，如物质不灭定律、气体容量变化定律、分子学说、原子学说等等。而化学能够成长为一门独立学科，还是最近二百年的事。由于化学实际应用的发展，人们逐渐把天然原料变成了生活日用或工业所需要的产品。例如，1791年法国路布兰用天然原料盐制成了碱，1791年漂白粉在英国制成和它在纺织工业上的应用，1805年在俄国开始用铅室法从硫黄制造硫酸。但在化学理论发展上三件最伟大的工作是一个德国化学家、两个俄国化学家所贡献的。吴勒在1828年制出了尿素，证明有机物和无机物一样可以用化学方法人工地从无机物制成，不需要经过"生命活力"的作用。布特列洛夫在1858年发表了有机化合物的结

---

[*] 1956年，杨石先参加了我国十二年科学技术远景规划的编制工作，在规划会上向党和国家领导人做了题为"化学科学与国民经济的关系"的科学报告。

① 在我国历史上曾经出现过炼丹术士的名词，因他们以炼制长生不死的丹药为生，兼及金白之术。

构理论，为有机化学的进一步迅速成长铺平了道路。门捷列夫在 1869 年提出了元素周期律，为无机化学的发展开辟了新的广阔前途。

化学科学的队伍在最近数十年内大大地发展壮大起来，在化学学科内成长了无机化学、分析化学、有机化学、物理化学等部门。各个部门又分为许多专业，进行有系统、有步骤的研究工作。在人们的生活实践中，化学起了很大的作用，它研究了供应人们衣、食、住、行的各种原料和器材的生产。

无机化学主要研究各种矿物的组成，有用物质的提取，各种金属、合金的冶炼，各种酸、碱、盐的生产、制备和应用。此外，当然还研究无机化合物的性能。近年来，在无机化学领域内又发展了同位素化学，这是和原子能和平利用密切联系着的。具有放射性的元素和化合物近年来广泛地被利用在工业、农业、医疗和国防上。这种新的工具和新的方法使我们的研究工作前进了一大步。

分析化学是其他科学部门进行研究工作的最重要工具之一，它主要研究物质的组成。无论在无机化学中、有机化学中，都需要用分析化学的方法来了解物质变化中各种情况。在国民经济各个部门中，地质勘探、矿藏精测、土壤调查和工业中对原料、中间品、成品的检验以及生产的控制都需要分析化学。近年来原子能工业的发展对分析化学提出了新的问题，因而发展了快速分析、自动分析、超微量分析等方法。

有机化学主要是研究碳的化合物，它牵涉的范围最广。自然界内有机化合物是数以万计的，分布在各个地方，从石油、煤、土壤、各种植物、动物到人的食品、日用品等等都有有机化学的问题。有机化学已经发展到用简单的原料制造复杂产品的可能变为现实性。譬如从煤和电出发可以制造药品、橡胶、塑料、染料等等。这就是我们所谓"有机合成"。石油和天然气亦是重要的有机原料，可以用来制造许多许多复杂的产品。总之，利用有机化学的知识，我们几乎可以制造出任何需要的产品。有机化学主要是在本世纪才发展成完整的体系，建立了一定的理论基础。由于有机物构造复杂，多种多样，变化可能性大，所以它的发展远景是无限的。

物理化学又叫作理论化学，是研究物质构造、性质和它们变化的基本规律的。它寻找化合物的内部构造、性质与结构的关系、化学反应的进行情况等等。胶体化学亦是物理化学的一个重要部分，它研究物质在自然界和生产中存在的一种特别状态。天上的云雾，河中的泥浆，生物的一切组织含体如细胞原形质、乳、血液等，不少工业产品如陶瓷、玻璃、橡胶、皮革、油漆、食品等都是胶体状态。需要时如何构成，不需要时如何破坏，都是必须研究掌握的。近年来发展起来的核子化学是研究原子核转变的科学。这个发展使人们扩大了物质转变的范围，古代炼金家的幻想可以逐步地实现了。近代化学工业是和高温、高压、催化等过程密切相联系着的，而物理化学正是研究物质在高温、高压或有催化剂存在时的种种性质和反应机理的科学。研究化学反应的动力学和化学热力学对改进化学工艺过程、提高产量具有很大的指导意义。理论研究工作和实际生产是辩证地相互联系着的，而关键问题又在于理论工作，因此在不少化学研究工作中应着重研究物理化学。

此外，在近二十年来从有机化学中又独立出一个部门，即高分子化合物化学。高分子化合物是在近几十年才被人们重视起来的。橡胶、纤维、塑料等都是高分子化合物，它们已成为近代工业和国防所不可缺少的原材料了。高分子化合物具有独特的性能，它们的生产也是特殊的，因此研究工作是极其多的。这一门年青的科学正在我国逐渐地生长起来。

化学科学是和其他科学密切地联系着的、交织着的。除了上述各个部门外，在化学科学内又发展了一系列的边缘性学科。化学和地质学结合起来成为地球化学，和物理学结合起来成为化学物理，和生物学结合起来成为生物化学，和农业结合起来成为农业化学，和医药学结合起来成为药物化学等等。这些边缘性的学科都是综合性的，尚有待于我们更深入地研究与开展。

## 二、化学工业

在上面我们已经提到，化学科学是密切地和生产实践相联系着的。化学理论指导生产，而生产的不断发展又向化学提出了新的需要解决的问题。因此，化学学科的发展和化学工业的发展是相辅而前进的。在化学工业中一些重要的部门，我们将结合着学科的发展分述如下：

无机化学工业。随着原子能、高速飞行、半导体技术的发明，现代生产力正在飞跃前进，直接加速了无机化学工业的发展，使得这个在化学史上发展最早的部门变得益形年青多彩。在采矿、冶金等方面都是大家所熟悉的，这些工业需要大量的无机化学和重要的无机化学工业产品如酸、碱、盐等。现在就世界上新的无机化学工业的发展来介绍一些成就。现代技术是和稀有元素的广泛应用分不开的。如铀、钍等为原子反应堆的材料，它们的提炼、精制是很复杂的，在苏联和美国都已经大规模生产。由于火箭、原子能技术的发展，在工业上需要很多特种合金，这些合金大部分含有稀有元素如钨、钒、钛、钽等，尤其是耐高温的钛合金已经广泛地被采用在火箭等技术中。锗为目前应用最广的半导体材料，在生产技术中需要极纯的金属锗，因此提炼极纯元素的工作已成为近代无机化学工业中主要工作之一了。此外，如电子管技术、高温高压技术、催化作用各方面都需要稀有元素。稀有元素在我国的蕴藏很丰富，结合着我国的工业化，必须大力地开展这方面的工作。

矽酸盐工业（水泥、耐火材料、陶瓷、玻璃）。在建筑工业、化学工业（包括冶炼）中都需要很多材料，一部分是结构材料，一部分是耐火材料。水泥的制造现在各国都非常重视。用在各种不同目的需要各种不同性质的水泥，尤其是水利工程和海港工程的开展需要特种性能的水泥。在炼铁炼钢等工业中需要耐高温的材料，尤其是在近代冶炼方式的不断改进中具有特种性能耐火材料的需要大大增加，因此在无机化学家面前增加了解决这一问题的任务。

化学肥料工业。农业肥料中最主要的是化学肥料，因效力高，作用快，可以大量制备，可以严密控制组分以适应不同的需要。我国农业合作化实现以后，机械化只能逐渐开展，需要一段时期，则在栽培技术上努力结合肥料和农药的充分供应就是目前增加产量的最重要途径了。因此，化学肥料如氮肥、磷肥、钾肥的生产都需要大大提高。

在有机化学工业中，由于有机化学的长足进展，近年来开辟了很多新的部门。对不同种类有机化合物间相互转变的新方法，无论在研究工作方面或在工业生产的应用方面，均已获得极大成就。

重有机合成工业。煤、石油、天然气、油页岩等矿物中的烃（即碳氢化合物）在合成化学工业上几乎可以说是万能的原料，一般所谓重有机合成工业，都需要利用它们。从煤或石油出发可以制造那些需要甚大而且关系重要的产品，如醇类、有机酸类、动力燃料、合成橡胶、各种溶剂、爆炸物，还有各种药剂、染料等。在美国，重有机合成工业是以石油产品和天然气为主要资源的。而在德国和欧洲某些国家则大部分依赖煤和电力资源（通过碳化钙来制造乙炔）。苏联则拥有大量石油、煤、木材、泥炭和天然气资源。因此，利用上述一切种类原料来大规模发展重有机合成化学工业，就有着广大的可能性。

药物制造工业。现在药物制造的范围一天一天地扩大，除原有的多种合成药物外，许多种用作药物的维他命和性荷尔蒙的工业生产方法已经为人们所掌握了。性荷尔蒙这种最复杂细致的人工合成，是在 1939 年至 1941 年间实现的。抗生素的人工合成亦在大力研究中。抗生素是制止病菌生长的有效药剂，是结构很复杂的有机化合物，是从某些微生物里取得的。青霉素、金霉素、氯霉素、链霉素等就是其中的几种，新的有效品种还在不断地出现，有的合成方法已经完成和接近完成。许多维生素的合成与其在营养与保健上的广泛应用亦在继续研究中，如使粮食维生素含量增加，止血术中应用维生素注射，在战时飞行员服用维生素以加强在黑暗中的视力等都是这一方面的例子。

有机化学家同生物学家、生理学家、病理学家、昆虫学家、药物学家、农学家等共同研究并制备了各种生理上有作用的药品、食用品、扑灭植物病虫害的化学药品、刺激和抑制植物生长的各种植物刺激剂、除莠剂等等极其有用的有机化学产品。实际上，我们所谓轻工业其中十之七八都是属于化学工业的，如制糖、造纸、酿酒、制革、漂染等。

**高分子化合物工业**（橡胶、塑料、合成纤维等）。近几十年来发展起来的高分子化合物化学，替人类在各种材料方面的需要解决了很多问题。尤其是近几年来在那些最新的工业技术如原子能、火箭、飞机等工业中，高分子化合物占有独特的地位。这些方面所需要的是具有特殊性能的人造橡胶、合成塑料、合成纤维和油漆等等。橡胶在工业上需用量的大小直接标志着工业发达的程度。在苏联、美国等工业最发达的国家，橡胶的需要每年都以百万吨计。天然橡胶无论在量上或质上都远不能满足这个要求。近代工业需要耐寒的、耐油的、不透气的、高弹性的、耐热的、耐磨的、耐酸耐碱的橡胶。只有发展人造橡胶才能满足这个要求。

塑料工业的发展是和其他工业的发展相联系着的。在机械工业上需要分量轻而又耐磨的轴承，这已不是钢铁所能胜任的，需要寻找新的材料。某些塑料（酚醛聚合物）制品可以担负这一任务。最近发明的聚酯类化合物与玻璃纤维压制在一起具有很大的强度并且比重极小，可以代替钢铁来制造很多东西如汽车车身、工业用管子等等，加工既简便，成本又低廉。在一个大飞机的设计上应用了塑料来代替金属，不但大大地减轻了重量，还可以省却铆几万个铆钉的工作。用化学性稳定的透明塑料，可以制成化学工厂中的管子、蒸馏塔和飞机用的防弹玻璃、坦克车窗等等。

新的合成纤维如尼龙、卡普隆等等，无论在工业上或日常生活中都有极大用途。这种物质和人造丝的生产必然使天然丝的需要一落千丈。

高分子化合物的生产技术还在不断改进中，这是一门新的而内容又非常复杂的工业，然而它却已经在化学工业中占着主要的地位了。

### 三、在国民经济中化学为什么可以起巨大的作用

在第二节内我们看见化学工业在整个工业中的比重是不小的，而且有若干对整个工业的发展是具有关键性的。这些事实还不足以说明化学在国民经济中所起的全部作用。第一节内我们曾经提出化学是掌握物质的组成、结构、性质及其相互转变规律的科学。一种或几种物质经过化学变化即成为一种新物质。（化学亦涉及能量改变的问题，虽然后者主要是属于物理学范围的。）在国民经

济的重要因素当中，除人而外就要数自然环境和资源了。资源又包括物质和能两部分。而化学科学从它的本质来看，对物质资源的利用是应该处于决定性地位的。我们大家都知道，一个国家的资源总是和别人不同的，有的东西较多，有的较少，有的甚至完全没有，和全国的需要来比较常常会有很大的出入。但是如果经过化学家的研究与平衡，必然能够将这一个距离大大地缩小。

化学家运用什么方法来达到上面所说的要求呢？对于原料不缺而需要很大的产品可以用改进生产技术的办法来增加产量，提高品质和降低成本。要达到这三个目的可以采取多种办法，如改良方法、简化过程、提高效率、消除缺点、升高纯度、减少损耗和利用废物等，都是重要着眼之点。对于原料缺乏而需要大的产品则必须采用革命办法，特别是"合成方法"，改用来源丰富的而价值低廉的新原料或者制造代替品。对于原料甚多而用途不大的产品如苏联的铂、西班牙的汞、中国的锑，则应发明创造新的用途。一种原料可作多种用途的应当综合考虑，权衡轻重，既需照顾目前情况，更应看到长远打算，做出最合理的分配。最后，还须采用一切办法来创造具有特殊性能的新产品和新材料，以适应科学上、技术上和生活上的新需要。关于上面所提的若干条原则都有不少的实际例子可供参考。我们今天不可能，亦不必一一列举。现在只讲几个在化学历史上比较重要的掌故来作说明原则的帮助：

（甲）煤的合理利用和所产生的影响

在大城市工业区住过的人们，莫有不痛恨烟囱里内冒出的煤烟的。它将晴朗的天空变得十分暗淡，新鲜的空气充满了煲尘。同时，它又告诉我们在经济上这是一笔损失。因为燃料的目的是要使它所含的炭质和空气内的氧气化合而放出热能，这就是燃烧。燃烧煤的结果构成灰分（即金属氧化物）和二氧化碳、氮等气体，这些气体是透明无色的。烟囱如果冒出黑烟，即表明一部分炭质没有燃烧而逃走了。有人想到木材作燃料时常常有烟，如果将其变成木炭即无烟了。煤是否亦可同样处理呢？可以的，那就是老法炼焦。焦炭是冶金工业不可缺少的材料。老法炼焦是怎样地炼呢？在空旷地方将煤装入建在地面上馒头状的炉子里，内有通气的孔道，炉外面用黏土和泥涂盖严密只留两孔，下面近地处一个是进空气的，上面顶中心一个是喷烟吐火的。先在下孔进空气处点火，等炉子燃烧起来，然后将下孔封闭。这样一部分煤燃烧所发生的热力使其余的煤裂化（化学上的术语是破坏蒸馏或干馏），变成一部分气体、一部分液体和一部分固体。因为温度甚高，液体和气体都从顶上之孔逃出，遇见外面的空气当即燃烧起来，成为一个火柱，固体存留在炉内，因缺乏空气不能燃烧，即是焦炭。这样得到焦炭的量约为原来煤的百分之七十多，其余百分之二十几都付之于一炬！跑走的气体可以留作燃料利用，不应白白地烧掉，是很明显的道理，所以在 1812 年英国即开始用副产炉炼焦，将气体和液体收回作为炼焦的副产品。气体即是煤气，英国当时供给街道照明之用，后来逐渐推广为家庭和工厂的燃料，因其极为方便而效能又高。液体为煤焦油，当时是一个废品，没有用途。从煤气的洗涤液内又获得氨，加入硫酸即是我们所要的肥田粉硫酸铵了。

英国煤气工厂对于煤焦油的处理感觉十分苦恼，因为它是一种又黏又黑、气味很大、具有毒性而又容易着火的半流体，不能随便抛弃，到处受到群众和公安机关的指摘，最后只好将它运出港外投入海中。到 19 世纪 50 年代，德国基森大学一位青年化学讲师霍夫曼受英国政府的延聘，在伦敦皇家化学院讲学。他立即进行了煤焦油的研究工作。他的英国学生白尔金在从煤焦油内取得物质来合成金鸡纳霜的尝试中，无意地获得了一种紫色的染料。数年后霍夫曼被德国召回柏林任教，他将煤焦油的研究工作在德国大规模地开展起来。1868 年德国化学家葛雷伯和李伯门找出了天然染料"火鸡红"（从茜草①取得的）的化学分子结构，又从而进行从煤焦油产品蒽合成这一染料。英国白尔金氏亦同时进行此项研究，与葛李二氏不谋而合，采取同样方法将其制成，但至专利局登记时发现迟了一日，专利权已为葛李二氏捷足先得矣。这一发明为德国带来了每年 800 万美金的收入，使许多欧洲国家历来栽培茜草的都不得不改种其他作物了。

现在我们再来谈一下从煤焦油提取出的苯、萘等物，从而制造蓝靛的故事吧。蓝靛是中国人过去所最喜用的染料，它是从靛草得来的，中国亦曾栽培过，但原产于印度。在 1897 年的时候，印度蓝靛的产量约为 550 万吨，产值为 1800 万美元左右，栽培面积达 184 万英亩，几乎全部出口，所以它在国家税收上是一个大宗。但是在十几年中间发生了极大的变化，我们可以从下表看出：

| 年份 | 印度输出蓝靛值（美元） | 德国输入蓝靛值（美元） | 德国输出蓝靛值（美元） |
|---|---|---|---|
| 1896 | 17000000 | 5000000 | —— |
| 1911 | 1000000 | —— | 100000000 |
| 1914 | 300000 | —— | 126000000 |

① 在我国亦早已有这种植物染料。隋高启诗云："踏席舞裙茜，堕筵吟帽乌。"但茜是媒染染料，染出的颜色须看所用的媒染剂，在欧洲用石灰、明矾等，故染出的是鲜红，我国用的是锡，所以呈紫色。

17 年间印度出口的蓝靛价值从 1700 万美元跌落到 30 万美元，使它 148 万英亩土地上的农户和千百个蓝靛加工工厂都不得不改业，国家财政收入遭受到不可弥补的损失。这个巨大变化的原因，只是由于一个德国化学家拜耳在 1865 年起从事蓝靛的化学研究，找出它的分子结构，然后再从苯、萘等原料进行合成。什么是分子结构呢？从化学家的眼光看来，任何纯的物质都含有无数的、一种类型的微小单位，叫作分子。分子的性质代表着这个物质的性质。而分子则是由若干原子构成的，可能是一种或多种原子。每一分子都有它一定的结构图样，正如建筑师有房子的图样一般。工人们看到了建筑图样，就晓得如何去造房子，化学家有了分子结构，亦就晓得如何去合成它。合成就是用比较简单的几种原料，制成复杂的化合物。化学家从便宜的原料造出了所要的产品之后，他的工作仍未完毕，因为合成方法的费用可能还是高，经济上不合算，必须再设法来降低。拜耳和他的同事们先后完成三种方法，使蓝靛的成本降低到每磅一角多美金（原来每磅售价四元美金），使世界上最低廉的劳动力亦无法与之竞争。同时，产品的纯度是百分之百，而天然蓝靛则含有少量其他两种结构相似的杂质色素，一红一黄。三者之间没有固定的比例，要看靛草的品种和产地而不同。那么在实际使用的时候就会发生颜色前后不一致的现象，尽管我们用的数量是一致的。用合成的蓝靛就不会有这一困难。拜耳前后用了 20 多年的时间，花去 500 万美金的研究费用，但为德国人民壮大了新生的合成染料工业，并奠定了全部有机合成工业的基础，所付出的代价还是很小的。这一生动的例子教育了世界上许多国家的科学家、工商业者和行政领导，尤其是英国。因为印度当时是英国的殖民地，印度税收的损失直接影响了英国的国库。而制造蓝靛的原料又是从煤焦油获得的。英国是世界上第一个生产大量煤焦油的国家，但将其抛弃不知研究利用。合成染料工业本来是应当在英国发展起来的，结果被德国拿去了。这碗药的味道甚苦，使英国人能够立刻觉悟起来，在化学研究上投入了力量，储备了人才，大力发展了关键性的化学工业。所以，在此后一系列国际化学竞赛中，如液体燃料、人造橡胶、各种合金与钢材、人造药、合成纤维等等，尚能追踪先进，维持前列。

（乙）德国当初怎样解决液体燃料的供应问题

由于近代交通工具如汽车、飞机、高速船艇等的蓬勃发展，它们的发动机都需要大量的液体燃料，特别是汽油和醇类。在作战的时候消费量更要增加若干倍，因为许多武器亦都需要它们。汽油主要是从石油得来的，油页岩和天然气亦能供给一小部分，但是这几项资源许多国家是没有的。醇类的一种为我们所常见的就是酒精，它通常是从糖类或粮食制成的，故价值较昂而性能亦较汽油差，往往须与汽油掺杂使用。德国既没有石油、油页岩和天然气的矿藏，而糖类、粮食又不充裕，如果专靠外来接济，供应线一旦被切断（如战事发生时），则情况将不堪设想。在第一次世界大战期间，它曾依靠事前长期储蓄和酒精的大量代替，因它的化学家发明自木材制出酒精的方法，但那并不是一个很好的办法。于是它让化学家来彻底解决这一问题，从最多最廉价的原料——煤出发。化学家一共完成了三个方法，其中一个是将煤全部制成液体燃料的，其余两个是部分制成，这样在经济上更合算一些。第一个方法（费雪尔方法）是将煤变成水煤气，那是一氧化碳和氢的混合物，再用含有钴、钍等金属的催化剂，使一氧化碳和氢发生化学作用变成液体燃料。这些反应用化学方程式来表达十分简单：

$$1、H_2O + C \longrightarrow CO + H_2 \qquad \text{H 是氢的符号}$$

$$2、nCO + 2nH_2 \longrightarrow CnH_2n + nH_2O \qquad \text{O 是氧的符号}$$

$$2nCO + nH_2 \longrightarrow CnH_2n + nCO_2 \qquad \text{C 是碳的符号}$$

$$\text{n 代表任何简单整数}$$

在第二次世界大战期间，德国共有九个这一类型的厂，每天可出 18000 桶的汽油（每桶 42 加仑）。第二个方法（伯尔几司方法），是将煤磨成粉末，同柴油、催化剂调成糊状，在高压高温下加入氢气（压力约为 300 大气压，温度约为 450 摄氏度），每四吨煤约可产一吨汽油，此外尚有柴油、焦炭等。第三个方法是将煤低温蒸馏，上面我们已经提到煤的破坏蒸馏，那是用高温在 900～1200摄氏度，将煤破坏得较彻底，所以得到大量的煤气。现在用 700 度左右的温度，则得到的气体减少了，而液体的煤焦油量加多了，另有一部分焦炭。这个类型的煤焦油，在高压高温和催化剂的作用下加氢亦可变成汽油。这个方法在正常情况下是比较经济的。这几种方法的成功和采用，保证了德国在平时和战时对于液体燃料需要的全部供应。

（丙）苏联没有热带领土，如何保证橡胶的需要呢？[①]

橡胶是从热带生长的橡胶树树皮划破后流出的乳液，加热凝固而成的。它具有很多宝贵的性质如弹性、塑性、高度的坚固性、绝缘性、对于水和气体的不渗透性等等。所以它的用途真是成千累万，成为国民经济一切部门所必需的材料。苏联国内没有橡胶树园，国外没有热带领土，那么，怎样来满足苏联对于橡胶的越来越多的需要呢？除热带的橡胶树外，尚有其他含橡胶的植物如橡

_____

① 本节是从苏联大众科学丛书列乌托夫的《有机合成》摘录的。

胶草、杜仲等等，苏联境内可以栽培，这样可以部分解决这个问题，但还是大大不够的。1926 年苏联国民经济最高苏维埃宣布了国际悬赏，来征求工业上合成橡胶的制法。最高苏维埃规定：人造橡胶一定要质地好，价钱便宜，而且要用苏联国内所有并且容易得到的原料来制造。

苏联化学家列别杰夫获得了胜利。早在 1931 年 1 月，就已经在一座实验工厂里，按照列别杰夫所发明的方法，制得了最初的 260 公斤合成橡胶。而现在，不但在苏联，世界许多国家的人们亦都应用这个方法来制得数十万吨的合成橡胶了。工业上合成橡胶这个困难问题，究竟是怎样解决的呢？远在 19 世纪的前半期，我们就已经知道橡胶分子内只含碳和氢两种原子，并且知道橡胶的分子很大。就像锁链是由一个个的环节构成的那样，橡胶分子是由一个个的异戊二烯这种烃分子构成的：

那么橡胶分子的一小部分即可用下图来表达：

每个括弧内表示一个异戊二烯的环节。一个橡胶分子内，差不多有 2000～3000 个这样的环节。所以这类的物质，叫作高分子化合物。化学家知道了橡胶分子的构造以后，他们就开始想办法，把普通烃类分子集合在一起，来制取人造橡胶。这种方法俄国化学家孔达阔夫在 1900 年试验成功。他发现有一种液体烃，叫作二甲基丁二烯，成分是 $C_6H_{10}$，这种烃一搁置就可以变成橡胶，如果把它加热，就变得更快。至于二甲基丁二烯，他是用丙酮（$CH_3COCH_3$）来制取的。在第一次世界大战期间德国被联军封锁，曾利用孔达阔夫的方法来大规模地制造橡胶。但是他们所制的橡胶性能不好，所以到 1918 年（战事结束后）就停止生产了。1909 年 12 月，俄国的青年化学家列别捷夫发现一种叫作丁二烯（$C_4H_6$）的气体，这种气体如有金属钠存在的时候就能聚合起来（许多分子结合变成一个大的集团），变成最好的橡胶，唯一的缺点就是丁二烯的成本太贵了。1926 年宣布悬赏征求的时候，列别杰夫决定要研究出廉价制取丁二烯的方法。他和他的许多合作者进行了紧张的研究工作，终于获得了辉煌的成功。列别捷夫发现了在工业上用低廉的原料——酒精来制取丁二烯的方法。工业上合成橡胶的困难问题就这样解决了。这件事在苏联国外引起了很大的骚动。有些人表示怀疑，他们甚至于不相信这个成功的消息。美国发明家爱迪生写道："据说苏联已经研究出了人造橡胶的方法，这消息是靠不住的，这种方法是无论如何亦办不到的。这个消息根本可以说是撒谎。根据我和别人的经验，我们很清楚：人工制造合成橡胶，恐怕总是不可能的。"爱迪生没有学习马克思列宁主义，所以就犯了唯心主义和经验主义的错误，做出了很不科学的结论。

现在制造丁二烯，不但可以用酒精，而且还可以用裂化石油得出的气体来制造。俄国化学家贝佐夫首先发明了石油裂化气体来制造丁二烯的方法。在 1913 年他就获得了石油制造丁二烯的专利权。在苏维埃政权的年代里，谢林斯基和他的合作者们又改良了这个合成丁二烯的方法，并且在工业上用了起来。近年来，美国合成橡胶工业中所用的丁二烯，就是根据这个方法制造的。

我们由下面的数字中可以明显地看出，合成橡胶的生产能省去多么大的劳动力。要得到 10 万吨天然橡胶，就需要在 12 公顷的土地面积上种植 2700 万棵橡胶树，这项工作要用 10 万人，要费五年半的工夫。但是，在工业上制造 10 万吨合成橡胶，只需要 1500 人，有一年工夫足够了。工业上需要多种的橡胶，有的情形需要特别坚固的，有的需要弹性大的，有的需要能抗酸的或抗油的，有的又需要在加热时特别坚固的。于是，化学家就研究出各种人工合成橡胶来满足各式各样的需要。所有这些橡胶的分子构造都是链状的，但是链上一个个的环节却不一样。现在人们已经研究出了 25000 种橡胶合成方法，由此可见，研究合成橡胶的规模是多么大了。

## 结束语

化学科学的发展使得人类能不断地扩大原料的来源，能充分来利用天然资源及工、农业副产品和废弃材料。采用了新的化学方法和过程，不但促进化学工业本身的改革和发展，亦促成重工业、轻工业、建筑业以及其他国民经济部门在技术上的改进和革新。化学已能使人们制造和合成具有指定性能的材料和产品，以适应各种新的需要。在这次科学规划会上提出的57项重大任务中，需要化学的就有30项。因此，一个强大的化学工业拥有阵容完整、实力充足的化学科学队伍，已是国家现代化的重要标志。苏联在第一个五年计划时期就提出"国民经济化学化"的方针，在第六个五年计划的规定中，仍然把迅速发展化学工业作为首要任务之一。苏联经验证明：化学科学和化学工业的发展是技术进步的必要条件、国民经济的中心环节，亦是国家安全的重要保障。其他国家的经验亦是如此。这个经验是值得我们参考的。

# 出席苏联第八届门捷列夫化学会议的体会[*]

## 一、这次会议的重要性

门捷列夫化学会议是苏联全国性的普通和应用化学会议，汇报和检阅一段时期的化学研究工作，提出和讨论各个领域内的方向和新的发展，密切注意理论和实际的结合，使苏联化学科学、化学工业和化学在各方面的应用能迅速地和全面地向前迈进。全苏门捷列夫化学学会在它 90 年的历史中曾举行过 7 次会议，此次为第八届，距第七届为时已 25 年，而这 25 年正是苏联化学成长的最重要阶段。我们从苏联科学院化学研究机构的发展来看，即可以得出结论。至 1934 年举行第七届会议时，苏联科学院只有 3 个很小的化学所（即普通与无机化学所、镭化学所和有机化学所），而现在则有 12 个化学所。此外，还有 28 个化学机构附属于科学院其他学科部门和各加盟共和国的科学院。同时，以苏联化学科学的成就为基础的一个强大的化学工业已被建成。在这个时期和在这种情况下，进行全面的检阅，其重要性自不待言。

其次，这次会议已超出苏联全国的范围，而成为国际学术活动中的一件大事。共有 19 个国家参加了这次会议。资本主义国家方面有美、英、法、西德、比、荷、意、奥、瑞士、南、日共 11 个，社会主义国家有民德、波、捷、保、罗、匈、朝和中国共 8 个。国外来宾达 600 余人，其中人数最多的为民德和西德都达数十人，其次为美国亦有约十人。其中各国知名的化学家就达 19 人。

第三，这次大会又是在苏共二十一大刚刚结束之后召开的。二十一大曾强调化学工业的发展的重要性和大力进行高分子研究以创造新型材料的必要性。故此届大会号召全国化学工作者，无论在原料、中间体、新成品、新方法以及聚合和共聚的系统理论研究，都要大力进行。在无机化学方面，Спицин 通讯

---

* 1959 年 3 月 16 日至 21 日，第八届全苏门捷列夫普通化学及应用化学大会在莫斯科举行。中国化学会理事长杨石先和中国科学院化学研究所副所长柳大纲应邀出席大会。

院士亦细化了苏共二十一大提出的无机化学的任务。

## 二、参加会议的几点体会

（1）苏联化学在苏共中央的领导下，40 年来有空前的大发展。革命前，俄国在历史上固然有一些杰出的化学家如门捷列夫、布特列洛夫、费宁等人，但当时世界各国只认为英、法、德等国的化学家贡献最大，对俄国的化学家重视不够。而现在的资本主义国家也不得不承认苏联化学科学的巨大成就。从来参加这次会议的国别（19 个）和人数（来宾 600 余人，其中 200 人为代表），可以看出苏联化学为全世界所重视。此次会议提出的论文数量既大，质量又很高。许多研究工作的面很广泛，又非常深入、非常系统。例如高分子、元素有机、天然有机等等。故资本主义国家的同行如因哥尔德等人只得心悦诚服地承认苏联的化学已跃居世界的最前列。

（2）从论文和报告的内容可以看出，苏联在化学研究上既注意应用的，亦注意理论和基础研究。后者大都是密切结合实际任务的。例如在有机化学方面，会上提出许多关于元素有机化合物的合成及其反应历程、关于同构型聚合催化剂、关于高分子解聚机理、关于高分子结构形态的转变等等方面的论文，都是为了解决扩大高分子化合物耐温使用范围（耐更高和更低的温度）这一总的实际任务的。又如关于有机催化反应、新单体的合成、新聚合方法、化工原理等方面的论文亦不少，又都是为了扩大高分子化合物的资源、降低其生产成本这一总目的而进行研究的。在苏联很重视高分子物理方面的研究，这次会上提出的论文亦不少，又是为了解决高分子化合物加工成型，制造成为最后产品的实际问题。又如无机化学方面，物理化学的分析工作，也都是联系实际问题而进行的。一方面有效地解决了问题，同时也丰富了理论，为进一步解决实际问题打下了良好的基础。

总之，苏联科学家对于科学技术在发展国民经济上应解决的实际任务是心中有数的，而且又能根据这些任务提出应该进行的理论研究，因此他们的理论研究能很好地结合实际。这样也就使科学更好地为人民服务，为人类谋幸福。

（3）苏联对年青一代化学家的培养十分重视，亦非常成功。各组许多论文是在老科学家指导下由年青一代完成的，并且这些论文在会上由年轻的同志来报告。这些人从外表年龄来看不过是大学毕业刚两三年，但能够在带有国际性的学术会议上做出很好的口头报告，足以说明苏联对培养青年科学后辈力量是很成功的。

（4）苏联同志对中国参加大会的代表无论在会上或会下处处表现出特殊的

关怀和热情。例如在开幕式大会上，特别给中国代表团安排了致贺词及献礼的时间。在小组中把中国关于稀有元素方面工作的报告分为两部分在无机和分析两个小组各做一次，这样就在实际上给我们这篇报告两倍的时间（一般比较重要的报告只给 15 分钟）。在闭幕日的聚餐会上，我们向主席团敬酒之后，Cemeнов 院士、Фроткин 院士、Вопьфкиу 院士、Винагрдов 院士等都来到中国代表席上回敬，并说了不少表达他们对我们友谊的话。许多苏联同志都说："这次来的各国朋友都有，但我们最好的朋友仍然是中国同志。"这可以代表一般苏联人对待我国人的心情，亦正说明中苏两国的友谊是非常深厚和牢固的。会后，有时我们随同外来客人参观各研究所，则只能走马观花看一些表面的东西。当个别拜访时，则主持人殷勤招待，口讲笔写，取出样品、图表、数据，有时甚至做些实验，有问必答，毫无吝啬，完全无保留地、热情地帮助我们。

（5）我个人的收获亦是很大的。首先，对苏联化学进展的全貌有了更多的认识，对于自己有特殊兴趣的领域和问题又得到更多的启发及如何与其他相关的方面配合并组织协作，更清楚地了解能在一个或几个领域内哪些方面苏联已做得差不多了，在哪些方面要继续深入或要组织更大的力量去参加。对苏联方面的工作、资本主义国家的工作和自己国内的工作的比较，心中是稍稍有数了。

# 关于我国农药生产，特别是
# 有机磷生产的几点意见*

农作物经常受到昆虫、疾病、杂草和鸟兽的伤害。在正常情况下损失的估计约为总产量的 15%左右（苏联 1961 年的估计为 18%），如以货币计算，在 1959 年美国损失约为 120 亿美元。但在特殊灾害的情况下，有时造成远为巨大的损失。在人类历史上已有无数的例子如蝗虫、如小麦锈病等等，这些都是显而易见的。还有不少则由于当时人们的科学知识尚未发展到高度的水平，因而对作物减产的现象和造成的原因看不到它们之间的内在联系。但从近年来对于线虫、病毒等的研究可以得出正确推论，关于过去具有优良文化的民族发生经济衰退以至亡国灭种的真正因素。

人们在防治和消灭上述灾害的斗争过程中逐渐积累和发展了一些有效方法，其中以施用化学药剂（即农药）威力最为强大可靠，同时作用又非常迅速和彻底。在经济核算上，有时费用相当低廉如灭蝗、杀鼠、消除红蜘蛛等等，每亩约需人民币一两角，有时则颇为昂贵，因此需要更多的研究和探索。化学药剂在农业上的应用是有相当长的发展过程的。先从无机化合物（如硫、汞、砒等）和天然的产品（如烟叶、桃枝、鱼藤粉、打破碗花花等）开始，逐步转向有机化合物和复杂的人工合成的产品，使效能不断提高，使用更加合乎人们的理想。现在世界先进的国家采用农药的类型中，有机化合物约占 90%左右（日

---

*　本文是杨石先于 1962 年 8 月向中央领导提交的一份研究报告。

本约为 87.9%），品种①多者达四五百个，少者亦有一二百个。

在有机农药中，磷有机制剂是最近一二十年来一个重要的新方向，因为这类的药剂有许多的优点为其他任何农药所不能比拟的。第一，是效能特高。旧的杀虫药剂在百分之几的浓度时杀死害虫，性能已属十分良好，而磷有机制剂的有效浓度则为万分之几到百万分之几。所以从前每亩地需要几公斤到几十公斤的药，现在一公斤药可用于几十亩、几百亩以至几千亩，视所杀虫的品种而有所不同。第二，是应用范围甚广。可以杀虫、杀螨、杀菌、杀线虫、防治病毒等等，几乎一切农药的用途它都可能承担下来，甚至辅助剂亦不例外。第三，作用方式亦多种多样。可以触杀，可以胃毒，可以熏蒸，可以内吸②，也可以有选择性地杀虫③，还可以刺激或抑制植物的生长。第四，磷有机药剂在和动物、植物、土壤、水分等等接触后发生化学变化，从有毒逐渐变为无毒，因此，它的毒作用是一时的而不是永久的。它和硒、砒、汞等不同。第五，磷是植物营养三大要素之一，在完成杀虫任务之后对土壤和作物均有良好的作用，不同于铅、砒、氟等剂用作农药日久大量积累，可以使土壤寸草不生，可使人畜发生癌症的可怕后果。所以，在不少的国家磷有机制剂的生产蒸蒸日上，在日本已达全部农药量的 30%。

磷有机杀虫剂在早期发展中亦存在一个十分严重的缺点，即绝大多数的高效品种对人畜均有剧毒。由于当时在第二次世界大战期间，德、英帝国主义者均集中力量于军用毒气的研究，含磷有机制剂是其中重要项目之一。战后，农药的研究是在已有的军用毒气的基础上来进行的。经过几年的广泛应用，在全球范围内中毒和伤亡的人数还是相当大的，因此"低毒（对人畜说）高效（对

---

① 农药生产品种不宜过少，有几个理由：第一，农药是我们向病、虫、害作战的武器。机关枪、高射炮、手榴弹虽均可杀敌，但各有其特长，绝不能在战场上单用一项而摒弃其他。第二，昆虫是生物，长期接触一种药物，能逐渐适应，对此种药物发生抗性。现在不少苍蝇、蚊子对滴滴涕或六六六已发生了抗性，以前用 5%浓度的药液可以有效的，现在或许要用 8%~10%，才能获得同样的效果，长此下去这些药物终将变为无效。第三，各种昆虫在自然界都有其天然敌人，互相残杀，互相制约，达到一个总的平衡状态。如果我们用一种农药对某种害虫来说效能不是太高而对其天敌则效能特大，斩尽杀绝，那么，在施用这一药物以后将造成这一害虫特别猖獗的局面。故品种多了，交替使用是有其好处的。（原文注）

② 内吸是指药剂的一种性能，当它接触植物的任何一部分（如叶、茎、根等）即被植物吸收到体内，传播到全身并且保持其杀虫性能达一定的时期，使昆虫在此期内嚼食或者吮吸此植物时即被毒杀。效力维持时期的久暂是不同的磷内吸剂的特性。有的可以维持半年，有的两三个月，有的两三周，有的三五天，人们可以利用特性视对象的要求来分别施用。例如菜蔬在处理之后，几天即需食用，必须采用效能维持三五天的，否则人们吃了会中毒。棉花则不同，可以采用较长的。（原文注）

③ 选择性杀虫系指对某些虫有剧毒，对其他的虫无毒或者毒性甚微弱，用这种药剂可以保护益虫。（原文注）

杀虫治病说）"磷有机农药的呼声到处可以听到，促使农药化学工作者大大改正这一情况。最近三四年来情况有很大的转变，低毒高效的磷制剂已由原来的两三个，一跃而为二三十个。其中有的毒性甚至比六六六或滴滴涕还低很多（小五六倍至十余倍）。虽然目前还不能将高毒的药剂全部代替，但这只是一个时间问题。我们可以说，这个缺点基本上已经克服了。

情况既然是这样，那么我们国家对待磷有机农药的态度应当是积极的、大力发展的。但在目前具体措施上应采取谨慎严密的做法。提出下列八点建议：

1. 在国外行之有效的磷有机药剂应根据国内需要结合原料供应，选择毒性较低的少数品种进行仿制，普遍推广应用。初步可以考虑下面五种或者再多一点：

（1）敌百虫及其衍生物（如敌敌畏、二溴磷、敌百虫、丁酯等），这是国内唯一的磷有机杀虫剂在技术上真正过关的品种，可以大量推广，并且业已推广。

（2）乐果（包括异丙乐果）（乙酰脲）。

（3）硫磷乙酸酯（Acethion Acetoxon 类型）（Meacetophos）。

（4）4049。

（5）ET-57，杀牲畜寄生虫，牧区极为需要。

这五种估计困难不大，可以早日投入正常生产。

至于毒性甚高的农药虽然需要颇大，国内已有试制和使用的初步经验的如（6）E-605，（7）3911，（8）E-1059 只能准许少量生产，严格规定和控制其用途。如 3911 可用于棉花、小麦、玉米、豆类的拌种，E-1059 和 E-605 可用于大田作物如棉花、粮食以及果树等。

2. 农药一般都是有毒物质，特别是磷有机制剂毒性往往更大，故应由农业、化工、卫生部门共同定出一套规章制度，关于施用范围、使用形式、最后使用与收获间相隔的日期、残毒许可量、包装要求、运输和储藏条件等等，作为法令公布。

3. 在各省和自治区成立检查上述规定的机构并培训分析技术人员（包括化学分析、物理分析、生物分析等）来执行上述法令。

4. 国内磷有机杀虫剂的试制和生产已有七八年的历史，但始终未得到领导部门的大力支援。生产工厂对原料和溶剂等在数量和质量上都得不到保证，安装设备都很差，平时上级检查不够、技术指导亦不够，标准分析方法和参考资料都很少，结果整个工艺流程的执行不能严格要求，以致产品质量低、杂质多、得率少、价格昂。必须责成化工部化工厂大力抓起这项工作而不是听其自流。

5. 新型农药的使用和推广有一套必要的准备工作。先由农业研究机构编写详尽而通俗易懂的说明书，包括人员防护、残物消除、药品的化学与物理性质、各种配方、使用方式、害物对象、作物对象、所需剂量、国家法令的规定等等，然后在各省和自治区培训一批技术人员到基层进行示范性操作。对毒性较大的农药在县级应当有适宜的人员负责保管和指导使用，如无此种人员则暂时不能将此类药品下放，而由省或自治区的技术人员直接掌握。

6. 农药中的辅助剂亦是农药加工中的一项重要材料，对产品效力的发挥有巨大的影响。在国内，特别对具有良好性能的而且价格不太昂贵的各种乳化剂（非离子型与离子型的）始终未得到解决，应组织力量迅速进行此项研究工作，俾早日投入生产，以解决整个农药事业燃眉之急。

7. 在有毒药剂的使用上，如果采用先进的药械，不但可以避免中毒和死亡事故的发生，同时亦可提高工作效率许多倍。数年前我曾在东北参观过几个果园，他们在苹果树下用背负喷雾器喷射有机磷杀虫剂，以保证苹果无虫、可以出口、为国家争取外汇。工作人员虽然穿了防护衣服和戴上了面罩，但我确实感到他们并不太安全，因他们长时期被包围在浓厚的毒雾之内，并且一个人整天只能喷几棵树。我于1947年在美国东部即看到他们使用迷雾器喷药，这种器械是德国十多年前首先发明的，完全根据一套新的原理不是依靠细的喷孔和大的压力来喷射药液，而是利用高速气流从储器通过将药液飞散出来，结果用的液量甚少（只为寻常的 1/20 到 1/10），但是粒子的细度则小得很多，所以能够均匀地散布到很大的面积上。通常装在卡车或拖拉机后面，驾驶人员向前逆风开车，迷雾器操纵人员则在车上一间密闭而装有玻璃窗的小屋内向后顺风喷射，射程左右上下可达数十公尺之远。两个人一天可喷几百株苹果树，如喷田可达五六百亩，而且极少有中毒的可能。前三四年我在苏联农业展览馆亦看到类似的器械。这在欧美近年来都是非常通行的。一架所费亦不过三四百美金。今春二月我在上海农械厂参观访问时曾问该厂何不仿制出此项器械，据他们的答复，目前不会为群众所欢迎，我个人则有不同的看法。又有人说可能与领导强调"以小型农械为主"的精神不合。我认为还是要结合具体情况来决定。例如，在灭蝗工作绝没有人反对用飞机洒药，飞机当然不是小的农械，拖拉机亦不是小的农械，我们都经常采用了，迷雾器何以又不可呢！何况涉及人员中毒死亡的问题呢！1956年第二次国际植保会议在英国弗恩霍尔斯特举行时，已有荷兰专家做了迷雾器这一专题的报告，盛赞它的好处，但当时以及若干年来似乎没有引起国内农业领导上的注意。只在今春广州科学会议以及稍迟人大开会时听到中科院昆虫所蔡邦华所长同意我的看法。我们一致认为，国内应迅速仿制和推广这一器械。

8. 我国的农药工作远远落后于国际，比美国至少相差二三十年（我于 1947 年曾在美国东部参观了若干农药工厂）。这也是我国农业生产未能过关的原因之一吧！我们不应长此在后远距离地追随，拾人余惠，何况农药工作亦多少带有地方性，须要结合国内具体情况。因此，中国的农药研究必须大力开展。过去数年国内农药研究工作，尤其是磷有机农药的研究工作，已有少数单位包括南开在内开始进行并取得一定的成绩，但由于多种原因，工作时断时续，未能正常地、更不能充分地开展起来。这些幼苗需要领导上大力扶植，在不长的时期内做出成果、培养出大批研究人才是绝对可以保证的。农药界的人士这次建议在南开化学系建立一个农药研究室，有少数的独立研究人员编制和固定的研究经费，不致为教学或其他任务挤掉，得以经常工作下去，这是十分必要的。然后，这些农药研究单位在国家科委协调小组的组织和领导下，配套成龙，从农药的合成、加工、活性测定、大田试验、毒性检查、选定工艺流程到最后生产成品，可以一环接一环地畅连不断，那么就可以充分发挥每个参加单位和集体的最大效用和潜力，在短期内做出大量成果，使我国农业生产得以早日过关，植保水平很快接近和赶上世界最先进的国家。我个人和许多农药研究工作者是抱有这样的信心的。

# 谈谈农药问题

## 农药是化学支援农业的一个重要方面

化学支援农业主要有四个方面：肥料、农药、农业副产品和废料的化学加工。最近若干年来又新增了一个方面，即用高分子胶状乳液处理土壤，使成黑色薄膜覆盖在土壤上面。这对农作物有很大的好处，既增加光线的吸收，又保持热量的积聚，保持水分不被蒸发，防止土壤被侵蚀，使养料和农药不致流失。目前由于成本高，不能普遍地施用，但它的发展前景是远大的。

农药原指消除植物的病虫害和保护作物安全的化学药剂，但今天农药的应用范围已不限于保护植物，还要保护家禽、家畜以至水产，并且刺激和控制它们的生长。微量元素实际上是介乎肥料与农药之间的物质，缺乏它会使植物产生病态，只要一得到补充，植物就又正常生长。农药中有一些也同时具有肥料的作用，不过两者的界线大体上还是可以分清的。

在今天农药主要有下列十大类：

1. 杀虫剂（附杀螨剂） 这是农药中发展得最早的一个部分。不过从前总是用无机药品如砷（即砒）、汞、硫、铜等，或者用天然植物杀虫剂如烟草、桃叶、黎芦、除虫菊、毒鱼藤等，而现在的农药则90%为有机化学的人工合成药物。这是全部农药发展的总趋势。这样做的结果不但改进了性能，提高了效率，而且开拓了新的来源。以前一亩地作物的除虫需要几公斤至几十公斤的药，现在一公斤的药可用于几十亩、几百亩、甚至几千亩。因为它的杀虫度可以是百万分之几而不是百分之几，所以我们称它为"高效"的。有机化合物由于分子内部原子排列和空间结构的关系，虽具相同的组分，而能演变成为许多不同的体型，各自有其特性。有机化合物品种的数目几乎是无边无际的，农药走上了有机化学的途径，自然有其广阔的天地，最近二三十年农药的发展史充分地说明了这一点。

在杀虫剂中，目前消费量最大和品种较多的是含氯的有机化合物，如滴滴涕、六六六、七氯、艾氏剂、狄氏剂、硫丹等。不过它们的重要性已为含磷的有机药剂所超越。磷有机农药有六大优点：（1）效能高；（2）品种多；（3）应用范围广（可以杀虫、杀螨、杀鼠、杀菌、杀线虫、防治病毒、刺激生长等等）；（4）作用的方式亦多种多样（可以触杀，可以熏蒸，可以内吸，还可以有选择性地杀虫）；（5）毒性是暂时的，施用以后，逐渐化为无毒，不是长期的或永久的；（6）对作物、对土壤都有良好的副作用，因为磷是农作物三大营养原料之一。

磷有机杀虫剂在早期发展中曾经有过一个十分严重的缺点，即绝大多数的高效品种对人畜均有剧毒。在第二次世界大战期间，德、美、英等国集中力量于军用毒物的研究，含磷有机制剂是其中重要项目之一。战后农药的应用研究是在已有的军用毒物研究的基础上进行的。由于它的毒性太高，几年来农业上的广泛应用在世界各国中毒和伤亡的人数相当多。因此，"低毒（对人畜说）高效（对杀虫说）"磷有机农药成为农药化学工作者大力研究的方向。最近三四年来，情况有很大的转变，低毒高效的磷制剂由原来的两三个品种，一跃而为二三十个，其中有的毒性甚至比六六六或滴滴涕低得多。尽管目前还不能全部代替高毒药剂，但这只是一个时间问题。

杀螨剂是指消灭红蜘蛛、扁虱等类害物的药剂。螨在分类学上与昆虫不同纲，对农药的反应也不相同。滴滴涕和六六六是比较好的杀虫剂，但对螨的伤害力则很弱。因此这两种农药须与杀螨剂一齐使用，否则会因伤害了螨的天敌酿成红蜘蛛特别猖狂的局面。而磷剂则对两者均有强烈毒杀作用。无论杀虫杀螨的任何一种药剂，都不宜长期不间断地使用，因为昆虫和螨都是生物，时间长了，就能逐渐适应，产生抗药性。在农药上有一个很重要的原则，即制备多种药剂，交替使用，以避免产生生物的抗药性。杀虫剂中值得提到的还有诱引剂、忌避剂和不育剂，这是近来发展的新的分支。

2. 杀菌剂　杀菌剂和杀虫剂一样，在农药中历史最久。菌有真菌和细菌两种，都是作物致病的主要因素。杀菌剂可分下列五个类型：汞剂、铜剂、硫剂、其他有机制剂和抗生素。由于铜、汞资源不是很丰富而用途又很多，许多国家避免采用它们做农药，所以后面三类是今后的重点。

3. 植物刺激剂　这是一种影响植物生长的药剂，少量使用可以加速植物生长，过量使用时可以抑制植物的正常生长，过量太多往往造成植物的死亡。这类有趣的药物具有不少甚可宝贵的性能：如加速扦插生根，构成无子果实，疏花疏果，防止落果落铃，抑制块根和菜蔬在窖藏期中抽芽，使香料植物增多香精成分，甜菜提高含糖量，橡胶树多出乳胶等等。

4. 除莠剂　分为灭生性与选择性两大类，重点在于后者。前者对一切植物均有伤害作用，后者只对某类植物有害而对其余无害或伤害甚小。换言之，第二类药物对不同植物的危害在程度上和剂量上都有差距，利用这一现象我们就可以清除某一作物（如水稻）田内的其他植物（如稗、蓼、水芹、泽泻等）。1956年美国化学家制成的除莠剂——二氯苯丙酰胺——即是专为稻田用的，采用飞机喷洒，效果很好。

5. 熏蒸剂　人们常用有毒气体或具挥发性化学药品的蒸发，在密闭的情况下杀死害虫、病菌或其他微生物等，此类药品常被称作熏蒸剂。粮食、经济作物以及商品仓库多年以来经常采用，后又推广到果树和土壤内部应用，用于果树须借助于帐幕。土壤的熏蒸则可将药剂导入耕松的土壤面下 10～15 厘米处，然后将上面土层加湿、加压，以封闭药剂，使它在土中徐徐挥发，弥漫于耕土层，几天以后，逐渐渗出土面。这样做可以消灭大部分土壤昆虫、线虫、菌类、草根、草籽等，减轻它们对即将栽培作物的危害。我国近年来广泛采用深耕的办法，扩大了地下害虫活动的范围，这类药剂的重要性不言而喻。

6. 杀鼠剂　国内近年普遍采用，效果显著，毋庸赘述。

7. 杀线虫剂　为害作物的线虫多在土壤和水内活动，然后自根部进入植物，到达枝叶花实等部位为害。土壤熏蒸也有助于消灭线虫，但杀线虫药剂则不一定是熏蒸剂。这一分支虽然成立不久，最近几年来却有不少的新发展，有的新药在万分之一二的浓度即可奏效。由于土壤容积如此巨大，处理费用是一个不小的问题。

8. 防治病毒剂　这是农药中最新的一个分支，还在成立初期。人们只找到了一些线索，还须做更多的工作。

9. 增效剂　当两个具有同类作用的药物被一起使用时，所获得的效果大于二者之和，即有所谓增效作用。这在医药上、香料配合上、甜味代用品的调制上，都是常见的现象。在农药除虫菊素的发展史上，增效剂是起了卓越的作用的。不少常用农药如滴滴涕、六六六、磷有机制剂等的增效剂近来也屡有发现，尽管迄今所取得的成果还不大，远不如除虫菊增效剂的显著，但这是农药研究中值得注意的一个重要方面。制出一个真正良好的增效剂，其实际效果丝毫不亚于创造一个新的高效药剂。况且人们已经积累了一些经验，有的是比较成熟的，有的是初步的，如何更加深入，全面分析，得出几条规律，创造几个优良类型，就可以将现有农药的威力扩大若干倍。

10. 辅助剂　农药不是单独使用的（尤其是高效的农药，一亩地只需要几克或者还要少），必须有很多的辅助剂配合。如要制成粉剂施用，则须有固态载体如滑石粉、高陵土之类，如要制成溶液喷洒，则须有适合的溶剂和稀释剂。此外还有乳化剂、展着剂、黏附剂等等。它们对农药能否很好在田间起作用是影响不小的。我们过去对这方面还注意不够。

## 农药工作概况和存在的某些问题

新中国成立后，我国的农药研究和农药生产已经从无到有地初步建立起来。目前在杀虫、灭菌、毒鼠、除草几个主要方面的药剂，都有若干优良品种在较大规模地进行生产，而且每年都在扩大产量，农药工厂的布局已遍及全国各大省市。成绩是巨大的。不过还远远不能满足国家的需要，同国际先进水平也还有一段距离。农药的发展离不开工业的发展，它自身就是化学工业的一个分支。农药也不能脱离现代科学技术水平而单一地发展，它是一门综合性极强的学科，涉及的面很广，如有机化学、农业化学、植物、动物、昆虫、真菌、细菌、病毒、土壤、医药、农林渔牧、生化、化工等等。此外，思想认识上和工作上的一些因素也对它的发展有着不小的影响。例如，有人怀疑用化学方法防治病虫害是不是最经济、最有效的方法。

人类在长期同自然斗争中，本已发展了多种多样的植物保护方法。概括起来，至少有这样几种类型。（1）改变环境情况，使害物不相适应。如在低洼地区排水填土，使芦草不能生长，田间适时灌水，淹死害虫的幼虫等。（2）运用栽培技术以减少害虫肆虐的机会，如提前播种春小麦，使麦秆蝇发生时麦子已届成熟，又如改变耕作制度等。（3）采用生物防治，这里面可以划分许多种类型，如用寄生蜂、真菌、细菌、病毒杀死害虫和用昆虫除莠等。（4）培育抗病抗虫的作物品种，从根本上使病、虫失去作用。（5）机械物理方法，如用灯光诱引和电流触杀，臭味吸引然后机械捕获等。（6）化学防治方法，用农药毒杀害物。

如果有了真正抗病抗虫的作物，省去了不少防治的麻烦，当然最合理想。不过这项任务是非常艰巨的。病和虫的种类有千千万万，人们到现在为止培育出来的作物品种还只能抵抗一种病或一种虫，而不是对所有的病和所有的虫都能抵抗。此外我们又发现，即或对某一种疾病有抵抗性的品种培育成功了，也还有问题。举小麦锈病为例。锈病为害剧烈，并有一千多年的历史。用化学方法控制锈病的探索工作，在19世纪末叶本已开始，后因20世纪初年抗锈遗传作用获得证明，于是把全部注意力移往遗传育种方面，放松了化学方法的研究。30年来，固然培育成功不少抗病良种，在锈病流行期间获得增产，育种学家辛勤劳动的功绩，非常值得我们钦佩和赞扬。可惜的是，这些抗病良种在栽培一段时期之后（一年或几年），即不再具有抗性。我国的碧蚂一号小麦就是如此，它现在反而成为感染非常严重的品种了。原因在于锈病本身有无数的生理小种，迄今已发现有 300 个左右，而且不断产生新的。那么在每一新的锈病小种出现以后，势必要另育一个能抵抗它的品种。在旧种不能再用而新种还未育出期间，人们只好束手无策听其为害。所以在 20 世纪 30 年代，人们又重新抓起化学防治的研究，正确地采取了双管齐下的方针。20 余年来，在化学方面做了大量的系统研究工作，已获得一些令人满意的初步成果。特别是最近四五年间，化学家已经制出几种有机制剂，它们杀死锈病孢子所需的浓度在千分之一二左右。有一种制剂据称在万分之一以下即甚有效，那么一亩地不过消耗数克药剂，一公斤药可用于几百亩的麦田。但锈病是具有国际性和洲际性的，无数的孢子可以从几百公里外由高空气流带来，一次被消灭净尽后，还会继续多次空降到麦田中去。春末气温较高，只要十几天即可大量成熟为害，那么是否需要我们不断地整季度地喷药呢？如果这样，锈病虽获控制，代价将高到不能接受的程度。化学家又初步制成不但具有歼灭孢子作用的，而且亦具有保护小麦作用的新药，基本上解决了这个难题。目前的困难是药剂费用的降低、药剂类型的扩大和药效的持久等等问题还须继续研究，以求取得更好的结果。

另外有一些人对化学药剂的毒性作用顾虑很大。一方面怕它残留在食物上，引起慢性中毒，或者发生癌症，另一方面担心化学药剂被大量使用后，会消灭自然界许多生物。如杀虫剂会消灭许多不危害作物的昆虫，包括益虫和鱼类、鸟类；会杀死不少对人有利的菌类，特别是土壤微生菌；除莠剂可能使多种野生植物大量毁灭。因此，他们主张取缔农药和限制农药。这种呼声最近两年来在英、美的报纸刊物上时常见到，甚至反映到国会。从表面看来，农药似乎有一定的危险性，不过在严密的现代科学技术监督之下，一有危险征兆，即采取防御措施，不致造成严重灾难。何况农药本身的发展正是走向高效低毒和有选择性，高毒的药物不少正被替代和废弃，全部废弃也只是时间问题，选择性除害正在蓬勃开展。

在今天看来，化学防治方法是农业生产上不可缺少的一个重要环节。它确实具有不少的优点，为其他方法所难于比拟。它效果大，应用范围广，作用迅速彻底，所需费用有的十分低廉（如灭蝗、杀鼠、消除红蜘蛛，每亩所费不过几分到一两角人民币），有的则较昂，所需人工也比较节省。在肃清蝗蟎、扑灭鼠疫、防治稻瘟病、清除稻田莠草等等方面，很难想出比化学药剂更好的办法。空喊取缔或限制是不能解决困难的。至于费用问题，随着国家工业水平的逐步提高，科学研究的不断深入，成本降低是必然的趋势，不应作为主要缺点来看待。即使化学方法，或者其他方法，在某一方面暂时不能采用或不宜采用，研究工作也不应当停止或放松。

工作安排是否得当，对农药的研究和生产也有很大影响。首先是组织工作。上面已经提到农药的复杂性和综合性。在农药生产上，多种原材料的充分供应和妥善加工，原药的制造与提纯，配方与辅助剂之选择与加工处理，涉及若干方面和不同部门，具有相当的复杂性。在研究工作上更是如此，有好多个环节需要许多部门配合。例如现代农药，既然90%是复杂的有机化合物，需要由（1）熟悉有机合成或者元素有机化学的人，根据一定的线索或一套理论，来进行某一新药的试制与合成。在合成中采用已知的方法可能会有困难或须做不小的修改，常常需要采取全新的路线。一个方法可能效率不高，步骤太繁又须重探其他方法。原药制出后须细致地考核其物理和化学性质。再经（2）农业化学工作者根据作物和害物的具体情况，拟定使用形式，进行加工，制成各种配方，如粉剂、溶液、可湿性粉、乳剂、气溶胶等等。可由（3甲）昆虫毒理研究者、（3乙）植物生理研究者、（3丙）植物病理研究者、（3丁）细菌学研究者、（3戊）病毒学研究者等有关方面分别在试验室内进行活性测定。如效果良好即可交给（4）农业工作者进行大田试验，（5）医药工作者进行毒性鉴定。经过以上步骤，就可以初步小结一下有无采用的价值。如果没有，即行剔除（或交还有机合成人员修改原来结构来调整性能）。如果有采用的价值，则进一步交给（6）化工人员进行中间工厂小型试制，选定工艺流程并做出成本计算，最终决定是否生产。对这项工作的复杂性认识不足，组织工作就很难健全，那么合成新农药的研究必然感到困难，因而效率将是很低的。

其次是宣传教育工作。农药本身有许多新的科学内容，具有一般文化水平的人要了解它都有困难，农民的困难就更大了。所以必须做大量的宣传教育工作，说明它的性能和作用，指出正确地和恰当地使用农药，可以收到巨大的效果，而使用不当，则不但没有帮助还会有相反的结果。

## 几点不成熟的意见

根据上述的情况，提出下列三点意见，以供参考：

### 1. 组织多方面力量进行深入的宣传教育工作

动员农业部门、农林院校和广大农药工作者给报刊写文章，编写小册子，包括学术性的、技术性的和通俗性的，尤其是后者。在专家指导下进行施用农药的操作示范，并拍成电影，在农村中巡回放映。也可以摄制发生病虫害后施用药剂与不用药剂不同局面对照的影片，用各种挂图说明经济上的损益。

## 2. 施用毒性较高药剂应成立专业技术队伍

农药的科学内容很复杂，要一般农民都能够很好地掌握和运用，是有困难的。我以为最好成立专业的技术队伍。所有毒性较高、价值昂贵的农药一律不要下放。这样做有许多优点：第一，使一般农民减少和剧毒药剂接触的机会，可以大大地减少中毒伤亡事故。第二，可以节约大量的药剂，并做大面积的总体筹划，余药也可集中保管，不致丢失和变质。第三，可以采用大型的和性质优良的器械，如小型飞机、直升机、大型喷雾器、动力喷粉机等等，提高工作效率，加强药械的管理修配，减少损失。第四，更重要的一点，是可以提高防治效果，节省防治费用。这是加强集体经济的一项具体措施。应培训一批具有高中以上文化水平的人员，再加上少数植保、农化、化学、昆虫、机械等方面的大学毕业生，在农业专家指导之下，成立一支农药技术专业队伍。全部人员可按全国大区分为五六个中队，要掌握药剂的性能，每个中队估计有 100 人即够用。他们不但需要掌握药剂的性能、配方的正确应用和各种防治的技术，还必须对药剂的保管和储藏，药械的使用、维护和修理，中毒时的急救办法和残毒的正确清除等都能胜任。总之，任务和要求都是相当高的，需要认真的组织，严格的训练。

## 3. 加强农药研究工作并采取联合的方式

农药涉及的学科数目和类型既然如此之宽广，因而不是少数人和一两个机构所能全部包揽下来的。党的八届十中全会公报号召我们要加强科学技术的研究，特别是要注意对农业科学技术的研究。因此，我感到在农药研究上有必要采取联合的方式。由科委专题小组统一领导，分配任务，协调进度，全面串联，一环扣一环地一贯到底。在进行中如有任何堵塞阻滞，就及时加以疏导，使能经常疏通，如此方能迅速地和大量地产生成果。这种组织形式一方面既有利于工作的大量开展，另一方面亦利于人员的迅速成长，并且还可以使各专业之间的接壤地带，得到各种科学工作者的经常注意和探讨，从而发展这些边缘学科。这种形式也是现代科学研究中最新的、最有效的组织形式，国内过去这种经验是不多的。虽然有些科学家因工作需要，亦曾经自由结合、互相联系，然而它的面积小，约束性不强，因之效果不是很大。现在情况大不相同了，国家有此需要，领导小组进行组织，参加人员有高度的协作风格和责任感，工作一定会顺利进行的。

（原载于《人民日报》，1962 年 12 月 4 日）

# 谈农药工作*

连续三年严重自然灾害的经验教训和这次中共中央八届十中全会文件的学习，使我们对农业在国民经济中的重要性有了更加深刻的认识。农业不仅直接影响我们全国人民的吃穿用问题，这是我们作为一个六亿五千万人民的大国必须严肃对待、尽快设法加以解决的，亦牵涉到我们有效地支援兄弟国家和世界上争取独立和民族解放而向帝国主义进行革命斗争的人民。他们在粮食有困难的时候，我们根据国际主义的精神，亦必须予以援助。美帝国主义者经常用剩余农产品倾销作为侵略的武器或者贿买友好的手段，社会主义阵营除我国而外还没有一个国家在这个方面做针锋相对的斗争。更何况轻工业的许多原料亦是由农业提供的，农业高度地发展了，不但轻工业可以更大规模地发展，重工业亦有了广大的市场，工农联盟就更加巩固，城乡差别就更易消灭，影响确是巨大深远的。

提高我国农业生产的正确道路首先是集体化，将农民组织起来，使每一个生产单位有足够的人力、物力和土地，可以有效地进行近代农业生产。其次是有步骤地进行农业的技术改革和四化（水利化、机械化、电气化和化学化）。农药是技术改革中一项重要措施。它的主要作用包括：（1）歼灭害虫，（2）防治疾病，（3）清除杂草，（4）杀鼠，（5）刺激生长等等。病虫害对农作物的危害是巨大的。据最近国际专家的估计，全世界每年因植物病虫害而导致的农作物减产占年总产量的 30%，小麦减产 35%，马铃薯 40%，糖用甜菜 24%，苹果 30%，而烟草和棉花则高达 60%～62%。这些数字是指一般的正常年景，在特大灾害的年份里则某一项或几项可能大大地超过它的正常百分数，使损失总量更加上升。即以正常年份论，30%（约三分之一弱）确实是一个不小的数字，我们一定要把它争取回来。我们新中国人民过去的努力已使全国的总损失量下降到 20%～25% 左右（有人估计说曾经一度压到 10%，只是近两年又有回升，

---

* 本文是杨石先 1962 年在河北省人民代表大会上的发言。

我觉得是过高的估计，当然亦要看包括的作物范围，如果只就粮食说，则是有可能的，如包括菜蔬、果品、经济作物、木材、牲畜等等，那就太小了）。苏联1961年产量总损失的估计为18.5%，美国在1956年已降到15%，近几年可能更小一些，然而尚未能达到10%。这些努力的效果还是不够大的，因此我们还必须继续做持久不懈的努力，或者有可能将损失总量降到百分之几。

除了确保丰收、夺回损失以外，农药还有另外一个作用目前尚未充分发挥，即刺激和控制作物的生长，或者使之早熟，或者使之多产，或者改良产品的质量，或者提高抵抗恶劣环境的能力（如抗干旱、抗盐碱等）。这一方面的研究虽然开展不久，但已获得了不少初步成果，证明其前途远大。

人们在过去和病虫害的长期斗争当中，曾经发展了许多类型的防除方法，有不少的效果是相当良好的，有的甚至是十分巧妙的。但总的看来仍以化学方法即用农药防治病虫害，最为优越，作用非常迅速彻底，体系最为完整无缺，劳力亦可以有很大节约，费用一般是低廉的。目前如果我们没有农药，在不少灾害面前不是束手无策，即需付出重大代价，如蝗虫、如鼠疫、如小麦锈病等等，我们过去的经验是非常惨痛的。而现在有了农药，我们几乎等闲视之。所以说，农药的研究和制造是支援农业和改进农业生产技术中不可缺少的一个重要环节。

大家知道，所有的农药都是化学药品，因而农药的生产是化学工业的一个分支。化学工业不发达或者没有以农业为中心的思想，生产农药就必然受到了很大限制，原材料供应、工厂设备、工艺流程、产品质量和成本以及辅助剂和加工都会发生问题。今天的农药又是90%为人工合成的有机化合物，是有机化学家在实验室创造出来的。他们创造的出发点是从研究已有药物的化学结构与生理性能得出一种理论，然后再根据这一初步理论合成大量新的化合物，系统地考核它们的化学、物理和生物活性，细致地和缜密地来寻找可用的药物。他们往往制成几十、几百以至上千的化合物，从中先选出若干主要类型的以供活性检定。这些原药合成之后，还需要许多其他部门的协作，如进行加工，制成适宜的配方，测验杀虫、杀菌、除草、刺激作物生长等的效能，再做大田试验、毒性检定、生产工艺流程的选择和成本的核算等等，然后才能考虑是否应当生产。这一系列非常复杂的工作需要多方面的密切配合，故组织工作也是十分重要的。以前我们在上述两个方面都做得非常不够，希望今后能得到改进，那么，河北省农药的研究和生产才能蓬勃地开展起来。

南开大学化学系从1950年以来即进行植物刺激剂和除草剂的研究工作，1956年又增加了有机磷杀虫剂的研究，1960年又增加了小麦锈病防治剂和其他杀菌剂的工作。前后合成了不下六七百个新的有机化合物，从中筛选出有机磷杀虫剂两个，兼有内吸和触杀的作用，但毒性比著名的 1059 和 1605 小了十多倍；锈病防治剂两个，防治的效力与国际上通用的对氨基苯磺酸不相上下（有效浓度都在千分之二左右）。此外还有一二十个效能甚好的植物刺激剂、除草剂和杀菌剂等等。这些点滴成绩不是很大，而且是省内和国内（包括北京、上海、广东）不少研究机构和我们共同努力的结果。但考虑到在过去艰难困苦的情况下，缺乏人力、物力和时间，还是得来不易的。现在领导上同意我们成立农药研究室，有少数专职人员经常在经验丰富的教师指导下进行研究，渴望在短期内获得较多的成果。这是我们感到十分欣慰的。

# 我国化学科学的巨大变化

中华人民共和国成立已经十五年了。回顾十五年来的伟大成绩，就更增加了我们庆祝节日的喜悦心情。我们不仅高兴地看到工农业战线上的重大胜利，作为科学工作者，我们更清楚地看到了我国十五年来在科学事业上所获得的丰硕果实。这不禁要使我们为之高声欢呼，欢呼党的科学政策的胜利，欢呼毛泽东思想的胜利。

十五年来，我国化学的面貌发生了巨大的变化，彻底改变了旧观。现在，设有化学专业的高等院校不下百余所，化学方面的研究机构也有数十个。这是在党的正确领导下，发扬自力更生、奋发图强的精神的结果。再加以贯彻了理论联系实际的方针，教学、科学研究紧密地与国家建设及国民经济的发展相配合，大大地加速了前进的步伐。十五年的成就超过了过去的整个世纪。

无机化学和分析化学以前是化学中两个非常薄弱的分支，新中国成立前的研究工作只限于一般的制备、分离、提纯，以及性质观察和方法改进的研究，既非系统进行，也不深入彻底，点点滴滴，东鳞西爪。甚至在教学和科学研究中绝大部分的试剂和玻璃器皿都仰给于国外，精密的仪器就更是如此了。现在无机合成的工作已全面地开展起来，无论在方法上或理论上都有了一定的基础，而且运用了现代的最新技术，如离子交换、溶剂萃取、金属还原、熔盐电解、高温高压合成、高真空蒸馏、区域熔融等等。我们对很多的稀有元素进行了大量的系统工作，获得了丰富的成果。在分析化学方面，从化学分析到仪器分析，从常量到微量再到痕量，都已随着生产上的需要（半导体、超纯元素等）而得到不断的改进和提高。试剂和仪器已基本上自给自足，不少精密器械也在国内生产了。

物理化学过去虽然进行了一些工作，但也是零星的、片段的、补充性的。现在有了很大的不同，在内容上不仅充实了而且系列化了，由点成线、成面。以前薄弱或者空白的领域如化学键理论、物质结构、络合物化学、催化理论、电化学等都有不少人在进行工作。化学热力学和高压化学也有了开端。

有机化学在解放前的研究工作只限于有机合成、有机反应、杂环与生物碱化物、合成药物化学以及少量的甾体化学，元素有机可说是空白。现在则已全面开展（包括硅、氟、磷、硼、锑、砷、锡、碘等），并且十分活跃。天然有机化学亦有了很大加强，特别在甾体化合物、氨基酸及多肽、糖类、甙类、脂肪酸类、萜类、抗菌素等都有相当丰富的成果。在理论有机化学方面已经建立了队伍，也从几个主要方面开展了工作。合成药物与合成农药工作的队伍亦因日益增长的需要而不断成长壮大。

放射性化学以前也是空白的，现在不少的大学都设立了这一专业，放射性标记化合物已在研究工作中广泛地使用。

总之，十五年来的成就是十分巨大的，难以说全说完。化学这门科学在我国迅速全面的发展是旧中国做梦也想不到的事。

以往的十五年是伟大的胜利的十五年。它使我们看到了自己的力量，看到了无比辉煌的前途，更加激励和坚定了我们勇往直前的信心。我们深信，不要很长的时间，我们一定能够攀登上化学科学的最高峰！

（原载于《科学通报》，1964 年第 10 期）

# 对我国发展农药的意见

## ——应该发展哪些品种以及赶超国际水平的方向

　　我国需要的农药品种估计有 100～150 种即可敷用。原因有两个：（一）农药作用的对象是生物。如一种药长期持续使用，容易产生抗药性，故品种一般不宜过少。（二）我国幅员广大，作物品种繁多，因而害物的种类亦是非常多的。100 多种药剂的分类应该有个大体的比例。如杀虫剂是否在 40%～45%，杀菌剂在 18%～20%，除草剂在 18%～20%，其他 15%～24%［其他包括（1）杀鼠剂，（2）诱引剂，（3）忌避剂，（4）拒食剂，（5）不育剂，（6）增效剂，（7）刺激剂等（不包括辅助剂）］。最后一大类包括不少农药的新方向。然后在农药产量上亦需有一个比例。有了足够的品种之后，相互间的数量就比较好定了。每一类选几个骨干，加上较多的辅助品种。在现有的杀虫剂中，有机磷的品种和数量都还应极大地扩大，环戊二烯类、氨基甲酸酯类亦应适当生产，六六六和滴滴涕应逐渐缩小比例。在杀虫剂的研究中应注意：（1）寻找增效剂来克服害虫抗药性的问题；（2）用化学和物理加工方法来弥补药剂本身的一些缺点，使其应用范围可以扩大；（3）国内特别需要的药剂，如杀水稻螟虫剂等。

　　在杀菌剂方面应大力开展研究，原因只有两个：（一）它在农药中是一个比较落后的分支，造成的原因是：（1）早期不易估计其危害性，发展严重不易挽救；（2）作物害物同为植物，差距不如动植物之大；（3）高效和广谱的很少。（二）在粮食作物上尤为困难，因要求成本必须低，获得高额利润的可能性不大，故在资本主义国家私商对此兴趣是不大的。所以在美国和加拿大防治小麦锈病解决得并不太好。抗菌素，特别是那些在医药方面作用不大的，是筛选农药抗菌剂的一个重要来源。过去我们在这方面注意得非常不够，即使筛出的药剂有一定的缺点，亦可以用化学局部改造的办法使之适用。建议将杀菌剂，特别是用在大田作物的杀菌剂，列为农药研究的重点。一方面国内有此需要，另一方面我们和国际的差距在这方面最小，超出他们的机会亦就多些。

除草剂是国际农药中最为蓬勃发展的一支，品种极多。国内选用若干，问题不大。困难在于密切结合我国的具体情况，如杂草的类型、土壤的性质、气候的差别、邻近的作物及前后茬的安排、原料的供应、成本的高低等等，都可能造成一定的困难。例如，敌稗是触杀性药剂，江南稻田不是数百亩数千亩成片，而是小块插花，邻近有豆类和菜蔬等作物甚多，喷药时必然会波及造成损失。西马津是长效的药剂，在温度低、土壤黏性大的地方分解甚慢，必然影响后茬的生长等等。

诱引剂、忌避剂、不育剂、增效剂等都是重要的新的发展方向，前景远大，需要我们组织适当力量从事跟踪。（有机所在搞玉米螟诱引剂的研究，北大和南开在不育剂的研究上都需要加强。）土壤除害剂（包括杀虫、杀菌、除草）亦是国内农药一个值得注意研究的内容。

至于赶超国际水平的问题，有些不成熟的意见可供参考：

1. 近代农药发展只有不到半个世纪的历史。自滴滴涕（1936）、六六六（1942）的引用开始，从原先以无机化合物及天然化合物为基础，改变为以合成有机化合物为基础的轨道上来。（有机化合物的数量几乎是无限的，是无机化合物的几十倍或几百倍。）我们认识这一变革过程的巨大意义，同时看到人家走的路还不是太远，所以应当加快我们的步伐，赶超并不是太难的。当然亦必须认识到人家有机化学的基础是雄浑的、强大的，队伍也比我们多许多倍。这就需要我们付出更大的努力。作为化学工作者，合成农药的时候需要许多方面科学工作者的协助和合作：植物、昆虫、细菌、农、医、土壤、化工、生理、生化等等。如何组织队伍？我们不可能像资本主义国家的做法，在每一机构内都有庞大的人员组织。因此，我们一开始就本着多快好省的精神，采取了大协作的方法。几年来的初步经验告诉我们，需要小配套加大协作。以前小配套不够［化学合成与加工、生物初筛、试制车间（制出足够初步试验所需量——数十至几百公斤）］，大协作的面亦不够广（天然有机、生理、生化，尤其是生理、生化，它们在农药的作用机制上占有极其重要的地位）。协作单位的适当选择亦是必要的。否则浪费药剂、浪费时间，得不到数据或者数据不可靠反而混淆了正确的结论。（今年除草剂一号在果树方面的试验遭受了挫折。）

在队伍组织上必须精干，每个人、每个单位必须发挥应起的作用，否则就无法很快做出成果，更谈不上超越人家。我们应深刻体会，协作组织工作的好坏是缩短农药从研究到生产周期的关键。过去两年的工作在这方面是不够正常的，需要改进。

2. 农药合成以后，如何正确地使用和取得最大的成果。这里有人员训练的问题和器械的问题。使用农药的人员不仅需要有训练，而且必须具备一定的科学知识和掌握一定的技术。既然我们的目的是赶超，在器械上就不能因陋就简。现在很多人主张多采用粉剂，这只是在应付目前紧急情况下可以如此。而粉剂不如溶剂或乳剂先进，主要有三点：（1）黏着不好，（2）易被风吹到目标以下，（3）用药量大得很多。我们在喷雾器上比先进国家落后至少 20 多年，人家在 20 年前不仅有很好的各种喷雾器，而且已有各种迷雾器，可以喷射粒子直径在 300 微米以下，一亩地可均匀地喷洒三四升药液，最少的达 0.65 升（即 645 毫升）药液。从 1964 年起，他们又用飞机上的微粒雾化装置将一亩地的均匀喷射量减至 40 毫升（不到 1 市两），粒子的直径为 70~80 微米。这就大大减少了劳动力，又大大地减少了药液的消耗，缩短了施药的时间，而且能精确地控制用药量，在山区和缺水地区也都能进行作业。

人员训练的问题，由于大量知识青年下乡工作和农业科学技术人员到农村蹲点，可以适当地得到解决。器械问题建议先解决迷雾器（背负式及二人担架式）和小型飞机的微粒雾化装置。各省都应拥有若干架小型飞机为省内短途客运或载货之用，只需向国外购买一两台上述喷雾装置进行仿造，每个省装备十几台即可解决作物大面积发生灾害时的施药问题。可向受益的公社分摊费用，亦不影响平时飞机的客货运输。这比让公社自行装备大型迷雾器要快得多（一架飞机一天可喷洒 2000~4000 亩），也现实得多。（荷兰自 1949 年已大规模采用。一架大型迷雾器价格约为 2500~7500 美元，按人民币计算约合 7500~22500 元。）至于背负式和二人担架式的迷雾器，应当普遍推广。

3. 有机化合物原料供应问题和价格问题。上面提到，农药已从无机化合物和天然产品的基础转到合成有机化合物的基础上来，故农药原料的供应 90% 以上为有机药品。国内有机化学品的缺乏和高价是农药生产的一个巨大障碍。现在我随便举 10 个有机原料的例子（这些原料并非特殊物质如镍、铬、铂等有地区性的问题，亦不是特别挑选的，而是某几项合成研究上需要的，而且是任何国家都能生产的）：

| 序号 | 原料名称 | 美国价格 | 折合人民币价格 | 我国价格 | 我国价格比美国价格高出倍数 |
|------|----------|----------|----------------|----------|------------------------------|
| 1 | 丙酮 | 10 美分/磅 | 0.80～0.90 元/公斤 | 2.30 元/公斤 | 2 倍多 |
| 2 | 一甲胺 | 0.51 美元/公斤 | 1.53 元/公斤 | 35.00 元/公斤 | 22.7 倍 |
| 3 | 二甲胺 | 0.56 美元/公斤 | 2.68 元/公斤 | 32.00 元/公斤 | 19 倍多 |
| 4 | 三甲胺 | 0.51 美元/公斤 | 1.53 元/公斤 | 52.00 元/公斤 | 34 倍多 |
| 5 | 丁醇 | 0.53 美元/公斤 | 1.59 元/公斤 | 4.00 元/公斤 | 3.3 倍多 |
| 6 | 环己烷 | 0.50 美元/加仑 | 0.51 元/公斤 | 6.50 元/公斤 | 10 倍多 |
| 7 | 氨基乙醇 | 0.56 美元/公斤 | 1.68 元/公斤 | 20.00 元/公斤 | 12 倍 |
| 8 | 烯丙醇 | 0.60 美元/公斤 | 1.80 元/公斤 | 10.00 元/公斤 | 5.5 倍多 |
| 9 | 氰化钾 | 0.90 美元/公斤 | 2.70 元/公斤 | 16.00 元/公斤 | 5 倍多 |
| 10 | 吡啶 | 1.40 美分/公斤 | 4.20 元/公斤 | 10.00 元/公斤 | 2 .3 倍 |

（美元与人民币比价按 1:3 计算）

就是无机物的价格也存在差别：

| 溴 | 1.87 元/公斤 | 7.00 元/公斤 | 3.9 倍多 |
|----|-------------|-------------|----------|

两国的差价少的 2～3 倍，中等的 5～6 倍，多的十几倍以至高达 34 倍！在这种情况下，同国外竞争是困难的。我们国家的整个化学工业水平必须迅速地提高，才能改变这种不利的情况。其重要关键有两个，即煤炭与石油的合理利用。当 1959 年我们去苏联商讨十二年科学技术远景规划时，苏方科学家即指出，煤的综合利用是关系国民经济十分重大的问题。几年来我们在这一领域的工作有一定的进展，但不是很快。现在全国石油资源有了巨大的发现，石油产品的化学处理——尤其是催化、裂化、异构化、芳构化亦在开始研究中，有机化学品的供应情况必然会逐步得到改善。为了加速这一过程，建议动员全国广大化学力量突击从事这一工作，农药工作者将为此寄予深厚的希望。

（1965 年）

# 农药工作者必须组织起来，通力合作，为我省农业生产的迅速发展做出贡献*

    河北省广大农民群众正在党的领导下热火朝天地进行抗旱种麦和农田的基本建设工作，为实现省委提出的"力争三年内实现粮食自给"的任务而努力奋斗。我们每个农药工作者应当为实现省委提出的任务，为支持我省广大农民群众的生产斗争做出积极的贡献。省市科委在今天召开全省的农药工作会议来加强今后的农药工作是十分必要和及时的。杭州全国农药工作会议精神使大家获悉了中央对农药发展的深切关怀和总理最近的重要指示，这对每个农药工作者都是一种巨大的鼓舞和推动力量。我们一定要在最短时间内千方百计地做出十分出色的成绩来，一方面满足我省农业生产上对农药的迫切需要，另一方面向赶超世界农药先进水平迅速进军。我就这两方面的问题谈谈个人意见。

一

    为了贯彻主席提出的"备战、备荒、增进人民利益"的指示，我省在农业生产上急需解决的是粮食过关问题。几年来，河北省由于遭受不同程度的各种自然灾害，使粮食产量受到一定影响。除大抓水利措施外应当看到，化肥和农药是对粮食增产、保产起重要作用的因素，必须加以充分利用。结合省内具体情况，农药工作必须密切与之结合。一方面，省农业领导上根据全面情况自然会提出任务、要求和最好的安排。除此之外，更重要的是一个全部配套的、一条龙的协作组织，从（1）化学合成，（2）室内生物测定（杀虫、杀菌、除草、刺激等），（3）田间小区试验，（4）剂型加工，（5）大田试验网，（6）生理毒性，（7）残留量，（8）分析方法，（9）工艺流程的研究、生产车间的设计以及经济核算，都有人接棒，都有单位负责，使一个标准新药一环扣一环地畅通无阻，

---

\* 本文是杨石先 1965 年 12 月在河北省农药会议上的发言。

得出全部数据，以便做最后投产的决定。通过这次农药工作会议，应当把各方面的力量更好地组织起来，特别加强薄弱环节，使之成为一个作战有力核心，大力协同，发扬共产主义的高尚风格，为粮食尽快过关这个共同目标而努力。否则走走停停，效率很低，出成果太慢，从研究到生产的周期太长，绝对不能满足当前我省农业生产上的高度要求。

## 二

向赶超世界农药先进水平迅速进军，我们是完全有信心和有可能做到的。国外农药发展的历史虽然十分古老（有人提到荷马，公元前 1000 年），但近代的农药是以人工合成的有机化学药物为主的，只是最近三四十年的事情，从滴滴涕（1939 年）、六六六（1942 年）和二硫代氨基甲酸盐（1934 年）开始的。欧美资本主义国家亦只比我们早跨了一小步（约四分之一世纪）。在解放以前，我国既无农药的生产亦少农药的研究。建国十二年来，农药工业已奠定了初步的基础，组成了一支工作队伍。尽管我们生产的农药主要类型之间还没有合理的比例，农药工厂亦还没有完全现代化生产若干国际上成熟的品种，创制性能非常良好的新药还是很少，但是用一分为二的观点来看，我国农药在农业生产上已开始产生作用，影响愈来愈大，成绩确是巨大的。尤其值得注意的是，我们没有走资本主义国家的老路，不是用大托拉斯的方法，建立庞大的机构，集中许多方面的专家，齐头并进，各显神通来搞农药，而是通过串联、组织协作或者是采取大协作加上小配套的途径来搞的，因而大大加快了我国农药工业的发展速度。例如，据美国除草剂专家克林在《杂草控制作为一门学科》一书内的数字说，一个新的除草剂（其他农药亦同）的发现和发展成功不是一件轻而易举的事情，它需要花费很多的金钱和相当长的时间进行试验和发展的工作，费用一般在 130 万～140 万美金（最顺利的亦要 50 万，困难大的曾达 325 万之巨），所需时间为 5～10 年。记得西德方面亦曾经发表过大体相似的数字。而从我们初步经验来看，不但在费用上可以大幅度地削减，即在时间上亦可以提早一些，如一般四五年，特别快的可以三年。根据我校元素所三年的工作体会，认为"小配套大协作"是多、快、好、省地发展新农药的途径。

"小配套"就是根据农药科学研究是个综合性工作的特点，研究所内不仅有合成研究室，还需要建立生物测定研究室和中间试验车间。生物测定室负责合成出来的新化合物的初筛工作。中间试验车间一方面为大田试验提供保质保量的药剂，同时也要为今后工业生产积累必要的科学数据。

"大协作"即是与各有关研究、生产、使用单位合作，共同完成农药新品种的某种工作。如一个新品种农药经筛选出来后需与农业部门合作进行小区、中区和大面积的田间试验，与农药厂合作进行剂型加工，与医药卫生部门协作完成毒性和残毒的测定工作，与化工研究部门协作完成工艺流程和生产车间设计工作等。

这样就充分地利用我国社会主义制度的优越性，使科研部门、生产部门和推广应用部门结合起来，使领导、专家和群众结合起来，调动起各方面积极力量，就会大大缩短一种新农药从研究到生产的周期，这是资本主义国家无法相比的。总之，我们的新方法不但走通了，而且业已开花结果，取得成绩。我们是肯定要继续这样走下去的。此外，在老厂挖掘潜力方面，开动脑筋，从技术革新、从管理改进、从种种可能途径使产量成倍上升，远远超出原来设计，这在资本主义国家亦是很少前例的，而在我国已成司空见惯的情况了。因此我坚决相信，用毛泽东思想武装起来的革命化了的农药工作者在中央和地方领导的深切关怀和正确领导下，于第三个五年计划期间必然要更加阔步地前进，使我国农药事业跻身于世界先进行列。同时，在某部分领域内有超出世界水平工作的出现亦是完全可能的。

让我们在党的正确领导下，组织起来，通力合作，为促进河北省和全国农药工业的发展，为使农药尽快地为农业生产服务，为五亿农民服务而努力奋斗！

# 批判现代植物保护与农药发展中的
# 一些形而上学的观点

　　现代植保与农药是在 20 世纪初叶发展起来的一门新兴学科，历史甚短，成绩很大，基本上保证了农业生产的需要。但其发展亦不是一帆风顺的，而且存在的问题不少。因为它是在西方资本主义国家首先建立和成长起来的，虽然从事科学工作人员中不乏自发的唯物主义思想和实事求是的科学态度，但很难完全脱离主客观的限制，特别是前者即资产阶级哲学和世界观的影响，后者则由于是新事物、新方法需要一个充分实践和积累经验的过程，不可能不在某些方面陷入主观唯心主义的泥坑，导致路线错误和物质损失。而且在他们之中很少人接触过马克思、恩格斯、列宁的著作，更不要说受辩证唯物主义的训练了，所以他们肯定地走了不少弯路，而且还将会继续地走些弯路。

　　植保与农药本身是一门综合性很强的学科。它包括农、林、牧、渔和理、工，涉及生物（动物、植物、昆虫、鳞蛱、真菌、细菌、病毒）、土壤、肥料、化学、物理、气象、水文等等。我们上面谈的现代植保与农药，是指用现代科学的最新成就从事植保与农药的研究，从多方面着眼，而不仅仅限于那些密切相关的或者联系较多的部门。所以，生物的遗传育种、远缘杂交、细胞杂交、分子生物学、遗传工程，化学的有机合成、定向聚合、胶体作用、离子交换作用，生化的新陈代谢、激素、酶，物理的辐射、激光、超声、微波等等，无不提到日程上来，因此涉及的面就更加广阔了。在错综复杂的情况下，如何抓住主要矛盾，掌握时间、空间，以达到解决问题的目的，绝不是轻而易举的事情。

　　下面我先列举三个具体例子来说明形而上学在植保农药上的表现及其危害：

　　一、控制小麦锈病的问题。锈病是几千年来人类历史上粮食作物最严重的病害。尤其是在欧洲，后来在美国和加拿大，更晚一些时候在澳洲及其他地区。有三种类型：叶锈、条锈和杆锈，以末一种最为严重，有区域性的小流行和洲际大流行。在 20 世纪初叶，经过三次严重灾害（1894 年、1904 年、1916 年），北美开始积极地进行科学防治，从育种与化学杀菌两个方面进行。育种人员在 20 多年间先后培育出七八个抗锈的小麦良种，包括冬小麦和春小麦，硬面和软面的，获得了巨大成功。化学工作人员先找出能杀菌孢子的药剂，喷在植株上进行保护，但在风雨冲击下很难保护得十分周密，病菌侵入植株以后，保护药剂完全失去了作用。遂又探索内吸性药剂，那药剂被植株吸入体内后就散布到全身，可以消灭侵入植株内部的病菌。但他们发现氨基磺酸钙这个药剂有两大缺点：一是会降低种子的发芽率，二是影响烤成面包的质量，需要进一步寻找更好的内吸和化学治疗药剂。但美、加两国农业部领导人将育种与化学防治的结果做了对比，认为育种已彻底解决了防锈的问题，可以一劳永逸，无须年年喷药，既费药又费工，故将化学防治工作的研究中途停止下来。不料十余年之后，这些良种的抗病性能逐渐衰退，以致一个一个地遭到彻底破坏，终于在 1953 年和 1954 年连续两次锈病大流行，损失惨重，不得不又向化学防治工作者火速求援。这个变化的原因在哪里呢？因为锈病病菌是生物，既能无性繁殖，又能有性繁殖，在有性繁殖中就会产生差异。新生的菌种使小麦感染锈病的能力就和原来的不同。这种新生的菌种叫作生理小种，原来的生理小种是 56 号小种，后来出现的是 15B 小种，15B 比 56 凶恶得多。要培育出抗 15B 的小麦新种需要四五年或更多一些时间。在此期间我们不能听其横行无阻，而化学防治则能立即将其控制。果然，化学工作者在短期内即制成了若干较好的内吸剂和治疗剂，如萎锈灵、敌锈酮、放浅菌酮缩氨基脲、福美镍和化森锌锰、抗菌素 P9、BAS-3270、派灭赛等。以上是全面防治三种锈病的药剂，此外还有几个专治叶锈病的药剂。这里，美国和加拿大农业部领导人的失策是对小麦和锈病矛盾的长期性认识不足，未从事物发展的观点、生物不断变化的观点和矛盾可以转化的观点来考虑问题，主观地认为育种的办法已达到控制小麦锈病的顶峰，无须再研究其他方法了。事实证明这种看法是唯心主义的，是错误的，既影响了农药的发展，亦使生产蒙受了重大损失。

二、杀虫剂中高效高毒的问题。在杀虫剂的发展史上，半个世纪以来，植保农药工作人员采用了有机合成的非常有效方法，创造了数以千计的各种新农药，确立了有机磷制剂的优先地位，又发现和发展了氨基甲酸酯类型的新药，使这些农药的杀虫效力比旧农药提高数百倍至数千倍，在短短几十年中农药的面貌全部改观，成果是辉煌的。但在发展初期，对毒性和效力的界限划得不够清楚。实际上，毒性和效力是两个不同的概念，不能混为一谈。前者是对人畜而言的，而后者则是对害虫来说的。高毒虽然往往高效，而高效则不一定高毒。

因为人和昆虫的差别是相当大的，对人低毒很可能对昆虫高效。事实上亦是如此，后来发现和陆续创制了一些高效低毒的类型。但由于在欧美国家农药生产全部掌握在私人资本家手中，他们过去在高效高毒农药上投资不少，所以反对和排除这些产品，强调用量小、收效大、品种多、原料广，至于中毒问题，认为在现代化的生产中和使用的操作方法上可以避免，不是不能克服的困难，所以现在国外高效高毒的药剂是很多的。实际上在3911的生产使用中，许多国家都死了不少的人，我国亦不例外，并且可能是国际伤亡数字最高的。但我国是社会主义国家，应最关心人民群众的生命安危，毫无疑问今后农药发展的方向必须坚持高效低毒（包括低残毒）这一点，使植保农药永远沿着健康正确的路线向前发展。

三、植保农药今后的新方向问题。在植保农药工作中长期以来是有两种截然不同的看法的。一部分人主张用化学防治的办法。他们认为农作物的一切病虫草害都可以用化学方法得到解决，其作用快，效力高，能够绝对保证粮食作物和经济作物的质量和产量的要求，否则质量和产量都要大大下降。另一部分人认为化学方法效能虽高，但危害很大。它污染环境，消灭生物，危害人类健康，因此要求坚决废除化学农药，采用生物防治，但不能保证农业生产的质量和数量，如《寂静的春天》一书的作者卡尔孙（R.Carson）女士所主张的。美国人民在本世纪60年代展开了全国性的大辩论，并且进行了长期的、全面的调查和研究。这种争论亦波及欧洲和世界其他地区。初步取得的结论是：这两种看法都未能全面地看问题，都没能用一分为二的观点来观察事物。因为任何一种方法都不可能做到十全十美，也不会无一可取，应当采用其优点，摒弃其缺点。所以采取"综合防治"的道路是植保农药今后发展的必然途径。任何领域的成就可以利用的，都应当予以考虑，亦不能只限于用化学方法和生物方法。坚持采用一种排斥其他是错误的。

从上面所举的三个例子中，我们可以充分体会到在各种学科领域中和在政治问题上一样，仍需要以马克思列宁主义的立场观点和用辩证唯物主义和历史唯物主义的思想来武装我们的头脑，才能使我们克服形而上学的、唯心主义的观点，避免犯严重性的错误，使工作遭到损失。林彪一伙历来反对我们学习马克思列宁的经典著作，胡说什么"离我们太远""是洋教条""书太多，看不懂""过时了""没有什么新东西""只要学习毛泽东著作就够"，他的后面一句话是他的两面派手法。他口里尽管大嚷"高举""紧跟""照办"，而实际上他连毛主席的话半句都不听。他贬低马列的险恶用心是要我们不去读马列和毛泽东著作，没有识别真假马克思主义的能力，从而甘心去充当他反革命复辟的工具。所以我们一定要牢记毛主席的教导，要认真读书学习，弄通马克思主义，方能在政治上不再受骗，在工作上少走弯路和少犯错误。

（1971 年）

# 《国外农药进展》前言*

　　根据各方面要求，南开大学元素有机化学研究所今后每隔几年将陆续编写"国外农药进展"续篇，这次续篇扼要地叙述 1972～1977 年国外出现的农药新类型和新品种以及研究的新动向。在这一时期内由于环境污染日趋严重，引起各国的关注，因而合成化学农药，特别是杀虫剂受到较大的冲击。除采取必要的防治污染的措施外，人们还希望合成一些无公害的农药。通过不断的探索研究，近年来出现了继无机农药、有机农药之后的所谓"第三代农药"。这类农药一般是指在生物体内所分泌的具有生理生化作用的物质的人工合成物或类似物，它与直接来源于生物体的天然产物是不同的。可是有人却笼统地把它们称为"生物农药"，我认为这种提法很不确切，还会引起混乱，造成错觉。诚然，农药中如苏云金杆菌制剂、Disparlure（舞毒蛾性外激素）、除虫菊素等可以称作生物农药，但苄氯菊酯、Methoprene（合成的拟保幼激素）、Dimilin（PH6040）等则是地地道道的化学农药，显然不应划到生物农药中去。以除虫菊酯为例，经过化学家二十多年的深入研究，获得了一系列新型的化合物，苄氯菊酯便是其中一种。它无论在杀虫效率上还是在其他性能上均比天然除虫菊素远为优越。Dimilin 只是由于它有干扰昆虫几丁质合成的作用，可以有效地用作杀虫剂，但不是直接从生物体得来的。至于 Methoprene，虽然其结构与昆虫保幼激素有类似之处，但又不尽相同，尤其是在杀虫活性上昆虫保幼激素更不能与之相比。所以，从概念上说，第三代农药包括两个部分：一部分是来源于生物的农药，另一部分是人工合成的对昆虫、菌类有强烈生理作用，可以用作农药的化合物。第三代农药的出现虽是近几年的事，但已显示出很强的生命力。可以预料今后会有较快的发展，从而开辟出农药的一个崭新领域。由于过去对于农药的慢性毒性注意得不够，带来一些严重问题。因此现在许多国家在新农药注

　　* 南开大学元素有机化学研究所于 1976 年编译出版了《国外农药进展》一书，并陆续编写续篇，介绍国外出现的农药新类型和新品种。本文是杨石先为《国外农药进展》（第二册）所写前言，该书由化学工业出版社于 1979 年 7 月出版。

册登记时，增加了多种新数据要求。这样虽会延长研究新农药的时间，增加研究新农药的费用，并使今后数年内，研制新农药的速度不可避免地出现一定幅度的下降，但这是保护人民身体健康和减少投资浪费不可缺少的措施，这一点是无可非议的。

目前，国内外对用生物方法防治病、虫、草、害，都很重视。有人说，生物防治是针对化学防治说的，这是否又会重视二十年前卡尔逊（R.Carson）[1]女士的论点，再次酝酿提出化学农药是污染一切环境（如空气、河流、土壤、食物）的毒物，最终能使"所有生物死亡""人类绝种"，把化学农药视为巨大祸害而加以废除呢？我看经过那次激烈争论，并且有了多次详细调查、核实和具体分析，事实真相已经大白，绝对不会再有反复。二十多年来，合成化学农药一直继续使用，这一事实充分说明了在农业生产上，为了保证收成，消除病、虫、草的危害，人们还未找到比使用化学农药更为有效、更为优越的方法。尽管有的农药存在着隐患如致癌、催畸、致突变，但一经人们发觉，就可以摒而不用，毫无损于大局。现在在新农药投产前，人们已找出方法测出有无这种隐患的可能。何况生物在其漫长的生命发展过程中已经获得了保护自己生存的本能。

我们不是发现细菌、真菌、昆虫和一切生物（包括人在内）都有抗拒有毒药物的生理作用吗？对生物体本身，这固然是一种保护机制，可是对于人类防治有害生物，这恰恰又是目前遇到的最困难的问题——抗药性。解决抗性问题就要求一方面不断提供新农药；另一方面研究抗性机理，设法找出突破口加以克服。人类以他的聪明才智按照自然科学和唯物辩证法办事，在不断解决矛盾中使自己的认识不断符合客观规律，是可以在其生存的全部过程中克服任何困难，从自由王国飞跃到必然王国的。

至于有人从生物（植物）中，找出昆虫激素抗体（antijnvenile hormone）的存在，用以杀虫，因此提出"第四代杀虫剂"（Fourth Generation Insecticide）[2]。这种提法，其实完全没有必要，因为他们所津津乐道的"第四代农药"仍然属于"第三代农药"的范畴。

在杀菌剂的发展上，内吸性药剂的大量出现，使其研制工作前进了一大步。但人们很快发现它还有不足之处——容易产生抗性。这是由于它们能溶解于植物体液，当与多种有活性的物质特别是酶类密切接触时，参与多种代谢作用。

---

[1] Carson 女士是《寂静的春天》（*Silent Spring*）一书的作者。

[2] W. S. Bowers. Fourth Generation Insecticide，载 *Pcsticide Chemistry in the 20th Century*, edited by J. P. Plimmer.

然而，人们还发现内吸剂同保护性药剂混用时，效果较好，有增效的作用。人们对植物进行生理观察，以后又找出，植物在疾病发生后，自身能产生一种保护物质（有人叫作防御素），当然，今后在病害的防治上这也是可以利用的。此外，新发现的吡氯灵类下行传导内吸杀菌剂，对深藏在农作物根部的顽固难治病菌可以彻底扫除和廓清，是值得欢迎的好消息。

除草剂在世界范围内蓬勃发展，在最近五年内仍未稍减。新品种之多，在各类农药中始终首屈一指。其主要原因，不仅因为除草剂能代替大量劳动力，而且由于农业除草是一项繁重而艰苦的体力劳动，必须加以废除。因此，除草剂还可免除中耕，促进水土保持等。

生物农药的成效不仅表现在杀虫方面，在除草方面也很显著（已有若干典型例子，包括在澳洲用各种昆虫可以消除仙人掌科植物对畜牧业造成的困难）。

植物生长调节剂的应用，使某些重要作物的收成有较大幅度的提高。它们既然能刺激生长，那么它们促使收成的增加是理所当然的。但以往的增加幅度，一般在10%～30%之间。近几年来，由于人们不断努力，已大大突破这个范围：达到一倍以上的有花生、马铃薯；达到两倍以上的有棉花（2.5倍），达到四五倍的有苹果（4.7倍）。其他如甘蔗则已增加到75%，大米79%，黍子74%，橡胶45%等等。显然还有不少潜力可挖，尚未达到最高点。但获得这些增产的机制尚不清楚，而且增产的对象也各不相同，有的是种子，有的是果实，有的是地下茎，有的是纤维，有的是含糖量，有的是含脂肪量等。即使在同属脂肪的情况下，也不是由同一植物激素造成的。因此，对增产机制的研究会给人们带来巨大的兴趣。植物生长调节剂在过去一段时间的应用中，如无性繁殖、组织培养、无子果实、缩短生长期和催熟等等，已在农业生产上发挥了相当大的作用。进一步的深入研究，必将带来更大的收益。

杨石先

1977 年 12 月 24 日

# 今后我们努力的方向

## ——在 1978 年全国农药毒性和残留研究
## 工作会议上的发言

近年来由于发现部分化学农药有环境污染问题，各国相继制订了一些规章制度，这是完全必要的。为了确保人民的健康这一目的，也是无可非议的。但是当前国内外也在流行一种观点，认为"将来，甚至说本世纪末，第三代农药要取代第二代农药。"（第一代农药指 19 世纪以前用的农药，即无机农药和植物性农药；第二代农药指有机合成农药；第三代农药指生物农药。）这些说法引起了人们思想上的混乱，而且划分方法也不是界限分明，因而很不科学。今后化学农药向何处去？这也是广大农药工作者所关心的问题。下面就谈谈我们的看法。

若要知道化学农药的将来，就应该了解它的过去和现在。从历史上看，化学农药对于保证世界农业产量的稳步上升，对于控制一度严重危害农作物的害虫和疾病都曾做出了巨大贡献。（至于消灭人类若干种传染病如疟疾、鼠疫等等，这里就不说了。）30 多年来，随着农药科研的发展，化学农药的品种愈来愈多，产量也愈来愈大。经过多年的考验，一些老品种（根据发现年份）仍在大规模地生产和使用着，如除虫菊素（15 世纪）、石硫合剂（1851）、硫酸铜（1861）、溴甲烷（1931）、代森锌（1943）、马拉松（1950）、西玛津（1956）等。这些第一代、第二代农药没有慢性毒性的问题，为什么非要取消呢？

再看化学农药的现状。生物农药对非靶生物体（如天敌等）毒性小，对环境不会造成污染，是有不少优点的，但也存在一些问题。就拿天然的保幼激素来说，在自然条件下不够稳定，对幼虫也无杀伤能力，仅能阻止幼虫向成虫蜕变。近来还对有机磷杀虫剂有抗药性的昆虫对保幼激素也会产生抗药性。现在许多实际使用的如 Altosid 等则是用化学方法合成的类激素物质，是从许多化合物筛选出来的化学农药而不是生物农药了。再举两个例子。一个是新型的昆虫激素 Dimilin（PH60-40）完全是人工设计的化学农药。它阻碍昆虫表皮的生成，它的毒性很低，选择性很高，对哺乳动物、水生动物、禽鸟、甲壳、蜗牛及两栖类都无影响。更特出的是，Dimilin 和天然保幼激素相比，杀虫谱更广，药效更高（10 倍），也更稳定。

另一个例子就是拟除虫菊酯。1918 年人们开始从除虫菊花中提取天然除虫菊素作为无毒杀虫剂出售，但来源有限。有机化学工作者找出它的结构，探索它的合成方法。自 1950 年第一个化学合成的拟除虫菊酯（丙烯菊酯）问世以来，经过 20 多年的持续研究，现已有不少新品种投产，例如苄呋菊酯、二氯苯醚菊酯、Decis、S-5602 等。它们除具有天然除虫菊素一切特点外，对哺乳动物的毒性比天然的还要低 3～4 倍，对家蝇的药效比天然的还要高 50 倍以上，还能防治天然除虫菊素所不能防治的咀嚼口器害虫。

上述两个例子说明，随着现代化技术的迅速提高，人工合成的化学农药超过生物农药（自然不包括天敌、病毒制剂等）是完全可以办得到的。

在展望化学农药的将来时，需要有一个辩证的、发展的观点。生物农药具有选择性高、不易污染环境的特点，而化学农药具有收效快、适宜于大规模工业生产的特点。两者不应该互相排斥，而应在我国"预防为主，综合防治"的植保方针指导下，相互取长补短，共同发展，各得其所，各尽其长。化学农药和环境污染之间并无必然的、内在的联系。如果今天因为部分化学农药有环境污染问题就主张不去发展它，岂不就是和看到放射性元素可能污染环境而不去发展原子能一样。这是一种片面的、有害的观点。在有问题的农药停止使用后，现代化的农业生产迫切要求尽快地研究出更多更好的化学农药。例如，最近美国禁用有机氯制剂后，又禁用杀虫脒和 Fundal 等。由于农药品种太少，1977年美国 11 个州的棉区发现虫害十分猖獗，经各州纷纷告急后，EPA 不得不将尚在审查中的 4 个新化学农药（新拟除虫菊酯、Bolstar 6 等）提前试用，这就是一个很说明问题的例子。

第五届人大政府工作报告中提出了我国在 1985 年粮食产量将要达到 8000亿斤，每年增长率保持 4%～5%。这是一个振奋人心的战斗目标。党中央又提出：农业是国民经济的基础，各行各业都要大力支援农业。多年来，由于受林彪、"四人帮"一伙的干扰和破坏，目前我国农药的产量仅能满足国家需要量的60%，并且品种结构很不合理（杀虫剂太多，杀菌剂和除草剂太少），自己创制的品种也非常之少，远远满足不了农业高速度发展的需要。农业现代化对农药的迫切要求，也一定会给农药科研带来更多更新的课题。有党中央的英明领导，有社会主义制度的优越性，有广大的人民群众的大力支持，我们农药工作者虽然感到身负重任，但是有决心有信心努力攀登世界科学技术高峰，为早日在我国实现四个现代化，为建立我国自己的农药体系，而贡献一切力量。

# 为加速实现四个现代化努力做出贡献

## ——谈化学的地位和任务

　　全国科学大会以来，广大科技工作者积极响应党中央的号召，投入了新长征的行列，为实现毛主席、周总理的遗愿，把我国建设成为现代化的社会主义强国，努力贡献力量。我国科技事业正呈现一派春光灿烂、百花齐放的喜人景象。作为基础学科的数学、物理学、化学、生物学、天文学和地质学，在我国科学技术蓬勃发展的这个新阶段，正日益显示着它们各自的重要作用。这里我仅就化学这门基础学科的地位和它在实现四个现代化中的作用谈一些看法。

### 化学在自然科学中的地位

　　简单地回顾一下化学的历史，可以看到，化学是在炼金术和医药化学实践的基础上发展起来的。但是，它发展成为一门科学，则是在它摒弃了燃素学说，并用原子论作为自己的理论基础之后。也就是说，化学自从作为一门科学起，便把探索物质世界在原子这一层次上的运动规律作为自己研究的对象。随着化学研究向纵深发展，通过大量的科学实验，证实了世界上的各种物质都不过是由化学元素周期表中百来种元素的原子所构成。大至无垠宇宙中的巨星，小至用显微镜也看不到的分子，无论是无生命还是有生命的物质世界，都没有例外。通过研究物质的组成及其变化规律，不仅逐步揭露了生命物质以至星际分子的奥秘，而且合成了成千上万的新化合物，以及有生物活性的蛋白质、核酸等。19 世纪，在化学研究的基础上还建立了以同样名称命名的重要工业部门——化学工业，它以生产出的千变万化、丰富多彩的物质材料贡献于人类社会。从原子能利用、空间科学技术和电子计算机技术到现代化工农业生产和人类生活的各个方面，更是无处不用到化学和化学工业所提供的各种材料。由此可见，化学与四个现代化的实现，有着异常密切的关系。1976 年，美国化学会会长G．T．西博格教授，在该会成立一百周年之际，发表了以"化学——我们进步的关键"为题的一篇文章。从某一角度来看，这个说法也不算夸大。

当然，化学这门学科的发展过程，是与许多其他学科的发展交融着的，特别是与物理学和数学的发展以及它们的研究成果在化学上的应用交织在一起的。如果说19世纪初的原子论使化学科学进入了一个新时代，那么，在发现X射线、放射性、电子等基础上揭开原子内部奥秘的近代物理学，又使化学发展进入了一个新阶段。随着量子力学应用于化学，出现了一个新分支学科——量子化学。

原子论指明，原子通过化学键组成分子，进而组成各种物质。量子化学理论则表明，各种不同的原子的性质，都是原子核和绕核的电子之间的相互作用的结果。由于电子的波动性，这种相互作用产生了每种原子所特有的个别结构。同时，原子中的电子可以用不太高的能量（几个电子伏特）来激活，从而使原子发生化学变化。而化学键也是由于原子核和电子之间特殊的运动状态所决定的。所有这些认识，都极大地丰富了人们在原子层次上对物质结构的认识。这些认识的来源，是由于物理、数学的部分成果运用于化学并由大量化学实践进行总结、提高和验证的结果。但是，能不能由此得出结论说：化学可以归结为物理学、数学？30年代后出现的量子化学使化学变成应用物理的一门学问？电子计算机的出现，致使化学实验只是为了验证一下计算结果而已？我们的回答是："不能。"

在原子层次上来研究的物质世界是很复杂的。单有原子论和量子论的理论解释并不意味着能对客观世界的全部现象的理解。理论来源于实践，又用于实践，指导实践，并通过实践得到检验、纠正，而发展。原子论来源于研究物质组成的实践，它指导人们深入认识到物质的原子层次。然而，通过对物质化学结构研究的更广泛实践，又发现了各种为原子论难于解释的键结构现象，从而又发展产生了量子化学理论。目前，处于初期阶段的量子化学理论虽已能说明不少化学结构，然而也不能包罗万象，有如对较重元素的相对论效应以及用电子密度表示能量的正确泛函，还有待于解决。并且新的实验结果还将会不断出现。这就是说，它也还要通过"实践——理论——实践"而得到发展。如果对化学科学的实践与理论加以割裂，片面地强调一方，那么将会对化学发展带来不良影响。

至于谈到对一般化学物质，以至生命物质和地球内部物质世界的研究和探索，如果没有化学与其他基础学科的共同配合协作，就更无法进行了。比如说，最近发现一种铂的有机络合物可以治疗癌症，甚至对晚期的癌症也有效，但是这个铂的络合物有两种手征性异构体，有效的只是其中的一种，另一种则无效。

关于这种结构和性能，单凭物理、数学的概念和计算机技术是无法预测到的。再从另一方面的实例说，在物质世界中，存在着结构复杂的巨大分子，由原子的组合、再组合，一个组合叠加在另一组合上，从而形成特有的超结构。这种超结构分子具有大量的原子核和相应数量的电子，由于原子核重得多，它们占有明确位置，而电子则在核间分布，形成原子核定位的波结构，产生了所谓"分子建筑"。"生命的螺旋"——脱氧核糖核酸分子特有的双螺旋形结构，就是一例，它能解释遗传现象。这种特殊的化学结构和性能也不是物理和数学预测到的，而是根据现代立体化学的规律推测出来的。

总之，化学的研究对象是自然科学总的研究对象的一个构成部分，占有一个应有的地位。它作为一门基础学科，尽管与物理学、生物学等兄弟学科相互交融和渗透，并由此产生许多新的边缘学科，但是，随着现代科学技术的发展，化学不是被代替、被削弱了，而是得到加强、发展了。各门基础学科针对自然界各种不同运动的基本规律的探索和研究，规定了它们各自的地位和作用，它们相互配合协作，相互促进发展，形成自然科学奔腾前进的洪流，对任何一门基础学科的地位和作用有所夸张或贬低，都将不利于科学事业的发展和四个现代化的实现。

## 化学在实现四个现代化中的作用

化学作为基础学科，在广泛联系实际的基础上，不断地提出新思想、新概念、新理论，不断分化出新分支学科，直接推动生产和科学技术的发展。据统计，到1976年，人类认识的化合物总数已达500万种，世界上每年发表的化学化工文献多达40万件，而且继续以年率8.5%的速度迅速增长。如此大量实验资料的积累，不断带来新的理论突破，促进了化学的迅猛发展。随着化学深入渗透到其他基础学科和许多生产技术中，又衍生着各种化学的新的分支学科以及和其他学科交界的边缘学科，如地球化学、宇宙化学、生物化学、分子生物学、工业化学、农业化学、医药化学、环境化学等，现在这些领域已经蓬勃发展起来，在科学和生产上起了关键的作用。它们都是化学理论和方法在各方面的应用。化学科学的繁荣大大促进了若干基础科学和应用科学的发展，并为国民经济许多生产部门的发展打下了深厚的理论和技术基础。

在我国，本世纪末要实现农业、工业、国防和科学技术的四个现代化，化学在这里要发挥多方面的作用。

在农业现代化中，我国农产品单位面积的产量比起世界先进水平要差几倍，按人的劳动生产率来比，要差几十倍。在这里，农业机械化是一个关键，而化肥、农药的使用则是另一个关键。比如，先进的农业耕作技术中有一种免耕法，可以大大节约劳动力，提高生产率，但免耕法需要合适的除草剂，而且不同的杂草要求不同的除草剂，并且这种除草剂本身最好又是肥料。此外，也还需要适用的杀虫剂、杀菌剂和植物生长调节剂。植物生长调节剂有时可使农作物产量成倍地增长。目前，80%左右的农药使用在南北美、东西欧、苏联和日本，我国农田面积很大，作物品种繁多，现有的农药品种和数量都远远不能满足需要，因此一定要大力开展研制高效、低毒以至无公害的农药。

在工业现代化中，化学对开发能源，提供金属和合成材料，提供农业化学品以及染料、医药、表面活性剂等各种化工产品的作用，在我国都还发挥得很不够。而在今后20年，化学工业在世界上还将以更高的速度向前发展。据预测，那时生产的化工产品的半数将是现在还没有的新产品，特别是各种合成材料。如果说现在使用的合成材料与金属材料之比为1:3，那么今后20年将至少变成3:1。现在90%的合成材料集中在美、日、西德、意、英、法六个国家，我国生产的合成材料无论从数量、质量以及品种、价格上都不能满足需求，需要加强研究。在合成化学方面，它的基础研究工作，为研究天然产物的化学结构、性能以及人工合成天然产物和各种新化合物的合成，奠定了厚实的基础。我国首先用人工方法合成牛胰岛素，就是一项突出的成就。化学催化，是合成化学的又一个重要理论基础，其中也包括模拟生物催化，例如模拟生物固氮。在催化研究工作上，我国有不少较为先进的成果。化学的各分支学科如有机化学、无机化学、高分子化学、石油化学、分析化学、物理化学、环境化学、化学工程学、辐射和放射化学等，都应结合我国工业生产的需要和学科的长远发展方向做出创造性的工作。

在国防现代化中，为了发展我国的空间技术和各种战备武器，我们一定要加强各种特殊的结构材料和高能燃料等的研究。在这方面特别具有战略意义的是信息技术和核技术，最新的发展方向之一是采用化学分子记录。化学分子记录的容量可能比现有的计算机容量大数百万倍。

在科学技术现代化方面，我国要求在本世纪末在各个科学领域内要能拥有最先进的科学实验设备，在技术上有重大创造，在理论上有重大突破，能有一批赶超世界先进水平的科研成果。化学学科一定要努力达到这些基本目标。化学在开展研究的过程中，一定要注意各个新的学科分支的研究发展，如量子化学、结构化学、生物无机和生物有机化学、光化学和激光化学、固体化学和最新的物理化学研究技术等。只有这样，才能使我们中华民族对人类做出较大的贡献，使我国无愧于拥有现代化社会主义强国的称号。

# 化学的展望

马克思主义告诉我们，人类最基本的实践活动是生产活动。人们从事政治、文化、科学等活动，首先必须吃饭、穿衣、居住。随着生产力的发展，人们不断提高认识世界和改造世界的能力，为自己创造出更加完善的生存条件。目前人们面临的一个中心问题，就是需要研究如何有效和合理地利用丰富的自然资源，以获取能源，生产食物，以及按照需要合成和制备各种材料；同时研究如何利用和处理废料，变废为宝，化害为利，提供洁净、卫生的环境，以适应人类的生存和不断增长的需要。在这方面，化学不失为一个具有无限潜力的科学领域。当前研究的中心课题是：用太阳能由水制氢；将一氧化碳或二氧化碳还原，以合成燃料并生产食物；把反应缓慢的氮转化为氨和肼等关键化合物。这是重大的具有战略意义的研究方向，世界各国许多实验室都在开始攻关。可以这样说，本世纪最后的四分之一时间内，是一个化学家大显身手的时代，是一个振奋人心的时代。

由此可见，要在化学上赶上和超过世界先进水平，我们需要做的事太多了。其中最主要的是培养一支宏大的、又红又专的化学科学技术队伍。这支队伍要对化学的地位和任务有明确的认识，对化学研究有巨大的热情和踏实的干劲，不畏艰险，善于学习，巧于实践，敢于创新。为此，我们要加强学校中的化学教育，开展各种形式的化学普及活动，注意培养青少年化学的爱好，并从中选拔人才。我们要有世界第一流的化学科学技术专家和第一流的科研成果，使我国在世界科学中放出更加灿烂的光辉！

让我们与广大科技工作者一起，树雄心，立壮志，勇攀高峰，赢得新长征的胜利！

（原载于《化学通报》，1979 年第 1 期）

# 我对《农药工业译丛》的期望

《农药工业译丛》从现在起和读者见面了，我祝贺《农药工业译丛》的诞生。

粉碎"四人帮"以来，在华主席为首的党中央领导下，抓纲治国，形势一片大好。现在为实现四个现代化，华主席党中央又率领我们进行新的长征。《农药工业译丛》在这个时候出版，必将发挥它的重要作用。

农药处于一个大变革的时代。最初，为了抗御农作物的病虫害，人们使用了天然产物和无机化合物，20世纪40年代以后出现了人工合成的有机农药，如滴滴涕、六六六等有机氯农药和有机磷农药等等，为农业生产和防治疾病提供了强有力的武器，为提高农作物产量起很大作用。这是一个很大的进步。但是随着人们的生产实践和科学实验，发现有机农药也存在不少问题，如环境污染给人类带来的危害；抗药性害虫的出现；以及良莠不分，在杀死害虫的同时也杀死了害虫的天敌，使自然界的生态平衡受到破坏，造成一些害虫的再猖獗，等等。特别是环境污染问题，再加上资本主义世界能源的危机，在前几年使农药工业的发展曾受到一定的影响。最近由于对农药的毒性及环境污染问题采取了一系列有效措施，农药工业又有了上升的趋势。

为了克服合成农药的缺点，国内外现在正在大力发展所谓"无公害农药"，或称"第三代农药"。这些大多是从生物体内提取出来，对生物体有特异作用的有效物质，如除虫菊素、昆虫激素等等，然后经过测定结构，经过人工改造，合成生产的一类新型农药。它和传统的生物农药，如利用菌、虫、病毒来消灭有害生物的方法是不同的。它还是化学农药，但这类新型农药一般来说没有环境污染等公害问题，而且也不易产生抗药性，这是当前农药发展的一个方向。《农药工业译丛》将充分反映国外在这方面的研究进展。

对农药的评价，过去都是从使用效果和经济价值这两点来考虑的，现在又增加了安全性这第三个要素，使农药研究、开发的过程复杂起来，新农药筛选的成功率显著下降，创制费用急剧上升，新农药开发的时间大大延长。我们当然也要知难而进，花力气创制一批新农药，但是当前形势需要，农业必须要大上快上，农药工业是为农业生产服务的，是其中重要的一环，因此也必须高速度发展。为了多快好省地发展我国农药工业，根据毛主席提出的"洋为中用"的方针，把外国好的、成熟的品种引进来，尽快地为建设我们社会主义国家服务，这是十分重要的，《农药工业译丛》在这方面也负有重大责任。

华主席号召我们："要提高整个中华民族的科学文化水平。"为了达到这个目标，就必须执行毛主席提出的"向外国学习"的口号。一切民族、一切国家都有它自己的长处，外国的一切真正好的东西我们都要学习，农药工业也不例外。世界上有许多国家都在进行农药研究，他们在某些方面都有特殊贡献，我们应该向他们学习。不但是现在我们要向外国学习，将来我们从落后转化为先进了，到那个时候外国仍然会有许多值得学习的好东西，我们仍然要向人家学习。《农药工业译丛》就是我们向外国学习的一个重要渠道。

总之，《农药工业译丛》的出版，是社会主义建设事业的需要，它必将受到广大读者的欢迎，我祝愿它茁壮成长。

（原载于《农药工业译丛》，1979 年第 1 期）

# 近年来农药科研的进展和趋势<sup>*</sup>

## 一、前言

农药乃指用于防治危害农作物的害虫、病菌、杂草和调节植物生长的药剂，包括杀虫剂、杀菌剂、除草剂和植物生长调节剂。农药一般可分为化学农药和来源于自然界（动物、植物、微生物）的生物农药。据统计，若不使用农药，全世界农作物的产量将损失 30%～40%。尽管化学农药已在一些国家获得广泛应用，但就世界范围来说，每年农作物被病虫草害所夺去的损失仍高达 1200 亿美元（1978 年亚德调查材料）。由此可见，农药对于保证粮棉和各种经济作物的稳产高产，对于国民经济的迅速发展都有十分重要的意义。

可以简略地回顾一下农药发展的历史。在 40 年代前，世界农药品种主要属于无机化学农药。40 年代滴滴涕、六六六的出现标志着有机化学农药开始登上历史舞台。特别是 50 年代一系列具有优良内吸性能的有机磷杀虫剂的相继出现，说明改变化学结构能导致生理活性的巨大变化。由于农业发展的需要，继杀虫剂后杀菌剂、除草剂、植物生长调节剂等也相继获得广泛的应用。60 年代世界农药工业获得空前的发展。70 年代以来，世界农药年产量已达 200 万吨（按有效成分计算），其中除草剂占 43％、杀虫剂占 35％、杀菌剂占 19％。随着环境污染问题的提出，一些高毒高残毒的品种相继被淘汰，而低毒低残毒的品种仍在继续发展。近年来，农药工业的迅速发展是同农业现代化的进程密切相关的。例如农业机械化迫切要求除草剂，采用育苗箱技术要求种子消毒剂，大面积采用优种导致农作物基因型的单一也给病虫害的流行造成了可乘之机等等。因此 1962～1972 年全世界农药销售量增加了 2 倍。1971～1975 年美、苏、西德、日本农药产量的增加幅度为 45%～70%，平均年增长率为 10%左右。有人预测，到 2000 年全世界人口若增加 1 倍，则粮食将增加 3 倍，农药产量将增加 5 倍。

---

* 本文是杨石先和李正名联名发表的研究论文。

## 二、近年来国际农药科研的发展趋势

一些科学技术发达的国家都有比较完整的农药科研体系，也先后创制了具有各自特色的农药品种。据统计自 1945 年以来，各国农药科研单位曾先后筛选了二百多万个新化合物，并从中筛出属于 50 种类型的 500 种农药品种正在各国广泛地使用。现将近年来农药科研进展做一简述。

在杀虫剂方面，看来滴滴涕及有机氯农药被禁用后所造成的空白并不能轻易地填补。虽然有机磷及氨基甲酸酯杀虫剂仍在不断地发展，但其选择性尚待提高，特别对天敌、益虫和生态系统而言。其发展趋势是：

（1）研究高选择性的并能被生物降解为无毒物和人畜安全的杀虫剂，如有机磷类、拟除虫菊酯类。

（2）加快保幼激素、脱皮激素、性外激素等特异性杀虫剂的研究步伐。

（3）将高毒农药低毒化，如将甲基 1605 制成微胶囊剂等。

（4）生物农药有较大发展。

在杀菌剂方面，近年也取得一些有代表性的成就。20 世纪 70 年代出现的内吸性杀菌剂苯菌灵、托布津等对不少难治病害有很好的防效，一度有取代非内吸性杀菌剂的趋势。后来发现连续使用 3～5 年后易使病原菌产生抗性，其内吸性能也易带来一些残留问题，因此非内吸性杀菌剂仍在继续发展。为了增加药效，降低成本，克服抗药性，现在倾向于采用混合制剂。新发现的吡氯灵有内吸下行运转的独特性能，对根部病害带来了防治的希望。最近筛出长效杀菌剂 Bayleton，对小麦锈病等一次施药可维持药效达 16 星期之久，大大地减少了施药次数。出于对环境保护的考虑，植物防御素、农用抗菌素和氨基酸杀菌剂的研究也日趋活跃。但是一些难治的真菌性病害和细菌性、病毒性病害尚有待突破。

在除草剂方面，由于杂草能与农作物竞争阳光、水分、营养并影响其产量和质量的事实日益被人们所理解和接受，加上农业机械化必须有除草剂的配合，因此除草剂发展很快。从类型来看，三嗪类、酰胺类、硫代氨基甲酸酯类、苯氧乙酸类、砒啶类等仍占主要地位。硝基苯胺类及取代脲类品种很多，但对其慢性毒性的问题尚有争论。新研制的有机磷除草剂有 Glyphosate、Amiprophos、Gremart、DPX-1108 等。苯氧基苯氧 α-丙酸酯类也是一种新型防治野燕麦的除草剂。

植物生长调节剂具有促进、抑制或改变植物生长的作用。由于用药量少，能配合农业机械化，很有发展潜力。近年来，除用于催熟、矮化、防倒伏外，还广泛地用于落果、落叶、无性繁殖、组织培养、无子果实、增加甘蔗含糖量等。当前的趋势是用在重要粮食和经济作物的增产上。增产幅度可自以前的10%～30%增加到1倍（大豆、花生、马铃薯），2倍（棉花）和4倍（苹果）等。新品种有乙烯利、增甘磷、Ripenthol及2,4-二硝基仲丁酚等。新的科研课题有离层素、整形素、化学诱变剂、光呼吸抑制剂、抗寒抗旱剂、抗盐碱剂等。

## 三、近年来农药科研的新特点

（一）环境保护问题正在深刻地改变着农药科研的面貌

以1960年美国卡森写的《寂静的春天》一书问世为标志，近年来世界各地的环境保护者曾经掀起一阵指责化学农药和一切化工产品的风潮，导致农药新旧品种的迅速更替。一个新农药品种在获准使用前，在50年代仅需急性毒性数据就够了。60年代要求提供慢性毒性数据，但对致癌、催畸、致变异等方面尚无什么要求。进入70年代后，除要求新农药低毒、低残毒外，还要求提供一整套慢性毒性数据以证明对非靶生物体及对整个自然环境的生态系统都无不利影响（注：非靶生物体包括家畜、野生动物、天敌、益虫、水生动物、甲壳类、鸟禽类、原生动物、环节动物、软体动物、两栖动物等）。因此为了提高选择性，筛选一个新药所需合成的新化合物，自1956年的1800个提高到现今的10000个，难度大大提高了。据国外统计，一个新药从科研到投产要花8～10年时间，投资达2000万美元，耗费50万个劳动力。有时仅为了弄清毒性问题所需的科研费用达40%～60%，历时6年之久。近年美国首先禁用了有机氯制剂和汞制剂。1976年美国环境保护局（EPA）要求对敌百虫、敌敌畏、克菌丹、福美双、西玛津等大吨位品种进行慢性毒性审查。1977年又提出氟乐灵含亚硝胺问题。若整个二硝基苯胺类型除草剂遭到禁用，估计美国国民经济每年将损失40亿美元。1975年美国卫生、教育、公共福利部颁布的可疑致癌物质的清单中有很多高分子化合物和化学中间体，如医药中的青霉素、磺胺药、金、锌、钴甚至生物体所不可缺少的天然产物如石蜡、胆固醇、乳酸、氨水等也都被列入。在这种形势下，一些大公司反应非常强烈，认为农药老品种面临停产的威胁，新品种则因科研投资太大、周期太长，15年的专利权很快失效，对开发新农药有望而生畏之感。有些已被迫改行，有些则认为整个农药工业面临被扼杀的危险。美政府通过的"Delany修正案"和"EPA致癌原则"曾规定一个农药在试验慢性毒性时不应限制剂量，一旦在试验动物身上发现良性瘤也在取缔之列。美国不少科学家认为保护环境无可非议，但对有关当局所进行的试验方法表示怀疑。

因为动物在很高剂量（接近致死量）药物的喂食下，其正常防御机制和补偿机制遭到严重破坏，而这种现象在低剂量喂食时不会出现；加上有些品系的大白鼠在衰老时也有自然长癌率，因此往往实验结果并不完全反映真实情况。总之，近年在美国国内对农药毒性问题的争论是非常激烈的。近来欧洲各国也采取一些加强管理农药的制度，但不完全赞同采取这种过于严格的措施。

正是在上述背景下，新的形势要求农药科研水平在下面几方面迅速提高：

（1）要求充分发挥精细化学的特点，寻找更为高效的药剂，以减少用药量从而降低对环境的影响。这样很多高效品种即使其结构很复杂也被相继研制出来。例如杀虫剂中拟除虫菊酯类 Decis，杀菌剂中的氟三唑等比一般施药量要降低 1～2 个数量级。现已人工合成的昆虫激素 Disparlure 及植物激素三十碳醇的用药量均可降低到每亩 1 毫克以下。

（2）要求以极其精确的测试手段，追踪和弄清农药在自然环境中各种代谢和降解途径。现今在农药研究中采用的现代化分析技术，已可使对代谢物和降解物的测定达到前所未有的精确度。这样对农药的安全评价也有了可靠的科学依据。

（3）要求研制新的剂型以减少环境污染。据研究证明采用经典的施药方法，农药直接打中靶生物体的概率仅占百分之几，绝大部分都不必要地扩散到自然环境之中，因此剂型的改进潜力很大。最近缓释剂、超低容量喷雾剂、胶悬剂等的出现可望降低用药量，降低对环境的影响。

（4）要求研究更快速简便的慢性毒性测定方法，尽快地弄清药剂对各种生物体的影响，以缩短科研周期，扩大筛选范围。

（二）农药科学逐步形成自己的体系

农药是一门边缘性很强的应用学科。较早的研究曾侧重在生产实际方面，对理论工作做得较少。最近在各有关学科（如分子生物学、分子药理学、比较生物化学等）的推动下，从实践中涌现出来的一些理论问题（如作用机制、抗药性机制、代谢机制、结构与活性之间的规律等）也被研究得日益透彻。农药作为一门综合性学科开始出现并逐步形成了自己的体系。国际纯粹与应用化学协会相继在芬兰（1974 年）及瑞士（1978 年）主持召开了第三届、第四届国际农药会议，每次都有世界各国的一千多名科学工作者参加并宣读了数百篇论文，其中不少涉及农药各方面的理论工作，有些研究工作已深入到分子水平。

（三）农药设计取得新的进展

在创制新药及探讨化学结构和生物活性间的规律时，农药设计是重要的一环。可以试将农药设计所经历的过程分为三个阶段。在 40 到 50 年代，当时筛选农药主要依靠大量合成和大量筛选，再根据生测结果来寻找有效母核及各毒性集团，带有一定的盲目性。从 60 年代开始，人们开始考虑整个分子的电子密度分布和各种立体因素（如分子的构型、构象、形象等）对药效的影响，并初步总结了一些规律。60 年代后期又出现了不少新概念，如设计与靶酶形成共价键的 ASDINS 法和选择性运载体法等所谓比较生物化学法，同时在探讨化学结构和生物活性之间的规律时也有自定性向定量处理过渡的趋势。在不少尝试中比较成功的有 Hansch 处理法，乃利用同系物结构中几种理化参数（如亲脂性、电子性、空间结构性）和生物活性数据组成一组多元线性方程，采用数理统计方法求出结构与活性间的定量关系，进而找出最佳结构。但此处理系采用热力学中的实验数据，仍属半经验处理方法。最近有用分子轨道法计算同系物结构中各电子的波函数以描述分子构象、能级、电荷分布等量子化学参数，配合电子计算机，寻找能与受体结合的最佳结构。此外还出现所谓拓扑学处理法等。这些采取计算化学新成就的方法被人们称为"第二代"药物设计方法，值得予以注意。

## 四、展望

近年来，由于发现部分化学农药有环境污染问题，各国相继制定了一些规章制度，这是完全必要的。但是也流行着一种观点，认为"第三代农药将要取代第二代农药"云云（第一代指无机农药和植物性农药，第二代指有机化学农药，第三代指生物农药）。这些说法引起了人们思想上的混乱。今后化学农药向何处去？这也是农药工作者所关心的问题，下面谈谈我们的看法。

若要知道化学农药的将来，就应先了解它的过去和现在。从历史上看，化学农药对于保证世界农业产量的稳步上升，对于控制一度严重危害人类的害虫和传染疾病等方面曾建立了巨大的功勋。30 多年来，随着农药科研的发展，化学农药的品种愈来愈多，产量也愈来愈大。经过多年的考验，一些老品种（发现年份早）迄今还在大规模地生产和使用着。如除虫菊素（15 世纪）、石硫合剂（1851 年）、硫酸铜（1861 年）、溴甲烷（1931 年）、代森锌（1943 年）、甲基 1605（1947 年）、马拉松（1950 年）、3911（1954 年）、西玛津（1956 年）等。若这些第一代、第二代农药没有发现有慢性毒性的问题，那么为什么一定要将之取消呢？除非有更优良更经济的办法来代替。

再看看化学农药的现状。生物农药对非靶生物体（如天敌等）毒性小，对环境不易造成污染，具有不少优点，但也存在着一些问题。就拿天然的保幼激素来说，在自然条件下不够稳定，对幼虫也无杀伤能力，仅能阻止幼虫向成虫蜕变，而幼虫有时对农作物也有危害。近年还发现对有机磷杀虫剂有抗药性的昆虫对保幼激素也会产生抗药性，因此生物农药的抗药性问题值得研究。最近出现的新型昆虫激素——几丁质抑制剂则完全是人工设计的化学农药，毒性很低，选择性高，对水生动物、鸟禽、甲壳、蜗牛及两栖类都无影响。与天然保幼激素相比，其杀虫谱更广，药效更高（10 倍），也更稳定。另一个例子就是拟除虫菊酯，1918 年人们开始提取天然除虫菊素作为杀虫剂出售，但来源有限。1950 年第一个化学合成的拟除虫菊酯（丙烯菊酯）问世以来，经过 20 多年的持续研究，现已有不少新品种投产。它们除具有天然除虫菊素的一切特点外，对哺乳动物的毒性比天然的还要低 3～4 倍，对家蝇的药效比天然的还高 50 倍以上，还能防治天然除虫菊素所不能防治的咀嚼口器害虫。上述两个例子清楚地说明，随着现代化学技术水平的迅速提高，人工合成的化学农药超过生物农药（自然不包括天敌、病毒制剂等）是完全可以办得到的。这里，还应提出的是有人将上述的 Dimilin 及拟除虫菊酯等归在生物农药范畴内，造成了概念上的混乱。人们从天然活性物质中得到启示，合成一些有相似结构的化学物质，怎能还把它们说成是"生物农药"呢？

　　在展望化学农药的将来时，必须要有一个辩证的、发展的观点。"生物农药"一般具有选择性高、不易污染环境的特点，而化学农药一般具有收效快、适宜于大规模工业生产的特点。两者不应相互排斥，而应相互取长补短，共同发展，各得其所。化学农药将充分利用现代科学成就逐步向超高效、高选择性和能在自然界完全降解的无公害农药过渡。从发展上看，化学农药和环境污染之间并无必然的、内在的联系，上面所举的例子也令人信服地说明了这个问题。若今天因为部分化学农药有环境污染问题而不去发展它，就相当于看到放射性元素可能污染环境而不去发展原子能一样。这是一种片面和有害的观点。在有问题的农药相继停用后，对尽快地研制出更多更好的化学农药的压力日益增加。由于农药品种太少，1977 年美国 11 个州的产棉区发现虫害十分猖獗，经各州纷纷告急后，EPA 不得不将尚在审查中的 4 个新化学农药（新拟除虫菊酯、Bolstar 6 等）提前试用，即是一个很说明问题的例子。我们相信，随着各国农业现代化进程和农药工业的加速发展，将给农药科研带来愈来愈大的推动作用，农药科学也将获得更为迅速的进展。

（原载于《世界农业》，1979 年第 4 期）

# 漫谈四个现代化中的化学

## 根深叶茂　花繁果丰

化学，这是一门古老而又年青的科学。早在新石器时代，人类就已开始认识和使用天然铜。以后逐步发展到加工和使用其他金属，如金、银、铁、锡、铅、水银等，以及碳和硫两种非金属。随着生产的发展，人们在冶金、陶瓷、染色、酿酒、医药、火药等的生产和使用中，逐渐认识了更多的物质性质和变化的规律，为化学科学的产生奠定了基础。我国古代在化学方面也有许多成就。从 18 世纪开始，特别是道尔顿的原子学说提出以后，化学走上了理论与实践相结合的发展道路，它充满朝气，迅速成长为一棵挺立的科学的大树。它分支为无机化学、有机化学、分析化学、物理化学，又分支为高分子化学、石油化学、催化化学、理论化学，再分支为络合物化学、电化学、元素有机化学、结构化学、农药化学，并形成了光化学、生物化学、计算化学、放射化学等边缘学科。真是根深叶茂、花繁果丰！在六大基础理论学科（数学、物理学、化学、生物学、天文学、地学）中，化学占有重要的地位。在现代化建设中，化学也起着重要作用。几乎可以说，所有的生产部门和科学研究部门都与化学有着直接的或间接的关系。

## 在八大领域和学科中身负重任

我国《1978～1985 年全国科学技术发展规划纲要（草案）》要求把农业、能源、材料、电子计算机、激光、空间、高能物理、遗传工程等八个影响全局的综合性科学技术领域、重大新兴技术领域和带头学科，放在突出的地位，集中力量，做出显著成绩，以推动整个科学技术和整个国民经济高速度发展。在这八个方面中，有相当部分的研究内容是化学必须承担的任务。

在农业科学技术方面，要研究发展新型复合肥料、生物固氮，要尽快解决高效、无污染的新农药。这主要是无机和有机合成、催化、元素有机化学、农药化学的研究任务。在化肥方面，我国合成氨生产的数量还远远不能满足农业生产的需要。制造合成氨需要高温高压条件，需要特殊材料设备，应当研究出新型的催化剂，减少这种苛刻的条件。生物体内进行固氮都是通过固氮酶在常温常压下完成的，因此近几年国内外都开展了化学模拟生物固氮的研究，并发现了生物固氮酶的化学组成中包括铁蛋白和钼铁蛋白。我国已开过三次全国固氮会议，对铁蛋白、钼铁蛋白的活性中心结构提出了自己的见解，受到国际的好评。在解决高效、无污染的新农药方面，我们开展了杀菌剂、杀虫剂、除草剂、植物生长刺激素等的全面研究，对我国主要作物品种如小麦、水稻、棉花的主要病虫害提出了适用的农药，并研制了这些农作物的生长激素。

在能源科学技术方面，规划提出积极发展原油加工技术，积极开展煤的气化、液化和综合利用的研究。这就需要研究这些技术过程中所涉及的化学反应的基本条件、物理化学数据、催化剂等等。在这方面，石油化学、物理化学等学科应配合研究。为了改变我国的能源构成，还要抓紧进行受控热核聚变等能源问题的科学研究，放射化学应在这方面发挥作用。

材料科学技术，这是化学的主要研究领域之一，化学应大展宏图，做出更多的贡献。在材料科学技术的重要部门——冶金工业中，钢、有色金属、稀有金属的冶炼提取，离不开无机化学、分析化学和物理化学。在塑料、合成橡胶、合成纤维三大合成材料方面，要着重研究以石油、天然气和煤炭为基础的有机原料合成技术，加强催化剂的研究，发展直接合成工艺，革新生产技术，拿下国防工业和新兴技术所需要的各种特殊的功能材料、结构材料和复合材料，创造出具有我国资源特色的材料。这是多么重大的任务呀！上天，需要轻、牢、韧、耐高温、耐低温、耐辐射的材料；入海，需要耐压、防腐、高强度的材料；发射，需要体积小、能值高的燃料；飞翔，需要宇宙服装；工业生产，需要各色各样的原料；人民生活，需要丰富多彩的用品。化学周期表中的一百多种元素，千变万化，错综结合，组成着我们周围的物质世界。我们的祖国，地大物博，有许多有特色的资源，例如稀土金属矿物，蕴藏量就比资本主义国家的总和还多。稀土化学的研究应该成为我们研究工作的一个重点。有机化学、高分子化学、石油化学，将施展更高的合成技巧；分析化学、结构化学，将提出更高的鉴定技术；理论化学、计算化学，将促进材料科学更快地发展。各个学科，都将直接或间接地帮助材料科学开拓新的领域。

在激光科学技术方面，激光化学正在蓬勃发展，正在研究新型激光光源所需的激光材料，探索新型激光器，同时也在研究激光在同位素分离、催化反应等方面的利用，研究利用激光测定物质的结构，研究激光核聚变反应。

在遗传工程方面，化学正在和生物学紧密结合。遗传工程有可能按人类的需要在分子水平上加工和转移遗传物质，创造生物的新物种。这对化学提出了多么高的要求！对遗传物质的化学结构和有关的合成的研究，要求化学从理论上、方法上和技术上必须提高到一个新水平。

对电子计算机、空间科学技术、高能物理等学科领域的研究，化学在提供各种特殊功能材料、结构材料和复合材料方面，也应起到重要的作用。

## 创造条件 培养人才

实现四个现代化的任务是这样重大而迫切，化学工作者应当做出巨大的努力。我们现在已有一支相当规模的队伍，从事化学工作的已在万人以上。在高等学校中，化学方面的系和专业相对来说总是较大的。这是我们做好工作的基本条件。八年以后，这支队伍还要扩大许多倍，我们的力量就会更强些。化学研究的手段日新月异，这是提高科研水平的必要条件。毛主席和周总理生前十分关怀这方面的工作。新中国成立以来，我国建立了一些具有一定条件的化学研究单位，使得化学在基础研究和应用研究方面都做出了不少成绩，尤其在蛋白质合成、催化理论、量子化学等方面取得了较为突出的成果。但是，与国际先进水平相比，我们的差距还很大。特别在分析鉴定手段上，更是相差甚远。我们一定要加强这方面的工作，学习研制新型仪器设备，以适应研究的需要。人才和条件是相互促进的，我们要创造条件，以便充分发挥人的才智，促使科研达到新水平。

化学工作者要向其他学科学习，要学习数学、物理、电子等各方面的知识来丰富提高自己。计算化学、量子化学需要较深的数学基础，化学合成需要自动控制，分析化学中使用各种光谱仪、波谱仪、色谱仪和其他仪器，需要深厚的物理基础知识和实验技术。至于化学与其他学科形成的新的边缘学科如光化学、生物无机化学等，更需要两科以上的基础知识。还有像电子计算机在化学上的应用，也成为一个专门的方向。

## 壮志雄心献化学

像在革命斗争中一样，科学上同样需要前赴后继、英勇献身的精神。比如橡胶的优良品种——聚四氟乙烯中含的氟，它的发展过程就包括不少研究者的献身精神。当然，有了现代化的生产和研究设备，条件改善了许多。但是，相对来说，化学研究的条件是艰苦的。新中国成立以来，化学方面的新人辈出，在目前我国的化学研究中起着重要作用，他们还应再加紧努力，提高水平，承担重任。

我从事化学工作已六十年了，我对化学怀有深厚的感情，因此我总是特别希望看到我国的化学战线能人才、成果两旺，希望化学工作者的队伍日益壮大，希望化学上不断有新的发明创造，在赶超世界先进水平上做出我国独特的贡献。而达到这些目标的关键，是党中央对科技工作的正确领导和亲切关怀，是党的科技路线和方针政策的制定和贯彻，是党的各级组织对科技工作的切实领导。广大科技人员在党的教育和鼓舞下，在实现祖国四个现代化宏伟蓝图中，将产生无限的力量。让我们迎头赶上学先进，万里长征不畏难；新老携手争飞跃，壮志雄心献化学。

（原载于《现代化》第 1 卷第 5 期，1979 年 9 月）

# 祝贺《化学教育》创刊

《化学教育》经过积极筹备，现在和广大读者见面了。我代表中国化学会衷心祝贺这个刊物的出版发行。

化学作为研究物质的组成、结构和性质以及物质发生的变化的一门科学，本世纪以来获得了极为广泛、迅速的发展。化学学科已经分为无机化学、有机化学、分析化学、物理化学和生物化学等几个重要的分支，并且正在和其他学科日益互相渗透而产生其他新的边缘科学和新的分支。今天，世界上许多国家在教学、科学研究、生产等方面，化学不是少于而是超过了物理或数学科学工作者的人数。这是由化学科学的性质及它本身的发展所决定的。这也说明了化学对基础理论和国民经济的发展的极端重要性。

新中国成立以来，在党的领导下，我国化学科学有了飞速发展。中等学校加强了化学课；高等院校设置了许多关于化学方面的专业，开展了科学研究，培养了大量人才；研究机构增设了不少关于化学的专门研究所，开展了大量的理论和应用研究。特别是在周总理和聂荣臻同志的亲自指导下，两次制定科学研究发展规划，在短短几年间，缩短了我国化学科学和世界先进水平的差距。总之，出人才、出成果的成绩是巨大的。

然而，在林彪、"四人帮"极"左"路线的干扰破坏下，我国化学科学的发展和其他科学一样，遭到了严重的摧残，蒙受了重大的损失。化学教育的质量严重下降了。一些中学停开了化学课，许多中学的化学课根本不做实验，甚至连演示也没有。本来化学既是理论科学又是实验科学，化学教学离开实验，要保证和提高教学质量岂不成为空谈？那时许多高等院校搞什么"开门办学""火烧三层楼""砸烂实验室"等等，既否定基础理论的学习，又破坏实验技能的训练。这种要以生产代替理论教学、代替科学的荒谬主张，是违背人类认识史的发展的，只能阻碍科学的发展。至于研究工作，一些研究所被无理砍掉了，大量研究，特别是理论研究被斥为"脱离实际"而取消了。其恶果是使我国化学科学与世界先进水平缩短了的差距又拉大了。

现在，面对党中央提出的实现四化新长征的艰巨任务，摆在我们面前的问题是严重的，一些事情甚至要从头做起。我认为我们化学工作者首先必须解放思想，开动机器，以实践作为检验真理的唯一标准，认真地总结经验教训，绝不能让林彪、"四人帮"的倒行逆施重演，极"左"路线的恶劣影响必须清除。我们哪些做得对，一定要坚持，哪些做得不够，一定要克服。而着重要解决的是必须从基础做起，即从大力加强中学的化学课做起。如果中学化学课学时很少，甚至还停开，或者化学课还没有实验，那就很难谈得上化学科学有了发展的基础。中学里不能只注重数学，注重物理，注重外语。数学、物理、外语固然重要，化学同样也重要，这一点要让广大学生都知道，更重要的是广大教育工作者要在实践中掌握，不可偏废。要有领导、有计划、有步骤地加强实验，加强演示，编出新的教材。希望各级教育行政部门对中学的化学教育给予必要重视，尽可能地多创造些条件。

为了提高化学教学质量和科学水平，亟须把广大化学工作者的意见和经验集中起来，互相交流借鉴，展开热烈讨论。《化学教育》的出版，为之提供了很好的园地。希望广大化学工作者充分利用这一园地，关心它、支持它，本着"百花齐放、百家争鸣"方针的原则，解放思想，畅所欲言，集思广益，共同提高，把这个刊物办好，把化学科学推向前进，在四化的征途上做出贡献。

（原载于《化学教育》，1980 年第 1 期）

# 《〈美国化学文摘〉查阅法》序言[*]

本书主要介绍《美国化学文摘》（CA）的编制和查阅方法，重点介绍了CA各种索引的编制和查阅方法。本书讲解简明，理论联系实践，可供化学化工专业的科技人员和大专院校有关专业的师生参考。

当前，世界上有关化学化工专业的期刊约有 14000 种，再加上图书、会议论文集、专利等，数量极大。而通过查阅化学文摘，就能迅速找到所需要的资料。

《美国化学文摘》创刊至今已有 70 多年历史，摘编了世界上绝大多数的化学化工文献资料，出版迅速，索引完备，在我国化学界有广泛的影响。可以这样说，如果 CA 是打开世界化学化工文献宝库的钥匙，那么，CA 索引就是打开 CA 的钥匙。

像任何语言一样，化学上的概念、术语、名称也反映着时代的精神面貌。尤其在当前，科学技术的发展一日千里，日新月异。这种情况也必然反映到 CA 中来，CA 的索引也在不断地发展。为了掌握 CA 的用法，必须对 CA 索引加以研究，对其编制有一个较全面、正确的了解。

我衷心希望广大化学化工专业工作人员，通过熟练地使用 CA，能够及时了解世界上这方面的最新进展，并结合我国具体情况加以运用，在自力更生的基础上，为实现伟大导师毛主席和敬爱的周总理的遗愿，在党中央领导下，为在本世纪内实现四个现代化的宏伟目标做出贡献。

本书是彭海卿同志多年查阅 CA 的实践体会的总结，并由南开大学元素研究所李克东同志做了全面审校。由于时间仓促，定有不少缺点错误，请读者提出宝贵意见。

---

[*] 《〈美国化学文摘〉查阅法》一书由彭海卿编写，化学工业出版社于 1980 年 1 月出版。本文是杨石先为该书写的序言。

# 化学要为中国的经济繁荣、学术进展
# 做出更大的贡献

## ——庆祝中国化学会成立 50 周年

　　化学是研究物质的性质、组成、结构和变化的一门科学。我国古代的炼丹家曾对化学的早期发展做出了不可磨灭的贡献，但近两百年来，在封建制度的束缚下，逐渐落后于近代化学的发展。特别是本世纪以来，化学在工业发达的各国获得了迅速的发展，在工农业生产和科学研究中起着愈来愈重要的作用。我国一些先驱者如侯德榜、庄长恭、曾昭抡等化学家曾以毕生精力促进近代化学在我国的发展。他们为了发展化学科学，还在自筹经费的基础上克服了重重困难，建立了学术性团体组织——中国化学会。至今已整整 50 年了。中国化学会的活动在当时对学术思想的交流、科学的发展都起了很大的促进作用。

　　近代化学的发展，为人类提供了多种新的物质品种，从复杂的有机化合物、医药品、农用药品、化工产品，到组成电子元件的无机材料；通过各种新的催化剂仿制和改进了复杂的天然产物；在综合利用煤炭、石油等能源产品方面起着重大的作用；有机合成化学的发展促进了有机大分子科学的建立，提供了有关天然生物大分子的结构和作用机理的丰富资料。

　　我国科学家在生物大分子合成研究方面也都做出了值得称赞的工作。1965年，我国化学家与生物学家合作，以集体的智慧团结协作，首先合成了蛋白质——结晶牛胰岛素。1981 年底，我国化学界的一批优秀人才，发扬了团结攻关的好传统，合成了化学结构与天然物相同的核糖核酸，为人工合成生命物质迈开了新的一步。

　　当前在我国四化建设中，化学科学有着重要的任务，需要有志者去探求，有为者去攀登。在农业、能源工业、材料科学、计算机工业、激光技术、空间技术、高能物理和遗传工程等重要的国民经济和科学技术领域中，化学都是不可缺少的基础。特别在能源工业和材料科学中，化学具有重要特殊的地位，对能源的综合利用、常规材料性能的改进和新型材料的制备都起着直接的关键作用。

为发挥化学工作者在国民经济和教育、科研等各个战线上的作用，有必要加强他们之间的交流与联系。中国化学会责无旁贷，应负起这一工作责任。值此庆祝中国化学会 50 周年之际，我殷切地期待化学界的朋友们，中、青年同志们，我们要以坚强的意志，探求未知，追求真理。按照陈云同志讲的"不唯上，不唯书，只唯实"，把毕生的精力献给化学事业。同时，还要积极支持中国化学会的工作，发扬老一辈化学家刻苦创业的精神，使化学为中国的经济繁荣、学术进展做出更大的贡献！

（原载于《化学通报》，1982 年第 9 期）

# 祝化学工作者为中华崛起做出更大的贡献

  化学是研究物质的组成、结构、性质和变化的一门科学，在工农业生产和科学研究中起着愈来愈重要的作用。特别是近代化学的发展，为人类提供了越来越多的新的物质品种，仿制和改进了复杂的天然产物，在综合利用煤炭、石油等能源产品方面也起着重大的作用。此外，有机合成化学的发展促进了有机大分子科学的建立，提供了有关天然生物大分子的结构和作用机理的丰富资料。因此，在农业、能源工业、材料科学、计算机科学、激光技术、空间技术、高能物理和遗传工程等重要的国民经济和科学技术领域中，化学都是不可缺少的基础。尤其在能源工业和材料科学中，化学更具有特殊重要的地位，它对能源的综合利用、常规材料性能的改进以及新型材料的合成都起着关键性的作用。

  化学在我国具有悠久的历史。远在古代，我国的炼丹家就对化学早期的发展做出了不可磨灭的贡献。本世纪以来，我国化学界的先驱者侯德榜、庄长恭、曾昭抡等在极其困难的条件下，以毕生的精力致力于近代化学的研究。为了发展化学科学，他们还自筹经费，克服重重困难，于1932年创建了中国化学会。50年来，中国化学会对学术思想的交流和科学的发展都起到了很大的促进作用。今天，在实现四个现代化的征途上，中国化学会将担负着更加艰巨的任务。为了充分发挥化学工作者在国民经济和教学、科研等各条战线上的作用，必须不断加强他们与国内外的学术交流和联系，以便推动化学事业的繁荣和发展。

  中华人民共和国成立以来，在党的领导和关怀下，我国的化学事业有了飞跃的发展，取得了许多杰出的成就。最近荣获1982年国家自然科学奖的122项重大科研成果中，化学方面就占25项。尤其是生物大分子的合成和配位场理论研究，取得了重大成果，达到了国际先进水平。1965年我国化学家与生物学家合作，在世界上第一次合成了具有生物活性的结晶蛋白质——牛胰岛素；1981年，又合成了化学结构与天然物相同的核糖核酸，为人工合成生命物质迈出了新的一步。

  当前，我国正在进行四个现代化的建设，化学科学肩负着十分重要的使命。

值此庆祝中国化学会成立 50 周年之际，我殷切地希望化学界的同事们、朋友们和中青年同志们，发扬老一辈化学家艰苦创业的精神，按照陈云同志讲的"不唯上，不唯书，只唯实"，以坚强的意志，去探求未知，追求真理，把毕生精力献给化学事业。

祝化学工作者为中华崛起做出更大的贡献！

（原载于《高等学校化学学报庆祝中国化学会成立五十周年专刊》，1982 年）

# 《〈世界专利索引〉查阅法》序言[*]

　　现在大家都在谈论专利法和专利。所谓专利法，就是保护"发明创造"的一种法律，受专利法保护的"发明创造"称为专利。专利的文字表现形式叫发明说明书。人们可以借鉴别人的发明构思，以求自己受到启发，或用以验证自己从事的研究工作是否重复了他人的发明成果。所以，它是了解世界上"发明创造"新技术的重要媒介。

　　但是，世界上发明说明书浩如烟海，目前世界上已通报的达三千万件，每年还以一百万件的数量在增长。由于它们分散在世界各地，所用语种也极庞杂，很难在短时间内获取读者想要的那几件。为解决这个问题，国际上出版了几种专利检索工具书，目前国内常用的是用英文出版的《世界专利索引》。

　　《世界专利索引》由英国德温特公司出版，收录了世界上公布专利较多的28个国家、国际组织和地区的发明说明书。通过航空收集，用电子计算机编制成英文索引，再空邮给用户。《世界专利索引》年报道六十余万条，在原发明说明书公布两个月内即可见报，收录面广，报道及时。通过它可以较为迅速地查出读者需要的发明说明书。

　　但是，《世界专利索引》编制较为复杂，包括四种分册和一种优先案对照索引，每种分册中又都包含四种索引。初学者需要花费较大精力才能摸清使用它的方法。尤其目前介绍查阅方法的材料缺乏，困难更大。

　　彭海卿编的《〈世界专利索引〉查阅法》，是一本帮助读者学习使用《世界专利索引》的指南。这本书的主要特点是实践性强，书中运用四个实际例子，对《世界专利索引》中五种索引的用法做了剖析。每个例子采用"查阅步骤——实践——查阅流程"的程式步步引申，条理清楚，明白易懂。书中大多引用《世界专利索引》中的原始图片，直观性强，便于记忆。有兴趣的读者只要按书中

---

　　[*] 《〈世界专利索引〉查阅法》一书由彭海卿编写，天津科学技术出版社于1986年11月出版。本文是杨石先1984年为该书写的序言。

所举的例子，对照《世界专利索引》不断实践，就能加深体会，逐步掌握。

    如果把《世界专利索引》比作打开世界各国发明说明书大门的钥匙，那么本书就是使用这把钥匙的说明书。它对于《世界专利索引》的新读者当然十分需要，对于老读者也有相当的参考价值。为此，我愿向读者推荐本书。

# 三、关于南开大学的建设与发展

# 校委会 1950 年工作检讨总结[*]

在中央人民政府教育部的正确领导下，一年来曾进行了一系列的教学改革工作，使教学逐步走向计划性，提高了教学的效率。同时，一年来由于全校普遍进行政治学习，全体师生员工的政治觉悟有飞速进步。这些收获是与工会、学生会以及党团支部的努力分不开的。今后还要依靠他们继续发挥更大的作用。

在校委会的工作中虽然有一定的成绩，但是还存在着很多缺点，要在全体南开人的监督和爱护下共谋改进。在执行政策上，第一是过去对政策的体会不够深入，具有单纯的任务观点。第二是对于政策没有能很好地贯彻到群众中去，使广大师生员工都能了解政策，今后要贯彻政策与实际结合的方针，认真配合政策做出具体实施计划。在思想作风上，过去存在着比较浓厚的本位主义，没有能很好地联系群众，听取群众意见。尤其严重的是推脱作风，这些不良的思想作风反映到工作上来，就大大降低了校委会的领导作用，而存在着不同程度的事务主义和官僚主义的缺点。另一方面，由于对民主集中制的运用不熟悉，常流于极端民主化的倾向，对无原则的现象未坚持说服教育，而采取迁就或放任不理的态度。

对于这些缺点有了清楚的认识，从这个认识基础出发，今后改进校委会工作的具体意见：1. 发扬批评与自我批评的精神，不但校委会本身多进行自我批评，而且希望得到来自群众的更多的批评，对这些宝贵的批评意见要虚心接受、认真处理。2. 分层负责，以加强领导，提高工作效率，并有计划、有步骤地调整机构。3. 认真执行检查汇报制度。4. 对政策多进行宣传解释，工作中多听取群众意见，并多酝酿，发动大家来做好工作。5. 加强工作计划性。

（原载于《人民南开》第 8 期，1951 年 3 月 28 日）

---

[*] 校委会主席杨石先于 1951 年 3 月 17 日在全体师生员工大会上做了校委会 1950 年工作检讨总结报告。本文是对杨石先报告报道的摘录。

# 校庆日的几句话

我们学校 32 周年校庆的日子已经来到了，南大 32 年的发展过程，是我国教育从半封建、半殖民地性质的教育转变为科学的、民族的、大众的新民主主义教育的一个反映，正如马部长在开学典礼讲话中提到的："南开在私立时期，一个长时期的过程中，在思想上受着美帝国主义的影响相当深，当时的办学方针也是不正确的，再加上国民党反动派的统治与对教育事业的摧残，南开大学在新中国成立前和其他的大学一样，是存在着许多缺点而没有得到应有的发展的。"这是直接受封建主义、帝国主义、官僚资本主义摧残的结果，因此，也是我们在改造中的包袱，今天我们要循着毛主席教育思想所指示的方向，来大力克服和改进的。

当然，我们学校有着悠久的历史，"过去它曾为国家培育出不少有用人才，在国家教育事业上起了一定作用，五四以来也确是出了许多革命人物"（马部长语）。随着中国人民民主革命运动的发展，它一直投入伟大的斗争中，与国民党反动统治和美帝国主义者进行了不屈不挠的斗争，因此，也有革命的、进步的优良传统，应该继续巩固和发扬。

我们有长处，也有短处。巩固成绩，克服缺点，就是我们改造过程中应该采取的正确态度。

我们全体师生员工，过去和现在，大致是采取了这样的态度的。新中国成立后，大家在政治学习、教学改革方面都有显著的成绩；同学们两次报考军干校，坚决响应祖国号召；毕业生全部服从政府分配等，都是很好的证明。虽然如此，我们却不能以这样的成绩为满足，如以客观需要来衡量，我们还是差得很远的。

今天，就在这样的情况下，米纪念我们的第 32 个年度的校庆。缅怀过去，瞻望将来，我们已经走完艰难曲折的一段道路，现在是在毛泽东思想的光辉照耀下，向前发展着。我们有了健全发展的良好条件，决不会重蹈过去的错误。我们的目前具体任务是继续进行课程改革和加强政治思想教育，使南大的教育更符合人民的需要，做到紧密与祖国的建设相结合。这一点大家都是认识到的，问题在于我们自己的努力够不够，老实讲，我们是很不够的。现在虽然比人家强一些，如果不努力的话，再过几年，也许就落伍了。当然，亦就没有很好完成祖国交给我们的任务。

这一次校庆，我们布置了几个展览室，并开放工厂和实验室，以供大家观摩和批评，借此机会检查一下我们几年来的工作，成绩在哪里，缺点在哪里，使其更能提高大家的工作认识，知道自己应该如何改进和努力。

热爱人民的南大，继续发扬过去优良的革命精神，大力改进和提高我们的教学，忠诚为祖国为人民服务，这就是我在校庆日的一点愿望，也是我提出来要向全体师生员工共同勉励的一点。

（原载于《人民南开》第 20 期，1951 年 10 月 19 日）

# 新南开大学的成立和它的方针任务

三年以来，旧的南开大学在人民政府和党的培养与教育之下，逐渐脱胎换骨孵化转变，今年又经过院系调整，增加了新的组织、新的力量，现在完全以崭新的姿态出现于全国的高等教育界了。这是全国教育改革上的一大胜利，我们应当向毛主席表示我们衷心的感谢。

新的南开大学是一个新型的综合性大学，由旧南开大学文、理、财经三院的十四个学系，天津大学理学院的数、理两系及津沽大学财经学院的贸易、会计、企业管理三系所组成的。除了这些部门原有的师资之外，领导上又调拨了北大、清华、师大、燕京、唐山及沪江等校的一些教师，大大地增强了我们教师的阵容。现在我们共设置了 18 个专业，3 个专修科，组成 14 个系，领导 26 个教研组。全校共有学生 1634 人，教师 277 人，员工 273 人。

旧的南开大学校舍是分散在市区内外五个地方：八里台、六里台、迪化道、湖北路与承德道。现在的新南开大学全部集中到八里台了。今年夏天我们修建了 17438 平方米的面积。这种地区与房舍的调整，不但使我们得以集中和节省行政的力量，密切内部的联系，而又大大地协助了其他姐妹学校的成立。

为了适应新的教学任务，我们又适当地调整了我们的行政机构。我们废除了院的一级，并在教务长领导下成立了教学科，协助各系推进"计划教学"和"课程改革"工作。在总务长领导下设立了生活管理科，具体研究改进膳食住宿等问题，使全体师生更能安心教导与学习。在校长办公室主任直接领导下，增设了政治辅导科，指导全体教职员工的政治理论学习和协助马克思列宁主义理论课程的教学，指导全校师生员工的社会活动，来提高我们的政治水平。

这种制度上的改革与教学内容、教学方法的改革是齐头并进的。我们的教师们在上学期之末，研究了祖国当前的需要，根据科学自身的体系和学校中既有的基础，又吸收了苏联经验，来确定我们的专业。然后在暑假中集中精力学习苏联这些专业现行的教学计划和教学大纲，来拟定我们自己的教学计划与教学大纲。经过俄文的突击学习，又深入研究教材，凡苏联教材符合今天祖国需要的我们都尽量采用，预备结合新中国的实际逐渐加以修正。最近翻译课本与编写教材，备课先做试讲与互相听课之后提供意见，都在教研组的领导下普遍地进行了。

从上面所提到的一系列的改革，我们认识到南开是有了本质上的蜕变。这是由于她新方针任务的不同。过去她是为官僚统治阶级、买办阶级和资产阶级培养人才的，培养人才做何具体工作亦是无计划性与目的性的，所以教的人是充满了个人主义与自由主义的色彩，不肯负责，不愿尽心，而且往往搬运教条不切实际。学的人亦只是从主观愿望和个人兴趣出发，所以教育出来的成品，最好的亦只是一种绅士类型的高等华人，或者是追求个人名利的技术通才，或者是理论脱离实际的教师。新中国成立后，由于国家的性质的改变，也引起了南开这种情况基本的转变。随着祖国经济建设的发展，也赋予新南开大学以新的历史任务。这个新的历史任务大概可分为下列两点：

第一，新型的各种大学都是完全为国家培养高级干部的主要机构。综合性的大学所培养的干部包括各种研究人员、高等及中等学校的师资和机关的文化与专业干部。他们既然是国家的干部，就必须全心全意地为人民服务，不能专为个人做打算，他们必须充分掌握近代的科学技术与高度的文化水平。因为我们祖国明年即将开始大规模的经济建设，需要上述的各项人才，在数量上是很多的，在时间上是十分迫切的，在质量上是要合乎一定规格不能粗制滥造的。所以这一任务显然是相当艰巨，需要我们充分努力的。

第二，除了为国家培养高级干部外，综合性的大学与其他的大学不同，尚负有另外一个同等重要，或者从国家长远的需要来看，更为重要的任务，那就是发扬学术与提高文化，使人类能更好地掌握事物的发展规律，更有效地征服自然改造环境，更丰富更美满人的生活内容。所以我们每一个教师以至每一个将要毕业的同学，都要在研究、著述和创造上努力。毛主席提到，随着经济建设高潮的到来文化建设高潮亦将迅速莅临。而在文化建设高潮里面的主力队伍是文艺与科学工作者。所以综合性的大学必然占一个重要的领导地位。固然目前我们所有的教师都忙于课程改革、编写教材和改进教学方法。这亦可以作为一种研究与著述的出发点。因为以浅显生动的说法来传播与普及高深的理论，确是极有价值的工作，可以为研究与创作铺平道路打下基础。我们估计用两三年的时间，大体上可以将课改工作完成一个初步段落，然后将重点移向研究与创作，在第四、五年大规模地向那一方面展开，成立各系的研究部。

为了保证上述两项任务的完成，首先，我们必须更进一步地学习苏联的先进经验，尤其要学他们艰苦奋斗、坚持不懈、迅速向前迈进的精神，团结一致，积极发挥集体的作用。其次，我们必须进行马克思列宁主义和毛泽东思想的系统学习，使唯物的观点和辩证的方法深入贯穿到我们一切的思想和工作当中去，方不致走入歧途，白费了我们的力量。我相信在人民政府的领导下，在全校同人的督促下，新的南开大学一定能肩负起她的任务和完成她的使命的！个人愿与大家共同努力。

（原载于《人民南开》新第 1 期，1952 年 11 月 29 日）

# 就统一规定作息时间做传达布置*

　　为了贯彻政务院改善学生健康状况的决定以及高教部关于教师教学工作时间的指示，保证师生员工的健康，克服忙乱现象，以利教学工作进行，校行政已就全校作息时间做了重新调整，各民主党派团体对于社会活动和会议时间，也做出了联合决定。这是一项重要措施，这一决定是根据苏联的经验和北大等校试行经验，再结合我们目前实际情况而规定的，它将引起很大的变革。这一决定的实施将使我们的生活习惯发生变化，可是它将有效地克服上学期普遍存在的忙乱现象，使学生有适当的学习时间，使教师有足够的备课时间，使各社团活动不致冲突，也保证教师同学及行政部门工作人员有充分休息时间，以保障身体健康，这就是总精神所在。工友同志的作息时间也要给予合理规定，但因工作性质不同，将就不同部门进行研究另做决定。全体师生员工要克服旧习惯旧成见，共同遵守新的作息制度，坚持下去，以彻底克服忙乱现象，保障身体健康。

　　　　　　　　　　　　（原载于《人民南开》新第 15 期，1953 年 4 月 23 日）

---

　　* 南开大学于 1953 年 4 月 18 日召开全体师生员工大会，杨石先在会上发言，说明统一规定作息时间的内容和意义。本文是对杨石先报告报道的摘录，个别文字做了调整。

# 关于目前健康问题的报告*

  目前健康问题严重的原因，除了历史的根源——国民党反动政府长期统治所造成的社会不安宁、营养不良以外，由于大家对健康的认识不够，把它看作是小事，忽视了经常锻炼和饮食卫生所造成的。为了扭转这种不良倾向，学校行政已把健康问题列为 6 月份的重点工作。全体南开人，要从思想上认识健康第一的意义。把个人的健康提高到政治原则，联系祖国的建设来认识。不重视健康，认为是个人小事，麻痹大意，或恐惧惊慌失措的态度，都是不正确的。大家必须在开展个人与环境卫生的基础上，养成良好的卫生习惯；结合个人需要，积极开展适合个人体质的各种文娱体育活动；坚持作息制度，改进教学工作，提高效率。另外，对一部分负担过重的人，也应酌情地减轻工作，同时，并将改善和增加一部分宿舍、校医室、疗养室等设备。学校一定实事求是地下最大的决心来做好这一工作，希望南开的每一个成员、每一个团体动员起来，以组织的力量来保证任务的完成。

（原载于《人民南开》新第 21 期，1953 年 6 月 12 日）

---

  * 南开大学于 1953 年 6 月 5 日召开全体师生员工大会，杨石先在会上做了关于目前健康问题的报告。本文是对杨石先报告报道的摘录，个别文字做了调整。

# 向全校教师传达综合大学会议主要精神与内容*

　　大会是在 9 月 10 日召开，23 日结束的，会议共 14 天，出席这次会议的有 13 个综合大学的校长、副校长、教务长、教授，和各大行政区高等教育局负责同志共一百余人。会议共有六个重要报告：第一个是马部长关于综合大学的方针任务报告，第二个是曾昭抡副部长关于综合大学专业设置及修订教学计划的报告，第三个是中国科学院代表访苏代表团团长钱三强做的关于苏联科学研究工作与中国科学研究工作的报告，高教部综合大学教育司司长张勃川谈了苏联高等学校科学研究工作的情况，第四个是杨秀峰副部长对国家总路线总政策的传达报告，第五个是中央人民政府政务院文化教育委员会习仲勋副主任和钱俊瑞秘书长到会做的重要指示，第六个是高教部黄松龄副部长在大会结束时所做的大会总结报告。

　　马部长的报告共分三部分：（一）综合大学的基本情况和现存问题，（二）综合大学的方针任务和培养目标，（三）今后的工作。马部长在谈综合大学的基本情况和现存问题时，他首先提到了我们国家的总路线总政策。他指出，我们国家从新民主主义革命胜利后已进入了一个逐步地过渡到社会主义的新的历史时期，三年来我们胜利地完成了各项社会改革与经济恢复工作，现在正进行有计划的经济建设，摆在全国人民面前的任务是在今后一个长时期内逐步地实现国家工业化，有步骤地促进农业的集体化，使我们由落后的农业国变成先进的工业国，同时在发展经济的过程中不断扩大社会主义的经济基础，逐步地过渡到社会主义社会。第一个五年计划的基本任务是集中发展重工业，建立国家工业化和国防现代化的基础，有步骤地促进农业和手工业的合作化，并进行对私营工商业的改造，这样才能使国民经济中社会主义经济成分稳步增长，在发展生产的基础上逐步提高人民的物质文化生活水平。为此，就需要有计划地大量

---

　　* 1953 年 9 月 10 日至 23 日，高等教育部在北京召开了全国综合大学会议，时任南开大学副校长杨石先参加了此次会议，并在 10 月 8 日召开的全校教师大会上做报告，传达了综合大学会议的主要精神和内容，也详细地传达了高教部部长马叙伦关于综合大学方针任务的报告。本文是对杨石先报告报道的摘录。

地培养建设干部，认真学习苏联的先进经验，学习苏联的科学技术，来担负起这个艰巨的工作。综合大学也要服从这个总的方针总的路线，担负起培养干部的任务，将过去半封建半殖民地性质的、深受欧美资产阶级思想影响的、不能适应新中国建设的需要的旧式高等教育，逐步地彻底地转变为工人阶级思想领导的、完全适合于国家建设需要的新型的高等教育，以便有计划地培养具有马列主义世界观、忠实于祖国和人民事业、掌握先进科学和技术的各种专门人才。这就要我们从事高等教育工作的全体干部和教师们掌握马列主义和毛泽东思想的武器，进行自我改造，努力学习，开展思想上学术上的批评与自我批评，不断提高政治水平和业务水平，树立集体主义精神和全局观点，养成理论与实践相结合的作风。毛主席曾经说过："思想改造，首先是各种知识分子的思想改造，是我国在各方面彻底实现民主改革和逐步实行国家工业化的重要条件之一。"特别是综合大学，它是侧重于自然科学社会科学方面的较博、较深、较专的理论教育的，是培养将来能从事科学研究的人才和高级教师，并可能在社会主义实践过程中能起一定指导和教育作用的人才的，所以就要求我们教师有更高的政治思想水平与科学理论水平。

高等教育在国家总路线中的地位是为国家培养合格干部的重要一环，即首先以马克思列宁主义关于自然和社会发展规律的科学，作为高等学校所必须具备的基础。其次，适应国家经济建设计划所要求的不同部门的不同建设人才，在广博的基础知识之上，进行不同类型的专业教育，使其理论与实际相结合，全面发展与专业训练相结合，以培养出对各种建设事业能胜任的专家，这就是新型高等教育为培养德才兼备的人才所应遵循的道路，也是综合大学的基本方针。但综合大学在高等学校中，又有其特定的地位，因而在一般方针之下，更有其特定的任务，与其他专科性质的高等学校有所区别。其他专科性高等学校的任务主要是培养技术科学方面从事实际工作的专门人才，综合大学的任务则主要是培养理论或基础科学方面的从事研究工作或教学工作的专门人才，是为各经济和文化部门输送研究和教学干部的，更具体地说，就是培养科学研究工作者和高等学校的师资以及中等学校的师资。至于培养目标所提的就是人才的规格。什么是综合大学的培养目标呢？应该肯定基于方针任务而培养合乎一定规格的科学研究人才或师资是其目标，而以培养合乎一定规格的科学研究人才为主要目标。为此培养目标，综合大学就需要使学生具有较高深的理论水平与较广阔的科学知识，以能通晓一般自然科学或社会科学的各种基本规律，使其具有良好的基础，再逐步进行专业训练，逐渐养成能独立地创造性地进行研究工作，并善于在马克思列宁主义方法论的基础上解决自己专业方面的某些理论和实际的问题。但这不是说刚毕业的学生就能做到，而须经过相当时期的锻炼，逐步提高才能做到。综合大学所教育的程度比较深，而范围也比较宽，学生毕业后的用途也就比较广，因此培养目标并不因学生就业不同而有所影响。理科为工、农、医各科的基础，并指导它们不断地前进，如现代物理学之对于现代工业，米丘林学说之对于现代农业，巴甫洛夫生理学之对于现代医学所起的作用，就是最显著的例子。至于辩证唯物主义与历史唯物主义，则是推动一切科学前进并指导无产阶级在革命事业和社会主义建设事业中取得胜利的思想武器。不断提高指导实践的理论教育是综合大学的一个特点。

综合大学的第二个特点，即综合大学主要是一个教学机构，但同时也是一个研究机构。教学与研究工作是互相为用、相互提高的，是相互结合而不是相互矛盾的，教学研究室就是结合教学工作和研究工作的基本组织。综合大学更必须与各种科学研究机构及有关业务部门取得密切配合，才能更好地结合实际需要与发挥教学效能。从以上所述看来，综合大学应该是各种专科性高等学校和各种科学研究机构的基础，其培养出的研究干部的质量如何，科学理论水平的能否提高，研究机构和高等教育事业的能否发展，都与综合大学办得好有密切关系。因此，综合大学是国家文化科学发展的一个重要标志，认为综合大学无关重要的看法是不对的，但认为综合大学比其他高等学校的地位更高、作用更重要也是不妥当的，它们相互间只能说是分工和任务有所不同。

我们如何贯彻执行上述教育方针任务和培养目标呢？我们要首先认清我们的困难，主要是我们主观条件与国家建设需要不相适应，这也就是矛盾。克服困难，解决矛盾，应该是贯彻方针任务和培养目标的基本精神。我们既要"学习苏联先进经验与中国实际情况相结合"，又要把客观需要与主观可能相结合，而以客观需要为主导的一面。依此，有计划、有步骤、有重点、实事求是、稳步前进地来进行教学改革工作。

根据上述方针任务和培养目标以及一年来工作的基本总结，马部长就五个重要问题提出意见。

第一，关于院系调整的问题。综合大学还附有性质不同的应该分立或调出的院系，要从双方都能办好，至少要加强重点发展的一头为调整的基本原则。凡因实际需要而又有条件分出的，明年可考虑调整。有的虽实际需要，但某些重要条件尚不具备（如基建、师资、设备等）的暂缓，有的需要不急、条件不具备的，现在暂缓考虑。不管今后是否调整其领导关系，应确定为综合大学教学单位之一。

第二，关于专业调整和设置问题。需要与可能相结合，而以需要为主导的一面也是各专业调整和设置的基本原则。办好现有专业，在现有专业的基础上准备设置新专业。

第三，关于教学计划的问题。制订教学计划有两个原则：一是按照实际需要与培养总目标以及学校与专业的不同条件，更具体地规定该专业的毕业生将有何种程度的能力，并能做何种工作；二是如何使较广博的基础知识和专门的科学相结合，理论与实际相结合，研究、教学与生产相结合的问题。

第四，关于师资培养问题。我们认为解决师资问题主要办法有三个：一是有计划、有重点地发动专家讲学，带研究生和助教，组织各校互相帮助，经常开教学研究会交流经验。二是加强思想领导，有计划、有系统地帮助教师思想改造。三是加强教研组，以教研组为培养师资与进行教学研究的中心。

第五，关于科学研究问题。为了配合国家有计划的经济建设，为了更好地学习苏联先进科学和先进教育，为了提高教学水平，科学研究工作是有必要的。科学研究工作必须结合教学，结合生产，结合政治，要有明确的目的性与计划性，要有集体主义的精神，要实事求是地去进行，反对为研究而研究，反对把研究工作与教学工作和建设工作对立起来的看法；或者把它看得过高过难，因而过分强调困难和条件，以致踌躇不前，都不妥当。我们应根据苏联经验，逐步走向以教研组为科学研究和教学工作的基本组织。再一个重要的就是应取得科学院和其他有关机构以及有关业务部门的帮助和合作，这样大学的研究工作才能更好地开展。

（原载于《人民南开》新第 27 期，1953 年 10 月 17 日）

# 大学教师应如何学习总路线[*]

我校总路线的学习，经过最近几次大报告及若干次小组讨论以后，已大张旗鼓地展开了。大家特别是教师们，已充分领会到它的重要性并且端正了自己的学习态度，认识到此次学习不只是为了了解国家的政策，来更好地配合其他部门的工作，而是与我们每一个人、每一件事都有直接关系的；认识到不仅要了解、拥护与遵循，而且要掌握、贯彻，使自己不犯或少犯错误。这是因为大学教师是国家重要干部，它所训练出来的人才直接参加国家的建设，自己思想上、工作上微小的缺点就可能造成人民重大的损失。所以，此次学习对大学教师的要求是十分严格的，必须先把理论搞通搞透，必须进一步联系实际，才能使自己今后在思想改造中有更大的提高，逐步建立社会主义的思想体系，在日常工作中减少偏差，在国家社会主义改造的过程中起着先锋与模范的作用。

为了搞通搞透，我们不仅要熟悉它的具体内容，而且要体会它的精神实质。所以必须学习马克思、恩格斯、列宁、斯大林的学说，苏联人民如何将其体现的，毛主席如何将其与中国实际相结合的。所以马克思、恩格斯、列宁、斯大林、毛泽东的经典著作，联共党史、中国革命史等都必须彻底钻研，深入学习，加以讨论分析，才能真正认识到它是一个颠扑不破的真理。

有了这样透辟的认识再进而联系到实践。一方面来检查改进自己的思想，另一方面贯彻到行动与工作中去，才有坚强和持久的动力。

我们高等学校的教师，自前年以来，响应了毛主席的知识分子思想改造运动的号召，有了十分显著的成绩，这是有目共睹的事实。但是许多人受旧社会的影响很深，而思想改造究竟是一个艰巨的工作，不是仅仅一个运动所能彻底完成的，主要仍靠在觉悟的基础上，经常继续学习与不断地努力才能逐渐提高。不少的人，日子一久就松懈下来，所以资产阶级自私自利为个人打算的思想，小资产阶级的自由主义、本位主义、平均主义、分散主义等思想还是多多少少

---

[*] 本文是杨石先在民进南大基层支部"国家总路线"讨论会上的发言。

在大学教师中存在的（表现在非常计较待遇，个人的和小团体的利益总是放在最前面，对工作不够负责，专门与人家相比，尤其是拣最差的来比等等），都是与社会主义思想不能相容的。这样不但影响了学校的教学，而且更严重地影响了学生的品质。所以在这次学习当中，我们必须再做更大的努力，展开批评与自我批评，将这些不好的非无产阶级的残余一一从根掘起，加以肃清，保证社会主义战胜资本主义，亦就是使我们在思想上增加社会主义的成分，与其他人民一道进行社会主义的改造，以便在新的环境条件下达到更高思想水平的要求。

其次在工作当中许多同志都了解党和政府的文教政策与高等学校发展的路线的。但如果不从总路线的角度来反复研究商讨，亦还会犯"左倾"或右倾的错误的。例如在前些日子讨论的专业问题、专门化问题及进行科学研究问题上，如果我们立时要求过高，要与苏联大学一样，一意追求形式，实际上做不到，显然犯了小资产阶级的急性病，那就是"左倾"了。相反地，如果以为我们目前毫无可能，等几年再说吧，不去积极准备创造条件，不去利用现有的基础来充分发挥应起的与能起的作用，而只是消极等待，那就是右倾了。这种"左倾"右倾都为教学与研究工作带来了不少的损失，亦就是犯错误，因为它们直接间接影响我们国家的社会主义改造。我们又知道文教是上层建筑，是为基础服务的，如果我们只看到了上层而忽略了基础，那是把本末倒置了，错误更大。

最后，我们高级知识分子还有一项任务，就是帮助别人学习与改造，亦唯有在搞通搞透的条件下宣传解释总路线的时候才能具有最大的说服力量。

（原载于《人民南开》新第 38 期，1954 年 1 月 9 日）

# 与优秀运动员、体育教师、各级军体干部座谈*

首先祝贺我校春季体育运动大会的胜利结束。大会成绩的获得，是由于全体体育教师和军体干部辛勤劳动的结果，并且是和全体运动员的长期刻苦的锻炼分不开的。

青年人必须从思想上重视体育运动，经常锻炼身体，到年老的时候，才有充沛的精力给祖国做更多的工作。

新中国的运动员必须是祖国的积极建设者和有力的保卫者，因而必须是努力贯彻毛主席"三好"指示的全面发展的优秀学生。

全体体育教师要努力学习苏联先进经验，加强对课外体育锻炼的领导，全体军体干部都要更加努力工作，运动员要进一步培养新的体育道德，培养自己成为全面发展的人才，并带动全体同学，积极参加体育锻炼，争取明年得到更大的成绩。

（原载于《人民南开》新第 50 期，1954 年 5 月 24 日）

---

\* 1954 年 5 月 17 日，杨石先接见了南开大学春季体育运动大会的优秀运动员、全体体育教师和各级军体干部，并举行了座谈会。本文是对杨石先讲话报道的摘录。题目为编者所拟。

# 在 1954 学年开学典礼上的工作报告<sup>*</sup>

1953～1954 学年，我校根据全国综合大学会议确定的综合大学的方针、任务、培养目标，并在过去一年教学改革的基础上，制定了全校总的工作计划。第一学期提出："团结全体教师，继续深入学习苏联先进教学经验，巩固现有专业，进一步提高教学质量，大力培养师资，加强各级教学领导，为今后工作开展创造条件。"第二学期又结合新的情况提出"掌握计划，加强纪律，培养师资，提高质量"四项任务。为实现以上各阶段的中心任务，一年来曾采取了若干较重要的措施，主要为：传达并贯彻综合大学会议精神，学习总路线；开展精简节约运动，进行组织性纪律性教育；调整和健全组织机构；加强工作计划化；体会并掌握教学计划；编订或修订教学大纲，培养师资；推动科学研究工作；调整财经专业等。在进行以上各项工作中，我们抓紧政治思想领导和进一步贯彻党的知识分子政策，因而取得了一定的成绩，但也尚存在若干较重大的缺点和问题。

**我们的成绩主要有下列几方面：**

（1）教学质量有所提高。首先表现在教学目的性上，进一步明确树立了按教学计划进行教学的整体观念，基本上克服了过去盲目地、各自为政地进行教学的现象。

表现在教材建设上，目前全校 140 门课程中全部或部分采用苏联教材者共 64 门，占全部课程的 45%（其中理科达 70%），采用苏联或部颁教学大纲者共 32 门，文、史科系则组织教师编制大纲，编写讲义，全年编印讲义共 300 万字。在运用苏联教材中，有的教师初步掌握了辩证唯物主义的观点，此外，不少课程在运用苏联教材时还结合了中国的实际和学生的实际，补充了有关祖国建设

---

* 杨石先在 1954 年 9 月 11 日举行的开学典礼上报告了学校上年度基本工作总结，并提出了今后工作的意见。本文是对杨石先工作报告报道的摘录。题目为编者所拟。

情况、科学发展情况及中央有关的方针、政策的材料。

教学质量的提高还表现在教学方法的改进与提高上。如：中国古典文学教研组一直坚持备课、试讲、听课、评议的办法；体育教研组实行了分组教学、四部教学的先进经验；数学系改进了习题课并总结了讲授、自学、作业三者的联系配合等经验。实验课的质量有很大的提高，不少专业，如植物专业的教学实习，俄文专业的教学实习，政治经济专业的资本论专题作业等，均总结了不少经验，取得了一定成绩，生产实习工作，本学年也有很大提高，不少单位均研究了实习的要求、内容、方法，编制实习大纲、计划，加强了实习的目的性、计划性，为今后生产实习工作取得了良好经验。

此外，及时地进行教学检查，解决教学中的问题，也使教学质量有所提高。

一年来，由于教学质量的提高，学生的学业成绩也逐渐好转。

（2）进一步提高了教师的业务水平。经过一年教学改革的实践，又通过总路线学习，教师的业务水平都有所提高。一般地说，文科教师通过政治学习，对解决教学中之立场、观点、方法等方面也有不少收获。如经济系学习政治经济学，中文系学习马列主义文艺理论，历史系学习有关历史的马列主义经典著作等，其中经济系采取正规的学习方法，取得显著的成绩。此外，部分领导生产实习的教师，通过生产实习检验和丰富了课程内容，提高了教师的业务水平，为科学研究工作提供了条件。

关于培养师资（主要指助教），经过上学年一系列的工作，本学年已转向经常化。目前本校 118 位助教，经过培养已开课者 27 人，教学质量一般反映尚好。初步准备明年开课者 15 人，在校外进修者 17 人。

（3）教研组和系一级的工作有所改进。我校现有教研组 25 个，直属系的教学小组 5 个，99%以上的教师参加了教学组织。本学年，各教研组在进一步贯彻工作计划方面一般地均有较显著的成绩，绝大多数教研组较详尽、具体地制订了教研组的各项工作计划，在计划中明确工作项目、要求、完成期限以及负责人等。使教研组的工作能较主动、有计划、有步骤地进行，克服了忙乱及无人负责的现象，工作有了预见，领导心中有数，并发挥了潜力，使较多的临时任务能够得到顺利完成，保证了质量。有的教研组在讨论讲稿、修订教学大纲时，能够开展批评与自我批评，初步做到学术思想见面；有的教研组能坚持集体备课、试讲、听课、集体写讲稿，发挥了集体作用；有的教研组新老教师团结很好，互助互爱，合作无间，培养师资工作获得较大成绩。在系的工作方面，各系初步明确了系干部的职责、分工，建立专责制，使系主任在不同程度上，能摆脱系的行政事务工作，而能经常地主动地进行教学工作的领导，初步发挥了系一级教学行政机构的作用。

（4）学生工作也有所加强。

我校的教学工作和其他工作是有一定成绩的，但由于我们对教学改革的思想领导不够，特别是第一学期在批判了急躁冒进思想之后，有些教师和行政领导干部或多或少地存在着保守思想，表现出多迁就目前条件，积极创造条件的精神不足。

## 一年来工作中主要缺点为：

（1）教学质量还没有达到应有的高度，主要表现为：

第一，一些课程的科学性、思想性不强，教材质量不高，内容偏轻偏重。主要原因为教师的马列主义水平一般地较低，有些教师（尤其是新助教）业务基础较差，知识领域狭窄，对教材掌握不熟练，领会不深刻（有些课程尚缺乏大纲和教材）。

第二，学习苏联中存在着形式主义，部分教师对全面学习苏联理解不足，注意形式多，注意实质少，注意方法多，注意内容少，对苏联先进专业科学及教学经验学习不系统、不深入。有些教师对学习苏联尚存在保守主义、客观主义思想。

第三，教学中的主观主义。部分教师对教学原则重视不够，缺乏从学生实际出发的精神，了解学生情况不够，对教学中存在的缺点认识不足，改进不多，有些尚存在较严重的管教不管学的作风，个别教师教学态度、思想作风不够端正。

（2）科学研究工作未能积极开展，基本原因是由于我们对在综合大学中开展科学研究的重要性认识不够，存在着一定程度的保守思想，缺乏从实际出发坚持贯彻稳步前进的精神，放松了领导。故有些教师虽也开展了科学研究工作并取得一定成绩，但对之缺乏帮助、检查，就总的情况来看，科学研究工作是无领导、无计划、自流的。第二学期，经过一系列的工作，制订了下学年研究计划纲要，情况已开始扭转。

（3）教学的思想领导、组织领导不强。首先，教学领导方面对中央文教政策钻研不够，对教学改革工作方针体会不足，对工作主客观条件估计分析不够，工作或保守，或偏高偏急，对教学工作的规律不够熟悉，抓住了中心工作，放松了经常教学工作的领导。其次，各级领导深入教研组帮助教师解决教学中的问题做得不够，对工作情况了解不深入，亦未及时检查、总结、培养典型、带动一般，未能做到彻底深入教学，面向教学。而不少教研组内部批评与自我批评开展不够，缺乏学术上的自由争辩，成员的业务思想尚不能坦白相见，集体作用与潜在力量尚未充分发挥。

（4）政治思想教育工作还很薄弱，未能经常地紧密结合教学进行，亦未及时地、集中地对群众中带有倾向性的问题，发动群众，进行教育，对群众中的优良先进事例亦缺乏表扬鼓励，全校中批评与实事求是、坚持原则的精神还很差。政治工作制度不够健全，职掌、分工未尽明确。

### 最后，对我校今后工作提出四点意见：

（1）深入教学改革，全面地系统地学习苏联先进科学与教学经验，反对保守思想并防止急躁冒进情绪。教学改革的中心是教学内容的改革，相应地改进教学方法。贯彻实行教学计划，制订或修订教学大纲，编译或交流教材，大力提高现有师资的业务水平，加强教学内容的目的性、科学性、思想性，注意培养学生的独立思考能力，经常检查教学效果。对已取得经验的教学方法，应即加以总结、推广；对不熟悉的教学方法应积极准备条件重点实行。在进行上述工作中，必须进一步贯彻党的知识分子政策，团结全体教师，为深入教学改革而共同努力！

（2）开展科学研究工作，端正对科学研究的认识，克服因袭观念、保守思想，加强对科学研究工作的领导。首先要大力组织有条件的教师结合教学进行科学研究工作，其次要进行补课或采取其他办法，创造条件，使所有条件不具备的教师均能逐步从事科学研究工作。设置专管的科学研究机构，加强计划性，积极与科学研究机构或生产部门建立联系，举办多样性的科学讨论会或报告会，出版不定期的学术性刊物。只有科学研究展开了，教师业务水平提高了，教学质量的提高，才能获得巩固的基础。

（3）加强政治思想教育，首先是办好教师的马列主义夜大学，和加强学生的政治理论课程的讲授质量。通过系统的理论学习，逐步树立唯物主义的世界观和共产主义的人生观。其次是要有计划地进行时事政策教育（包括总路线、精简节约等），启发并提高社会主义的觉悟。再其次是要加强新的道德品质即社会主义道德教育。首先要求师生员工端正劳动态度和学习态度，发挥积极性、创造性，互助互爱，亲密团结，共同为办好学校、完成国家所赋予的培养高级建设人才的任务而奋斗。同时要结合师生员工的思想倾向，进行实际的思想教育，表扬好人好事，批评坏人坏事。号召全校重视政治思想工作，贯彻业务工作与思想政治教育相结合的方针。

（4）健全工作制度，关键是加强领导，明确分工职掌，建立层层负责制，和进一步加强工作的计划性。同时要改进工作作风，加强集体领导，发扬民主，开展批评与自我批评，反对官僚主义、主观主义和分散主义。各级领导必须认真学习中央有关文教工作的方针政策，和苏联教育的先进经验，继续贯彻"面向教学""一切为了教学"的精神，深入基层，及时了解情况，帮助解决问题，并及时总结、推广先进经验，使一切工作在不同程度上均能有所提高。合理使用人力、物力、财力，发掘潜在力量，为进一步搞好教学和开展科学研究工作，创造必要和可能的条件。改进并加强系一级工作，使系逐步做到真正成为教学行政的一级。

（原载于《人民南开》新第 57 期，1954 年 9 月 16 日）

# 切实推进科学研究工作的开展

## ——在南开大学科学研究委员会第一次会议上的讲话<sup>*</sup>

科学研究委员会的成立是为了协助校长从政策、方针上领导科学研究工作。科学研究委员会是一个审议机构，它的任务将是：一、讨论全校科学研究的方针，通过全校科学研究总计划及学年工作总结；二、对有关执行科学研究计划中之重大问题提出意见；三、讨论决定学报编辑委员会之编辑方针与编辑计划；四、最后审查、通过全校性科学讨论会及学术报告会的科学报告；五、对其他有关科学研究工作之重大事项提出意见。科学研究委员会在目前阶段可能还要担负一些在性质上比较具体的工作，如学术刊物的筹备和编辑工作等等。

根据各教研组所提出的科学研究项目来看，我校目前的科学研究工作是结合了教学，结合了生产，并且是从实际出发的，大多数专题论文都是为了准备专门化课程或是为了解决目前教学中的某些困难部分，在确定科学研究任务时是估计了教学任务、教师的水平及完成的可能性的。但我校科学研究工作的开展是不平衡的。有的教研组由于领导重视、亲自带头，对组内教师能进行具体指导并经常督促，因此，他们的工作就开展得快一些、好一些。有的则由于把研究工作看得太高，过多地强调了困难的一面，有的由于在确定科学研究题目时比较草率，没有经过仔细考虑，这样就在一定程度上阻碍或推迟了科学研究的开展。

针对以上情况，在今后的工作中应注意以下几个方面：

首先，各系、各教研组要加强思想领导和具体领导，督促检查教师执行计划，提高研究质量，及时解决存在的问题。各系、教研组并且应该及时总

---

* 南开大学科学研究委员会第一次会议于 1954 年 11 月 20 日召开，杨石先在会上发言，对成立科学研究委员会的意义做了详细说明，并对目前学校科学研究工作开展的情况做了比较详细的分析，指出了今后工作的方向。本文是对杨石先报告报道的摘录。题目为编者所拟。

结经验，教务处并应选择重点系或教研组深入了解、创造经验。

第二，我们不应在科学研究上过分地强调困难，我们应看到各方面的有利条件。我们目前的有利条件很多，如教学改革已经进入了第三个年头，基础课及普通专业课已经大体掌握。教科书已翻译出不少，交流讲义也逐渐增加等。此外，我们的科学研究是结合教学来推进的，这就更增加了开展科学研究的可能性。至于一些条件如图书、资料、设备等问题，是可以在工作开展过程中逐步解决的。

第三，应举办科学讨论会或报告会，出版学术刊物以推动科学研究工作。通过报告会可以检查工作成果，肯定成绩，指出缺点，总结经验。各系、教研组可以经常召开小型报告会，开展有关学术问题的讨论，进行批评和自我批评。

我校老教师中很多是有从事研究工作的经验的，其他也大都是有能力从事研究的，这是我们宝贵的资本。但是根据国家的需要，我们还要注意大力培养新生的科学力量。科学研究主要应依靠教师自己的努力，但只有通过集体的组织的力量才能保证科学研究质量。希望各系今后能加强与校外研究部门或生产单位的联系，多多争取参观、实习等机会，使能从生产及建设实际中多了解实际，以提高我们科学研究工作的水平。

（原载于《人民南开》新第 37 期，1954 年 11 月 27 日）

# 在南开大学首届科学讨论会开幕式上的致辞\*

经过一个多月的筹备，我校第一次科学讨论会今天开幕了。

中央高等教育部曾昭抡副部长和天津市人民委员会的领导同志，在百忙中抽出时间出席指导我们的讨论会，说明党和政府对文化科学事业的无限关怀，谨向他们表示热烈的欢迎与感谢。

苏联专家诺沃德拉诺夫顾问也从北京赶来，出席指导我们的讨论会，并为我们的讨论准备了报告。我们相信，在专家指导下我们的科学研究工作将日益开展，我们向他表示热烈欢迎和感谢。

今天出席我们讨论会的还有中国科学院的同志，各兄弟学校的负责同志和教师们，政府机关、厂矿企业及文化科学团体的同志们，他们将会对我们的讨论会提供很多宝贵的意见，以丰富讨论会的内容。我们表示热烈的欢迎与感谢。

解放六年以来，在中国共产党、中央人民政府领导之下，在苏联专家们亲切指导和帮助之下，我们的高等教育事业有了巨大的发展。1953 年我国开始了第一个五年计划，这是实现我国过渡时期总路线的重要步骤。南开大学也在总路线光辉照耀之下进入了一个新的历史阶段。以学习苏联为主要内容的教学改革已进行三年了，随着教学改革的日益深入，国家赋予高等学校的任务日益增多。为了满足国家经济建设的需要和教学质量不断提高的要求，科学研究工作在高等学校的重要性也日益明显和突出了。高等学校的任务在于培养"具有马列主义世界观、全心全意忠实于祖国和人民事业、掌握先进科学和技术的专门人才"。综合大学则以培养研究人才为主要目标，一年以来，我们在科学研究为国家社会主义建设服务的总的目标下，在"紧紧结合教学，结合国家建设与人民生活需要"的方针指导下，努力地开展了科学研究工作，逐步地纳入有计划、有组织、有领导的轨道，一年以来，有了普遍的开展。本年度教师参加科学研

---

\* 新中国成立后，南开大学于 1955 年 5 月 29 日至 6 月 1 日举行了第一次科学讨论会。本文是杨石先在科学讨论会开幕式上的致辞。

究工作的占在职教师的 58.9%。这次科学讨论会乃是初步检阅一年来科学研究的成绩，找出经验与教训，推动科学研究进一步开展的措施。

这次科学讨论会共提出科学论文 47 篇，计理科 21 篇，文科 12 篇，经济系 10 篇，公共教研组 4 篇。其中 8 篇是批判胡适派资产阶级唯心主义观点的。这次会期是由 5 月 29 日至 6 月 1 日，共举行全会三次，同时按论文科学性质的不同，组织 9 个分组会进行讨论。参加教师 53 人，其中不只有多年从事科学研究工作的老教师，也有讲师，及才开始进行试做研究工作的助教。这将对启发鼓舞年轻教师开展科学研究工作起着很大作用。

我校的科学研究工作尚在初步展开的阶段。从这次提出的论文来看，也反映了我校科学研究工作"从无到有，从小到大，由低到高"的过程。因此，对论文的标准和要求是不同的。但这些论文在短时期内完成，说明了我校教师是付出很大努力，代表很多教师刻苦钻研和积极劳动的成果。但论文的质量是不平衡的，不少论文是短时间内赶出来的，有些还只是尝试性的习作，这也正是我校科学研究工作在前进过程中不可避免的现象。

我校科学讨论会的召开正当在全国范围内热烈地展开宣传辩证唯物主义、批判资产阶级唯心主义思想的斗争，是更有它重要意义的。学术上的自由讨论和批评是推动科学和文化开展的重要条件之一，是批判并消除学术研究中的资产阶级唯心主义思想、宣传马克思列宁主义唯物主义思想的有效方法，也是在科学研究中发挥集体主义的重要方式。在过渡时期，思想建设工作是社会主义建设很重要的一面。在学术领域中对资产阶级唯心主义思想如果不给予严格的批判和清除，我国的经济建设、科学和文化的发展就会受到严重的阻碍。同时，科学工作是集体的事业，必须把个人独立钻研与群众的集体智慧很好地结合起来。其方法就是集体研究和讨论，培养健康的科学空气。因此，希望到会的来宾及我校全体教师不客气地、认真地展开自由争论，提出批评，使论文的质量能获得提高。同时，通过学术上的讨论和争论，使我们成为科学战线上亲密的战友，共同为着完成国家社会主义的建设而努力。

今天蒙各位首长、苏联专家、各位来宾在百忙中踊跃地参加与指导，对我校的科学研究工作将起很大的鼓舞作用。特别是苏联专家诺沃德拉诺夫莅会并给我们做报告，让我再一次表示热烈欢迎与感谢，并希望给我们提出宝贵的意见，以进一步提高与改进我们的科学研究工作。

（原载于《人民南开》新第 92 期，1955 年 6 月 4 日）

# 在 1961 年开学典礼上的动员报告*

我校本学年的中心任务是：继续深入贯彻"调整、巩固、充实、提高"方针，大力提高教育质量。为了胜利完成我校本学年的中心任务，本学期我们应当做好以下五方面的工作：

## 第一，大力提高教学质量。

以教学为中心，不断地提高教学质量是我们学校的基本任务。为了继续深入贯彻执行"八字方针"，本学期必须紧紧抓住提高质量这个中心环节，认真做好以下几方面工作：

1. 根据"八字方针"，现阶段教学各方面工作应力求稳定。

各系教学方案按照部定方案修订后，一般不做重大的调整。专业重点发展方向、专门组设置、教材以及教师教学任务、培养方向都要稳定，不要轻易变动。一切有关教学、科学研究、培养师资等工作的重要措施都要经过调查研究、充分酝酿和一定的批准手续再去试行。这样做是因为在大发展、大变革之后，必须有一个较长的稳定时期来着重提高的工作，以便更好地总结经验，更好地巩固、提高取得的成绩，并且在着重提高的阶段中，积累新的经验，为新的发展阶段做好准备。

2. 贯彻执行一主、二从、三结合的原则，妥善安排教学、科学研究、生产劳动、社会活动之间的关系，树立学校工作的新秩序。

教学是学校工作的中心，其他各项工作必须配合教学进行。为有利于教学质量的提高，根据党委和校委的决定，本学期周学时为 46 学时。这个时数必须得到保证，其他活动不得侵占。同时，这个时数又必须严格控制，不要使学生的负担过重。教学的数量与质量是辩证的统一，数量过多，并不能提高质量，

---

* 南开大学 1961 学年开学典礼于 9 月 23 日举行，杨石先在会上做了开学动员报告。本文是对杨石先报告报道的摘录。题目为编者所拟。

相反，却会造成消化不良，巩固不住，影响质量。因此，每个教师必须从学生的实际出发，按照各课程分配的时数，进行教学和布置作业，要使一般学生能够在规定时间内完成学习任务，不能贪多求快。这就要求教师要精选教材，安排好教学内容，讲求教学方法和教学效果，并且注意各课程之间在内容、作业及测验等方面的配合。如果遇有学生学习负担过重的情况，各有关系和教研组要及时解决。

关于生产劳动，本学期一般安排一至二周校内劳动，留有一周机动时间。在生产劳动中，要加强组织领导，做好思想教育工作，建立必要的考核制度。要注意劳动保护，体弱和有病的学生可以不参加生产劳动。女学生不参加重体力劳动，月经期间应停止体力劳动。学生劳动时不组织或参加劳动竞赛。

3. 大力加强基础课教学，同时积极充实提高专门组教学。

提高质量，首先必须打好基础，没有好的基础，很难进一步深造。因此，必须切实加强基础课的教学，使学生系统、广博、牢固地掌握重要的基础理论、基本知识和受到严格的基本技能的训练。各系应当派有经验的教师担任基础课的讲授，并且加强对实验、习题课等环节的领导。基础课的时间应当按照教学计划规定的时间进行，不得自行削减或互相调剂。基础课的教学内容应当根据专业培养目标的全面要求，把本门课程的基础理论和基础知识讲深讲透，不能过分强调结合专业和勉强联系当前实际。基础课应进行系统讲授，要注意重点突出，把重点和难点讲深讲透；但不要采取"重点讲授""专题讲授""启发报告"等方法。

基础实验课原则上应与讲授配合，要严格训练学生的基本实验操作技术，从仪器设备的使用和安装，基本实验方法和测量方法的掌握，实验现象的观察、记录与分析，数据的处理，图表的画法和安排，直至写出实验报告，都要有严格的要求。对屡次违犯操作规程的应停止其做实验。实验结果不对的，必须重做。

习题课的进行方法应当继续改进，要在总结过去经验的基础上，创造更有效的方法，提高学生的运算能力、逻辑推导与逻辑表达能力。教师要慎重选择习题，认真批改作业，及时解决学生的困难。

在基本工具课方面，要加强外国语教学，要保证必要的学时，打好外语学习中听、说、写、读的基础，系统地学好语法，不要过早地强调结合专业。学完外语课后要订出巩固的措施，继续提高阅读能力。要加强学生汉语写作能力、收集和处理资料能力的训练。文科一些专业还要加强学生阅读古文、进行调查工作、使用工具书等能力的训练。

在加强基础课教学的同时，也要积极充实、提高专门组教学。专门组的方向要明确、稳定。专门组课程要有一定的理论系统性和完整性，要反映国内外最新科学成就。专门组课可以采取专题报告和讨论的方法进行，但要加强指导，并引导学生多看一些专门著作和文献，开展学术报告和讨论，培养学生从事科学研究的能力。

提高教学质量，必须努力提高教学内容的水平。所有课程都要制定教学大纲和教学日历，要有选定或自编的教科书、讲义和教学参考书。少数新开课或专门组课至少要有详细的讲授提纲。已有推荐教材的基础课要采用推荐教材；但要防止照本宣科，增加学生负担，或随意增删，增加学习的困难。校系有关单位要抓紧教材工作，使各门课程都有质量较好的教材。

根据以上要求，各系应领导教研组对一门或几门主要课程订出提高质量的具体要求和措施，定期检查，学期终了时，做出总结。

4. 搞好师生关系，发挥教师在教学上的主导作用，加强对学生学习的指导，发挥学生在学习上的主动性、积极性。

教师进行的是传道、授业、解惑的工作，教师在教学中起着主导作用。因此，教师一定要认真备课，认真传授自己的知识和经验，负责地教育学生，严格地要求学生，善于启发学生的主动性、积极性，引导他们刻苦钻研，具体指导他们的学习，经常督促检查，并且帮助他们解决学习上的困难。教师对学生在教学上的意见和要求，要注意听取，以便改进教学工作，做到教学相长。对于青年学生富有革命热情和对新鲜事物比较敏感的特点，要加以爱护和发扬；对于学生因为知识和经验不足而产生的思想认识上的片面性，要采取热情关怀的态度，帮助他们克服。

学生一定要尊敬教师。学生尊敬教师就是尊敬教师的辛勤劳动，尊重人类科学文化知识的传播者。学生对于教师提出的学习上的要求，应当努力去完成。对于教师教学工作中的意见，应当采取实事求是、虚心诚恳的态度，通过适当的方式，向教师提出来。

尊师爱生、师生团结是搞好教学工作、提高教学质量的一个重要条件。我们应当经常加强这方面的教育，在全体教师和学生之间，很好地建立起新的师生关系。

在全部教学过程中，教师还要根据因材施教的原则，对不同的对象，提出不同的要求，以便既使大多数学生学好，又让优秀的学生得到充分发展的机会。对于成绩差的学生则要加强具体的帮助。对于一年级学生更要加强具体指导，指导他们如何制订学习计划，安排学习时间，记笔记，看参考书等，帮助他们尽快地掌握大学的学习方法，熟悉大学的学习生活。

5. 积极开展科学研究工作，提高学术水平。

高等学校以教学为主，科学研究要配合教学，但这并不是要忽视或取消科学研究。科学研究搞得好，有利于提高教学质量，提高学术水平。科学研究应结合教学积极开展。本学期，要在去年检查总结科学研究工作的基础上，根据国家当前和长远的需要以及我校的具体情况，结合教学，制定科学研究规划和年度或学期计划。规划要有重点，任务不要过重，战线不要过长。在方向上，要固定。在选题上，文科应当兼顾理论、历史、现状三个方面；理科应当兼顾基础理论、国民经济中的重大问题、新科学技术三个方面，理论的研究应放在重要地位。规划要力求把国家的需要同教师本人的专长结合起来。应当支持教师根据本人的专长、志趣和学术见解自由选题，进行研究。

教师应当在保证完成教学任务的前提下，积极参加科学研究。在科学研究中要注意发挥有经验教师的作用。对一些在学术上造诣较深的教授或有突出成绩的青年教师应当积极为他们创造条件。

高年级学生参加科学研究应当在教师的指导下，按照教学计划规定的时间，结合毕业论文、学年论文等方式来进行。低年级学生应当集中精力学好基础课，不要规定科学研究任务。

为了总结科学研究的经验，检阅科学研究的成绩，活跃学术空气，学校计划召开一次科学讨论会，以各系举行小型、分散的讨论会为主，时间可以稍长一些，以便于安排。

6. 大力培养提高师资。

建立一支强大的又红又专的师资队伍，是提高教学质量的关键，是一项重大的战略性任务。本学期，必须迅速地制订出新的培养提高师资的规划，必须全面地妥善安排，既加强对青年教师的培养，也加强对老教师的提高，把这两方面的一切积极因素都调动起来。订规划要实现党委、校委已经提出的"四定"，即"定方向、定规格、定任务、定期限"。特别是对青年教师一定要要求他们根据规划，订出个人进修计划，并且指定有经验的教师负责指导，定期检查，建立考核制度。新毕业和提前毕业的青年教师应当注意加深、加固自己的业务理论基础，必要时可以适当减少一些他们的教学任务和社会工作。对那些有特殊才能的、做出较大成绩的讲师和助教，采取重点培养的方法，为他们创造条件，帮助他们迅速成长。对于老教师，应当根据他们的专长，妥善安排他们的教学、科学研究、培养研究生、指导青年教师等任务，并且帮助他们继续提高。对于有突出成就的老教师，在安排他们的工作的时候，要充分发挥他们的专长，配备优秀的助手和学生，尽可能为他们创造各种条件，帮助他们继续做出工作成绩。为了搞好培养提高师资工作，在规划制订之后，学期中要对教师的安排、使用、培养、提高的情况进行一次检查。

必须切实保证教师的业务工作时间，坚决地、严格地执行中央关于保证知识分子至少有六分之五的工作日（即每周40小时）用在业务工作上的决定。过去这方面的问题是较多的，我们必须下最大的决心来认真解决，否则关于提高教学质量、培养师资等许多措施，都将成为空谈。我们已责成有关部门迅速制定具体办法，认真执行。

为了加速师资的培养提高，必须加强新老教师之间的团结。青年教师要虚心地向老教师学习，接受老教师的指导，帮助老教师做好工作；老教师要把自己的学术专长和教学经验传授给青年教师，要热情关怀、严格要求、具体指导青年教师。大家要在为社会主义教育事业服务的共同目标下，团结合作，取长补短，共同提高。

7. 加强培养研究生工作。

培养研究生是培养有较高水平的科学研究人才和高等学校师资的根本途径。培养研究生必须选拔优秀人才，严格保证质量，宁缺毋滥。对研究生的学习要有更高的要求，成绩考核要更加严格。要制定研究生的教学计划，要有导师负责指导。过去我们对培养研究生工作有放任自流的现象，学校和各系都要根据教育部的有关规定，切实加强培养。在学期中，要全面地检查一次研究生工作，总结经验，改进工作。

### 第二，加强思想政治工作。

思想政治工作是完成本学期主要工作任务的重大保证。思想政治工作做好了，其他工作就可以更加目标明确，思想行动一致地去完成。

本学期，首先要加强政治理论学习，加强政治理论课。政治理论课教学必须紧密结合学生的思想情况，引导他们用马克思列宁主义的立场、观点、方法去观察思考、研究学问和处理工作。要坚持理论和实际的正确结合，并着重帮助学生理解经典著作和教科书。要提倡在尊重原书的基础上开展自由讨论，注意对问题做全面分析，避免片面性和绝对化，培养实事求是的科学态度。至于管理干部，本学期仍必须继续加强政策学习。

其次，要加强形势任务与政策教育。坚持举行报告的制度，通过报告及时向师生职工进行国家形势、党的方针政策的教育，引导师生职工正确认识形势，帮助他们了解党的方针政策。

再次，要加强经常的思想政治工作，通过解决生活中的种种问题，着重抓活的思想。要深入了解群众的思想动向和问题，把思想工作做得更及时、更深入细致，讲求工作方法和工作效果，做到有的放矢，解决问题。

总之，要使理论教育、形势任务与政策教育、思想政治工作紧密配合起来，要把批评、表扬、学习、报告、讨论、参观、访问、调查、一般号召与个别工作方式结合起来，提高思想政治工作的质量。

思想政治工作必须遵循毛主席关于两类矛盾的学说，严格区分敌我矛盾和人民内部矛盾。

对于人民内部矛盾又必须区别各种不同性质的矛盾。凡是人民内部的问题都必须根据"团结—批评—教育"的原则，采取民主的、和风细雨的方法、自我教育的方法去解决，绝不能采取简单粗暴、强制压服的解决方法。防止混淆敌我矛盾和人民内部矛盾以及政治问题、学术问题、实际生活问题的界限。

在学术工作上，必须坚决贯彻执行"双百方针"。

"双百方针"是党在学术文化工作中的一条根本方针。在学校中正确贯彻执行这条方针，不仅有利于提高教学质量，提高学术水平，而且有利于团结教育知识分子，培养新生力量。学术上的是非不得用行政命令的方法或少数服从多数的方法去解决，而要通过自由探讨、自由辩论去解决。在学术问题上要允许批评，也要允许反批评及保留意见。要正确地划分政治问题、思想问题、学术问题和具体工作问题的界限。对于学术问题和具体工作问题中的不同意见，不要随便当作思想问题来批判，更不要把问题引申为政治问题来斗争。对于自然科学中的学术争论，更要慎重对待，不要轻率地贴上阶级标签，不要将争论轻率地提高到哲学的高度。最近，我们学校的学术争鸣已经逐步活跃起来，我们必须根据双百方针，进一步将学术讨论引上更加健康发展的道路。各系应当有计划地开展一些学术讨论，有条件的系还可以开设学术评论课程，锻炼学生的识别能力。

思想政治工作中还必须正确处理红与专、政治与业务的关系。

我们提倡的是红与专的统一。必须提出：红首要的是指人们的政治立场。对于高等学校的师生，要求是拥护共产党的领导，拥护社会主义，愿意用自己学习的知识为社会主义服务。在这个基础上，再进行世界观的改造，这是一个长期的、逐步实现的自我改造的过程。应当耐心地做工作，不能操之过急，对于不同的人，更不能一律要求。高等学校师生的红，不仅应当表现在思想政治方面，而且应当表现在他们的教学、科学研究和学习中。考察师生职工的政治觉悟，必须看到他们钻研业务工作，为社会主义服务的积极性。我们所要培养的是又红又专的各行各业的专门人才，对于师生钻研业务的积极性，学习的积极性，是必须保护、必须鼓励的。如果一个人政治上是白的，就是说，是反对党，反对社会主义的。我们提倡的是又红又专，我们所要纠正的是只专不红和只红不专。

### 第三，加强总务工作，搞好群众生活，保证教学需要。

加强总务工作，搞好群众生活，改善物资设备条件，是学校工作的一个重要方面，它直接影响着教学、科学研究以及师生职工的生活和身体健康。我们学校对群众生活一直是很重视的。去年冬季，在党委的领导下，我们大抓了群众生活，取得了不少成绩。这学期，我们必须继续加强这方面的工作，丝毫不能放松。当前在生活方面一定要抓紧劳逸结合、伙食管理、冬季取暖、卫生保健等四项重要工作。在劳逸结合方面，要按照党委、校委关于劳逸结合问题的规定坚决执行。首先要严格控制学生每周 46 学时的学习，采取具体有效措施，改进教学内容和教学方法，防止学生学习负担过重。对于师生的一切活动都要从有利于教学和劳逸结合的要求出发妥善安排。各级领导要继续加强对劳逸结合情况的检查，及时纠正违反劳逸结合规定的现象。在伙食管理方面，要继续深入贯彻办好食堂的各项标准，加强对食堂的管理，提高伙食质量，改进管理制度。要做好炊事人员的思想教育工作，充分发挥他们的积极性，想方设法搞好伙食。同时，还要搞好副食生产，做好冬季蔬菜的供应、贮存、保管，尽力改善生活。在冬季取暖方面，要继续加强取暖设备的检修及维护。对主楼的取暖设备要积极争取有关部门早日施工，按时完成。在卫生保健方面，要贯彻以预防为主的方针，加强卫生保健措施，改进医疗制度，准备必要的药品，搞好环境卫生；并且教育师生职工树立良好的卫生习惯，适当地锻炼身体，增强体质，防止疾病。后三项工作是本学期总务工作方面最重要的工作，特别是在冬季到来之前就必须认真做好。

除了安排好生活之外，总务工作的另一个重要方面是搞好物资供应，积极改善物资设备条件。在改善物资设备方面要尽力精打细算，做到少花钱，多办事。要在清理仪器设备的基础上，挖掘潜力，充分使用，加强协作，互通有无；并且建立和健全各项制度，堵塞供应、保管、使用等方面的漏洞。同时，要发扬自力更生的精神，自己动手制作仪器设备，加强设备的检查、修理。对于需要增添的教学设备，要在学校经费可能的条件下，本着节约开支的精神，根据先重点，后一般；先教学，后科研；先基础课教学，后专门组教学的原则，有重点、有计划、有步骤地去解决。对于必需的生活物资设备，也要根据情况适当解决。

学校总务工作的任务是繁重的，全校师生职工都要看到我们国家处于"一穷二白"的状况，尤其是由于两年农业特大的灾荒，给我们的经济生活带来了暂时的困难。面对这些困难，我们要发扬艰苦奋斗的优良传统，坚决贯彻执行勤俭办学的方针。在生活上要有克服困难的充分的思想准备，要在克服困难的过程中更好地锻炼自己。在工作上，要节约开支，精打细算，保证把每一分钱都花在最需要的地方。要爱护国家财物，珍惜劳动人民的劳动成果，坚决克服不爱护国家财物、大手大脚、铺张浪费的大少爷作风。

为了搞好群众生活，改善物质设备条件，总务部门必须加强生活和物资管理工作。要教育总务部门的职工认识自己工作的重要性，树立为教学和科学研究工作服务、为全校师生员工生活服务的思想，关心群众，虚心和群众商量，树立良好的服务态度，充分发挥工作积极性，千方百计地改进工作。同时，还要适当地充实总务部门的职工，以适应工作的需要。全校师生职工要了解总务工作中的一些实际困难，要主动帮助总务部门搞好工作，尊重职工的劳动，克服一切轻视职工、轻视总务工作的错误观点。全校师生职工要在党的领导下，团结一致，和衷共济，克服困难，提高总务工作水平。

## 第四，活跃校内民主生活，养成良好的风习。

要做好学校工作，必须调动广大师生职工的积极性。这就必须发扬民主，活跃民主生活，因为发扬民主的实质就是发扬师生职工的积极性、主动性，提高大家的主人翁责任感，使大家共同想方设法，办好学校。我们反对的是资产阶级的假民主，极端民主化的错误倾向也必须防止。我们的民主是社会主义的民主，是在集中指导下的民主。我们必须在搞好社会主义建设的共同基础上，广开言路，使具有各种不同意见的人都能畅所欲言，经过民主讨论、自由争辩，达到明辨是非、提高认识、增强团结的目的。只有在集中指导下充分发扬民主，学校生活才能朝气勃勃，人与人之间、各级组织之间才能有生动活泼的联系，学校之内才能形成一个又有集中又有民主，又有纪律又有自由，又有统一意志又有个人心情舒畅、生动活泼的政治局面。

发扬民主与遵守纪律是矛盾的统一。学校的各项规章制度是必须遵守的，这是纪律；但纪律也是要依靠自觉来维护的。学校内民主生活越活跃，学校的规章制度也就越可以得到大家的自觉遵守。

发扬民主的一个重要问题是要大家有民主作风的修养。每一个人都要以团结为重，责己严，待人宽。对别人提意见要态度诚恳，与人为善；听别人意见要闻过则喜，不计小事。遇事多商量，多方征求意见。特别是各级干部更要提高民主作风的修养，虚心听取群众意见，对正确的要虚心接受，对不正确的要耐心解释，善于等待。

我们要在学校内树立良好的风习。首先是要树立起理论与实际统一、高度的革命性与严格的科学性统一的学风。真正的理论是来自客观实际，而又向客观实际得到证明的理论，是能够指导实践发展的理论。因此，我们从来就重视系统理论的学习，反对轻视理论、轻视书本知识的错误观点。但是我们也反对死读书、读死书，理论脱离实际的倾向，因为理论的根本源泉是实践。因此，我们主张又通过适当的生产劳动、实验、实习、社会调查等，使学生获得直接经验和实际锻炼。只有把理论与实践、教育与劳动、书本知识与活的知识、间接经验与直接经验正确地结合起来，才能树立起良好的学风。

我们反对不读书，也反对读书不求甚解。我们提倡学生既要刻苦钻研，接受和掌握古今中外有价值的历史文化遗产和现代科学成就，又要培养学生勇于创造的风格和坚持真理、修正错误的精神。我们教育学生要在踏实钻研、牢靠地掌握前人知识经验的基础上，推陈出新，超越前人。不要成为科学上鼠目寸光、拘谨迂腐的庸人，也不要好高骛远，妄自尊大，不尊重科学。这就是我们对学风的基本要求。

养成良好风习的另一个重要方面是要养成艰苦朴素的生活作风和爱护公物的优良品德。毛主席说："要使全体干部和全体人民经常想到我国是一个社会主义的大国，但又是一个经济落后的穷国，这是一个很大的矛盾，要使我国富强起来，需要几十年艰苦奋斗的时间，其中包括执行厉行节约，反对浪费，这样一个勤俭建国的方针。"我们必须牢牢记住毛主席的教导，按照毛主席的指示去做。特别是青年同学，既没有看到旧中国的穷乏状况，也没有经受艰苦的革命锻炼，所以，提倡生活朴素，加强勤俭建国、艰苦奋斗的教育，使大家在思想上得到改造，在实际中得到锻炼，是大有好处的。

我们应当十分爱护公物，就像爱护自己的眼睛一样。应当指出，直到目前，还有少数师生职工对公共财物不知爱惜。仪器、设备、图书、资料，乱丢乱用，任其损坏、遗失；桌椅家具，四处乱搬乱扔，任其风吹日晒；不关好门窗，打破玻璃等等，给国家造成了不少损失，给学校工作、生活也带来了很多不便，这些现象是必须纠正的。

养成良好风习的再一个重要方面是要加强文化素养，注意礼貌，遵守秩序，讲究整洁。高等学校是国家科学文化水平的一个重要标志。加强文化素养，遵守公共秩序，注意清洁卫生，不仅对于顺利进行教学、科学研究有着很大的影响，而且关系着我们培养怎样一个干部的问题。如果我们培养的干部不懂礼貌，不守秩序，不讲究整洁，那就是我们教育工作的严重缺陷。

养成良好风习，对树立学校的学风，对培养干部的良好习惯和品德，提高我们的工作效率，提高教育质量都有重要的意义。我希望全体师生都重视这个问题，都能身体力行，坚持下去，习以成风。

**第五，加强领导，改进工作方法，转变领导作风。**

为了做好以上几方面的工作，必须进一步加强党对学校工作的领导，并且在党的领导下，充分发挥各级行政组织的作用。各级行政组织都要加强领导核心，团结一致，合作共事。

进一步加强领导的重要关键在于切实转变领导作风，认真改进工作方法。各级领导干部都要坚决地进一步克服官僚主义、主观主义思想作风，都要继续深入到教学、科学研究、生活第一线，密切联系群众，有目的、有计划地做系统周密的调查研究，亲自掌握第一手材料，亲自和群众商量。在调查研究的基础上，及时地亲自总结工作，并且帮助干部和群众解决问题。

进一步加强领导的另一个重要关键是坚决地、正确地贯彻党的方针政策。我们应当更加深入地学习和领会党的各项方针政策，提高思想水平、理论水平、政策水平，坚决按照党的方针政策办事，并且加强方针政策的执行情况的检查，切实保证党的方针政策正确地贯彻执行。对教学、科学研究等方面的工作，要钻进去，深入学习，掌握工作的规律，从外行变成内行。做其他业务工作的也要成为熟悉本行业务、掌握本行业务工作规律的干部。

了解情况、掌握政策是任何一个领导部门的重大的事情。要做好这些事情，就要求领导干部有理论与实践统一的马克思列宁主义作风，要从实际出发，要做调查研究，要认真学习党的方针政策，学习业务。这不仅是党员领导干部的事，每一个行政领导干部也必须如此。学校各级干部都要认真执行"党政干部三大纪律、八项注意"，真正做到如实反映情况，正确执行党的政策，做好调查研究，按照实际情况办事，努力提高政治水平。

为了切实转变领导作风，在制度上，要继续贯彻执行党委提出的"一、二、三工作制"，并且要善于深入总结经验，使制度更加完善。

（原载于《人民南开》第 491 期，1961 年 9 月 23 日）

# 踏踏实实提高教学质量

## ——在 1962 年开学典礼上的讲话*

适应社会主义建设的需要，不断地提高教学质量，培养出合乎规格的建设人才，是我们学校的基本任务。学校的一切工作都必须着眼于如何更好地完成这一基本任务，紧密围绕这一基本任务。

提高教学质量的首要一环是提高基础课的教学质量。"千里之行，始于足下"，只有比较系统、广博而又牢固地掌握了基础知识，受到了严格的基本训练之后，才能比较顺利地进行专门训练，才能在毕业后比较顺利地独立工作和继续自修，这是求学问的一条重要经验。

提高基础课教学质量要"因课制宜"，巩固已有的好经验，突破薄弱环节。本学年，要进一步加强以下几方面的工作：

（一）继续总结建设和使用教学大纲、教材、教学日历等基本教学文件的经验。

（二）检查和总结提高讲授质量和其他教学环节的经验。根据这些经验，各有关教研室可制订提高基础课教学质量或某个教学环节质量的试行文件，在此基础上，再起草全校性的教学文件，以便把好的经验以文件的形式巩固起来。

（三）继续发挥有经验教师的作用，在教研室的领导下，由主讲教师领导课程小组的各项工作，坚决克服在有关教学原则的一些问题上，各搞一套、各行其是的现象。

（四）加强对公共课和外系基础课的领导，克服对外系基础课重视不够的现象，研究和制订领导外系基础课的具体制度和办法。

（五）继续加强对学生学习的指导，特别是对一年级学生的指导，从学生的实际出发，严格要求学生，并且继续创造、贯彻、执行因材施教的方针的具体

---

* 本文是杨石先 1962 年 9 月 8 日在南开大学开学典礼上讲话的摘录。

办法。

在加强基础课教学的同时，还必须继续加强专门组教学。本学年内，有关教研室要在专业、专门组调整的基础上确定专门组课或选修课，更有计划地开设这些课程，逐步提高质量，并且制订领导毕业论文的计划，做好毕业论文的准备工作。

做好以上这些工作，必须依靠教师和学生的高度积极性。为了调动起广大师生的积极性，必须进一步建立良好的师生关系。因此，全体教师都要主动地关心学生的成长，切实搞好教学工作，发挥在教学工作中的主导作用。全体同学必须尊敬师长，认真服从教师的指导。

为了提高教学质量，还必须积极开展科学研究。教学和科学研究固然是两种不同的工作，但对综合大学来说，二者安排得当是可以相辅相成，大大促进教学质量的提高的，这是我们学校几年来工作经验所充分证明了的。忽视教学，以科学研究代替正常教学的做法是不对的；只重视教学，不搞科学研究，认为搞科学研究就影响教学同样也是不对的。这两种倾向都不利于提高质量。对于这个问题，我们必须有明确的、统一的认识，以免抓住了一方面而忽略了另一方面。在有了正确的认识之后，重要的问题是从实际出发，妥善安排教学和科学研究，使二者相得益彰，而不互相掣肘。

上学年中，由于其他重要工作任务很多，我们对科学研究是抓得不够的。本学年，已经有可能而且必须加强这方面的工作，并且把它提到全校工作中的一个重要地位上来。我们首先要订好本年度的科学研究计划，有条件的教研室还可以根据全国的部署，制定较长期的科学研究规划。教研室和教师要树立认真对待科学研究计划的态度，要定期检查计划执行情况，没有执行计划要查明原因，修改计划要经过学校或系的批准。

科学研究必须有明确的方向，有重点、有步骤地扎扎实实地进行。从本学年起，多数教研室要根据本身的条件，在某一方面或某几个方面进行比较系统、深入的研究，以期日积月累，逐步做出较大的成绩，扭转零敲碎打、力量分散、成果不显著的状况。

为了推动科学研究，学校准备在今年校庆时，召开第五届科学讨论会。通过讨论会，检阅研究成果，总结工作经验，进一步贯彻执行百家争鸣方针，开展学术活动。

除了配合经常教学工作，积极开展科学研究以外，学校还要有步骤地建立一些专门研究机构，以便切实加强我们学校的科学研究工作，为国家做出更多的贡献。

　　提高教学质量的一个关键，是建立一支又红又专的师资队伍。现在我们学校的教师从数量上就不算少了，但质量上还存在着问题。教师队伍中青年助教占很大比重，他们一般工作积极热情，但在业务上亟待有计划地培养提高，以便更多地担负起重要的教学和科学研究任务。从工作安排上看，对一些老年教师也需要进一步为他们创造条件，使他们把主要精力放在教学、科学研究和培养师资工作上，做出更大的成绩。上学年，我们抓紧了这方面的工作，制定了培养和提高师资规划，取得了较大成绩。本学年，我们应当继续抓紧这方面的工作，在已有的工作的基础上，进一步一个一个地安排教学有专长的教师的工作，为他们配备助教，并且下决心减轻或免除他们的行政工作，使他们更能专心搞好业务。对青年教师，要认真帮助他们执行进修计划，解决进修中的问题，并且组织力量，对他们的工作、生活问题进行一次调查，解决存在的问题。本学期末，学校对培养和提高师资工作要进行一次全面的检查，并且要总结交流经验。

　　做好培养和提高师资工作，还必须制订一些必要的制度。为了妥善地安排教师各方面的工作任务，检查工作成绩，学校准备制定教师考核评审制度，认真做好教师提职工作，认真检查培养提高工作。

　　搞好培养和提高师资工作，必须加强青年教师和中老年教师之间的团结，使大家能够团结合作，互相学习，共同提高。我们需要在过去的基础上，进一步做工作，使每一个教师都认识到这个问题的重要性。我们希望老教师都能热情关怀青年教师的成长，严格地要求和具体指导青年教师的进修，青年教师都能虚心地向老教师学习，认真帮助老教师做好工作。

　　为了提高教学质量，必须进一步加强对教学的领导，特别是教研室的领导。每个教研室都要根据情况，制订切实可行的工作计划，注意检查工作和总结工作经验。各系要把教学工作放在系的工作的首要地位，经常研究，具体帮助教研室搞好工作。

（原载于《人民南开》第 526 期，1962 年 9 月 19 日）

# 在南开大学第五届科学讨论会上的开幕词*

召开本届科学讨论会的目的是为了检阅 1960 年以来本校开展科学研究的成果，总结交流经验，进一步贯彻"百花齐放、百家争鸣"的方针，活跃学术风气，推动我校的科学研究工作，以便进一步提高教学质量和学术水平。

为了使本届科学讨论会开得更好，并且使今后科学研究工作更好地开展起来，需要进一步贯彻执行党的"百花齐放、百家争鸣"方针。在贯彻这条方针中，首先要明确辩证唯物主义和历史唯物主义在各门科学研究中的指导作用，以辩证唯物主义和历史唯物主义作为开展学术讨论的理论基础。其次，要注意划清政治问题和思想问题的界限，分清两种不同性质的矛盾，克服开展学术讨论中可能存在的思想顾虑。第三，在贯彻"百花齐放、百家争鸣"的方针中，要坚持说理的和实事求是的作风，反对忽视别人劳动成果和采取简单粗暴、断章取义、乱扣帽子的态度。必须贯彻坚持真理、修正错误的原则。提倡互相尊重、互相探讨，而不是坚持门户之见，故步自封。第四，开展学术讨论，必须建立高度的革命性与严格的科学性相结合的马克思列宁主义优良作风。把敢想、敢说、敢做的革命风格和好学深思、踏踏实实、刻苦钻研的求实精神结合起来。提倡从实际出发，尊重群众，尊重实践，尊重事实。第五，全校各级领导同志要在本届科学讨论会以及今后学术研究和讨论中，以身作则，积极提倡和组织学术讨论，形成自由讨论和批评风气。

为了更好地开展科学研究工作，在确定今后科学研究方向及制定长期研究规划和年度研究计划的时候，一定要以党的八届十中全会公报作为工作的指针和依据，我们必须认真考虑关于支援农业方面的科学和技术问题的研究。比较直接与农业有关的，并且我们已有相当基础的农药、植物生理、昆虫等方面的研究应该进一步加强，同时我们还应该鼓励在数学、物理学、电子学、化学、

---

* 南开大学第五届科学讨论会于 1962 年 10 月 17 日开幕，杨石先在开幕式上致开幕词。本文是对杨石先讲话报道的摘录。

生物学的各个方面选择直接或间接与农业有关的科学技术问题和理论问题进行研究。我们要把科学研究工作进一步与支援农业的工作紧密结合起来。

希望我校的教授和副教授在完成教学任务之外，除非开新课或其他特殊原因，一般都应该明确科学研究方向和开展科学研究工作，提高学术水平。在开展科学研究工作中，应当根据系、教研室和教师个人的具体情况来进行。教学任务完成比较好的系、教研室和教师可以把较多的力量转到科学研究方面，长期地、系统地进行工作，努力做出成果。对青年教师更要强调因人制宜，有条件的，要鼓励他们积极参加科学研究。对于教学尚有困难、新开课或开新课的教师，可以少搞或者细水长流，在一定时期内较多地做科学研究的准备工作。

通过本届科学讨论会，各系、各教研室和研究室要在认真总结过去开展科学研究工作经验的基础上，制定今后的科学研究计划或规划。

（原载于《人民南开》第 529 期，1962 年 10 月 23 日）

# 在南开大学第六届科学讨论会
# 开幕式上的工作报告*

在过去一年时间里，我校的科学研究工作和教学工作一样，在总路线、大跃进、人民公社三面红旗和党的八届十中全会精神的光辉照耀下，在党的教育方针指导下，获得了很大程度的进展。

一年来，我校在科学研究方面做了以下几项主要工作：

**一、制订了哲学、社会科学和自然科学研究工作较为长远的规划，修订和实施了 1963 年的科学研究计划。**

通过编制规划，进一步确定了科学研究方向，全面安排了今后科学研究任务，提出了许多结合当前阶级斗争、生产斗争、科学实验的新课题，为我校修订 1963 年的科学研究工作计划打下了良好基础。1963 年科学研究工作计划，经过调整落实后共确定研究项目 262 项（文科 150 项，理科 112 项）。对科学研究项目，特别是重点项目，加强了人力安排和物资设备供应，开始较为稳定地系统地进行工作。

**二、组织科学研究队伍。**

各系教师根据以教学为主、积极开展科学研究的精神，均从实际出发，在搞好教学的基础上，提出了自己的科学研究任务。特别是教授、副教授一般都尽可能地开展了科学研究，而且确定了比较稳定的方向。目前全校参加科学研究工作（包括指导毕业论文）的教师占全校教师人数的 49%，占教授、副教授、讲师人数的 61%，他们大多数已能经常地进行科学研究工作。此外，在自然科学和社会科学方面配备了一定数量的专职科学研究人员，有的已经做出了一定成绩。此外，为了充分发挥老教师在学术上的指导作用，学校还为一部分教授、副教授配备了研究助手，招收了研究生。为了更有计划、有组织地安排科学研

---

* 南开大学第六届科学讨论会于 1963 年 10 月 26 日开幕，杨石先在开幕式上做了关于一年来工作的总结报告。本文是对杨石先报告报道的摘录。

究工作，许多重大的自然科学研究项目已初步组织与建立起科学研究集体。

**三、充实仪器设备和图书资料，改进工作条件。**

在自然科学方面，一年来，在有关领导机关及物资供应部门大力支持下，实验室的一般设备有了较大改善，增添了一些重大、精密的仪器，新开辟了一些资料室、阅览室。这些都体现了党和国家对科学研究的关怀和支持，为积极开展科学研究提供了物质基础。

**四、贯彻"百花齐放、百家争鸣"的方针，积极开展了各种类型的学术活动。**

全校各系、所、教研室经常举行学术讨论会、读书报告会等学术活动，一年来教研室以上共举行学术活动 128 次。做各种学术报告的人员主要以我校教师为主，同时各系也很注意邀请校外专家来校讲学、做学术报告、指导科学研究工作及学术活动。一年来，我校参加校外学术活动也较前更为活跃。如参加全国性物理学年会、化学年会、物质结构等学术会议 19 次，有 55 人次参加，宣读论文 32 篇。我校教师到校外讲学，做学术报告的有 87 人次。在各种学术讨论会上，我校教师发表不同见解展开学术争论的风气较前普遍，这些学术活动对于提高教师的理论水平和业务水平有很大的帮助。此外，还进行了恢复出版南开大学学报的工作。

**五、专门研究机构的建设工作。**

元素有机化学研究所、经济研究所、明清史研究室是我校三个专门研究机构。元素有机化学研究所自 1962 年 10 月建立以来，得到国家科委、教育部的大力支持，已陆续配备了相当数量的专职研究人员，也另有一部分化学系教师参加工作。该所进行的支援农业的科学研究，有了较大的开展，取得了不少成绩。经济研究所和明清史研究室的研究人员也进行了调整和充实，并有一部分教师参加了研究工作。在专职和兼职科学研究工作人员共同努力下，经过刻苦钻研，也都已经开始取得一定的成绩。

**六、加强科学研究的管理和领导工作。**

学校党委和校务委员会专门研究讨论了有关科学研究的工作。各系党政领导也加强了组织工作和思想工作。在安排 1963 年的科学研究工作时，初步加强了对重点单位和重点项目的领导和检查，加强了科学研究经费及物资供应管理工作，并初步建立了科研工作的有关规章制度。

目前，我校多数教研室和教师的科学研究方向已初步明确或渐趋稳定。文科各系一部分教研室根据科学研究规划已初步明确科学研究方向，积极开展工作。理科各系科研方向已渐趋稳定。条件较成熟、已确定长远的科学研究方向的教研室，正在集中力量，准备坚持长期系统的研究工作，努力做出研究成绩；目前条件尚不成熟但已初步确定科学研究方向的研究室，准备积极开展科学研究工作，继续探索，逐步积累经验。全校初步确定一批重点学科，大力发展，逐步形成特色。同时，理科还确定了另一批学科，准备尽可能给以重点充实加强，使其工作取得较好成绩。上半年科学研究计划检查情况说明，除文科的科学研究计划仍有相当程度变动外，理科的科学研究工作基本上已能按计划进行，为深入、系统、积极而有步骤地扎扎实实进行工作创造了良好条件。

科学研究方向的逐步明确或趋向稳定，也有利于科学研究集体的形成。理科各系大部分教研室已根据自己的科学研究方向，开始逐步组成一支有学术领导人、骨干力量和助手的研究队伍。重大的科学研究项目，在教研室领导下，一般已经有了有经验的指导教师和其他研究人员配合组成的集体。根据科学研究项目的性质，有的还组成专题组，配备一定人力，指定负责人，有组织地开展科学研究工作。经验证明，在许多科学研究集体中凡是领导力量较强，中老年教师积极努力发挥作用，青年教师虚心学习，工作细致负责的，都取得了较好的成绩。

由于以上各种原因，1963 年科学研究成果较前增多，质量逐步上升。1963年全校科学研究计划项目有 262 项，较 1962 年 149 项增加 76%。在 1962 年举行的第五届科学讨论会共提出学术论文 177 篇（其中一部分是 1962 年以前完成的论文），而在今年第六届科学讨论会上提出 210 篇，较去年增加 33 篇。在开展学术活动和整理充实科学研究成果的基础上，也写出了不少学术论文。这些论文一般都经过一定时期的研究，取得了一些创造性的结果，在一定程度上具备了理论性、科学性、系统性，有的还具有较重要的实用价值。

此外，通过积极开展科学研究，还提高了教师的学术水平，改进和充实了教学内容，改编了一部分教材，从而提高了教学质量。广大教师，特别是青年教师，通过科学研究，在治学方法和专业基础上也得到锻炼和提高，为今后进一步提高教学质量打下了基础。

一年来科学研究工作中取得的经验和体会如下：

**一、从思想上明确教学和科学研究的关系，并从工作安排上加以正确处理，在教学为主的前提下，积极开展科学研究工作。**

高等学校必须以教学为主，在搞好教学工作的前提下，从实际条件出发，积极开展科学研究工作。教学和科学研究是两种不同的工作，在时间分配上也确实存在一定程度的矛盾。但是，从教学和科学研究的内在联系来说，两者又是相辅相成、互相促进的。积极开展科学研究工作，不但可以提高教师的业务水平,而且可以更好地充实教学内容和指导毕业论文,指导研究生,保证给学生以必要的专门知识技能和独立工作能力的训练。教学与研究两者不可偏废。那种忽视教学,片面强调科学研究的做法是不对的;只搞教学,不搞科学研究,认为搞科学研究就一定会影响教学,同样也是不对的。这两种倾向都不利于提高培养人才的质量。

为了解决教学与科学研究在时间安排上的矛盾,我们按照以下原则安排工作:(1)坚持贯彻以教学为主的原则,来安排部署教学、科学研究工作。即教师必须在完成教学任务的前提下,积极开展科学研究工作。(2)在接受和安排科学研究的任务和进度时,强调从人力、经费和设备等实际条件出发,适当留有余地,重点项目不宜太多。(3)切实稳定基础课的教学队伍,规定由业务水平较高、具有一定教学经验并能保证较好质量的教师担任基础课教学,并注意不断总结经验,积累教学参考资料,培养后备力量,使基础课经常保持较好的质量。(4)因系、因教研室、因人制宜地安排任务,对于教学还没过关的教研室首先要求努力使教学过关,对基础知识不足的教师要求抓紧进修打好基础,有条件的系、教研室和教师则可以把更多的力量转移到科学研究方面,准备长期系统地进行工作,努力做出较大成绩,逐步形成特色。(5)科学研究的方向和选题应当与专业、专门组的方向一致,研究任务的安排力求与教学工作的需要和教师的学术专长相结合。

**二、坚持科学为社会主义革命和社会主义建设服务的方针,逐步确定比较稳定的科学研究方向,坚持长期的系统的研究工作。**

高等学校的科学研究工作,必须自觉地按照社会主义革命和社会主义建设的需要,有计划有组织地进行。因此,必须坚持为我国社会主义革命和社会主义建设服务的方针,为实现农业现代化、工业现代化和国防现代化、科学技术现代化服务。

学校和系应该确定若干学科重点发展,逐步形成特色;还要根据具体条件,逐步确定比较稳定的教研室的科学研究方向,坚持长期的系统的研究工作。在确定方向和选题时,应该根据国家社会主义革命、社会主义建设的当前和长远的需要,人力物力条件以及原有研究工作基础慎重考虑。社会科学应该兼顾理论、历史、现状三个方面,自然科学应该兼顾基础理论、国民经济中的重大问题和新科学技术三个方面。作为综合大学,要把基础理论放在重要地位,对于实验科学要给予足够重视。经验证明,通过科学研究实践确定长远研究方向,并在确定后力求稳定不变,对于有计划地开展研究工作和日积月累地做出较好成绩,具有重要意义。经常改变研究方向,常常导致工作上不应有的损失,影响研究质量。

理论研究较之应用技术的研究更多地具有概括和抽象的性质，所以也就更有必要强调理论联系实际，使研究工作为社会主义建设服务。对于当前社会主义革命和社会主义建设中有关党的方针政策的重大理论问题、国际国内阶级斗争形势迫切需要解决的理论问题以及国民经济建设中提出的理论课题，必须予以特别的重视。经验证明，只要研究的方向、题目选择得当，就既有可能有利于基础理论的发展，又能对解决实际问题有所帮助。

在考虑科学研究的方向和选题时，对理论联系实际的方针，必须有全面的正确的理解，注意防止片面性。我们强调科学研究必须结合实际，必须为社会主义建设的需要服务，但是应该看到，社会主义建设的需要是多方面的，有当前的，也有长远的；有直接的，也有间接的。我们应该使当前与长远结合，直接与间接兼顾。对基础科学更应该认真地注意这一点。

**三、发挥各类教学、科研人员的积极性，逐步形成科学研究集体，建立一支又红又专的科学研究队伍。**

要使科学研究工作取得良好的成果，应该注意充分调动各类教学和科研人员的积极性。为了充分发挥学术上有经验的教师的指导作用，鼓励他们的积极性，要注意为他们创造必要的条件，使他们充分发挥自己的专长，为出成果、出人才做出贡献。科学研究选题，除主要根据国家统一安排外，还可以根据教师专长、志趣和学术见解，从学科的发展出发，自行选择题目，并纳入学校的科学研究计划。青年教师是科学研究队伍中的一支重要力量，有不少人已经具备一定条件，能在有经验教师指导下开展科学研究，应该面对科学发展的主导方向，注意打好基础，虚心向中老年教师学习，努力掌握科学研究的基本素养和学科发展的新成就，扎扎实实地进行研究工作。

除了教师、专职科学研究人员外，还有研究生、高年级学生、各级实验技术人员和图书资料人员，也可以在完成教学、学习和工作任务的同时，参加科学研究工作。必须十分注意建立各个学科领域的研究队伍，逐步形成包括学术领导人、研究骨干力量和研究人员、实验人员在内的领导集体。在这样的集体中，中老年教师可以受到集体智慧的启发，可以得到科学研究工作的助手；青年教师、青年研究人员、实验人员可以受到研究方法的训练和培养。这将对科学研究工作的开展，有很大的效益。在科学研究集体中，应该把个人的独立钻研和集体的互助协作正确地结合起来，不要只强调一面而忽略了另一面。科学研究工作是探索性的劳动，不独立进行钻研是不可思议的，而科学研究发展到目前的阶段按其牵涉面广和内容互相渗透、需要力量较大等因素来看，没有科学集体也是难以取得较大成绩的。

在科学研究队伍的建设问题上，还要特别注意中层骨干的培养提高问题。必须采取有效措施，特别是帮助那些业务上已有相当水平的教师在科学研究工作中做出成绩，使他们发挥承前启后的作用，迅速成长为学术上的指导力量。同时，也要大力加强青年教师的培养工作，加强思想教育，建立一支又红又专的科学研究队伍。

建立专门的科学研究机构，是我校科学研究工作的重大发展，并且已经有了良好的开端。根据已有经验，建立研究机构应该在一定的人力、物力和较系统的科学研究成果的基础上，要力争做到机构精干、花钱较少，而能做出较多成果。高等学校的科学研究机构必须与有关系或教研室密切结合，本着为国家出人才、出成果的共同目标，在思想上和组织上建立互相支援、互相帮助的整体观念和具体规章制度。专门科学研究机构除了进行科学研究工作外，还应该根据需要与可能，协助有关教研室指导研究生的科学研究和大学生的毕业论文工作。

**四、科学研究必须特别重视科学实验，既要敢想、敢说、敢做，又要本着严肃的态度，提出严格的要求，运用严密的方法，努力提高研究工作的质量。**

我们正面对阶级斗争、生产斗争和科学实验三个伟大的革命运动。科学实验在国家建设中有重大革命意义。我们知道，科学理论的发展，要依靠实验提供精确的实际材料，理论或假设的正确性，要依靠科学实验来验证。科学虽然也可以在一定限度内在理论上用逻辑推理的方法获得新的进展，但从根本上说，是离不开科学实验的。因此，我们必须十分重视科学实验工作。

科学研究的任务是探索客观事物的本质，揭露它的运动发展规律，发现真理。社会和自然现象的本质总是逐渐可以认识的。因此，科学研究并不是什么神秘莫测的活动，进行科学研究必须有勇气，有志气，要提倡破除迷信，解放思想，勇于创造和革新。但是科学研究又是一项严谨的、扎实的需要积年累月、付出辛勤劳动的工作，必须把敢想、敢说、敢做的风格和严肃认真的态度、严格的要求和严密的方法结合起来。要有不墨守成规，不迷信权威，敢于创造的革新精神，又要有一切经过充分的试验的科学态度。科学研究一般必须首先熟悉前人在某一领域内的科学研究成果，然后在掌握丰富系统材料的基础上，以正确的观点和方法反复进行实验和调查、研究、分析，加以科学的总结并提出自己新的见解。

为了提高科学研究质量，除了在确定研究方向任务时要注意方向对头、重点突出、力量集中外，还要在选题时从大处着眼、小处着手。题目范围大小适当，要求明确具体，便于入手研究。

在科学研究中，特别是哲学社会科学的研究中，系统地掌握资料，并在正确观点的指导下，分析研究资料是做好科学研究工作具有决定意义的步骤。把资料工作和研究工作割裂开来，甚至对立起来的看法显然是错误的。我们一方面要认真进行调查研究，充分占有材料，同时要注意用正确的观点进行科学分析，从理论上加以提高。只有把这两者结合起来，才有可能在科学研究工作中取得成绩，为社会主义革命和社会主义建设做出应有的贡献。

**五、高等学校的科学研究工作，必须在党的领导下，正确地贯彻党的方针政策，必须坚持为社会主义革命和社会主义建设服务的方向，执行党的知识分子政策和"百花齐放、百家争鸣"的政策，贯彻勤俭办科学的方针。**

党的领导是开展科学研究的根本保证。我校科学研究的发展和成就都是在党的领导下取得的，今后党的领导将继续加强。

党的"百花齐放、百家争鸣"的方针是推动社会主义学术发展、促进社会主义文化繁荣的方针。对在科学研究中贯彻"百花齐放、百家争鸣"的方针，我们有以下认识和体会：（1）必须认真学习马克思列宁主义和毛泽东著作，以辩证唯物主义与历史唯物主义作为我们科学研究和开展学术讨论中的指导思想；（2）注意划清政治问题、思想问题和学术问题的界限，分清两类不同性质的矛盾；（3）在学术讨论中应该本着以理服人和实事求是的精神，对材料进行充分的研究，提出明确的论点，然后展开争论，反对采取忽视别人劳动成果简单粗暴的态度；（4）在开展学术讨论中应认真进行调查研究，充分占有材料，树立高度的革命性和严格的科学性相结合的马克思列宁主义的优良学风；（5）采取具体有效的措施，有计划有准备地开展各种类型的学术活动，以推动科学研究，活跃学术思想，交流研究经验。加强学术资料、学术情报工作，恢复出版学报以开辟学术争鸣的园地等，也是贯彻"百花齐放、百家争鸣"的方针的必要措施。

党和政府对我校科学研究工作极为关怀，为我校拨给科学研究专用经费，安排了专职科学研究人员编制，解决了许多仪器设备、图书杂志的购买等问题，从物质条件上加以保证，这些都为我校科学研究工作提供了极为重要的条件。为了更好地开展科学研究，还要根据需要和可能，逐步充实仪器设备。但对仪器设备的积压、浪费、使用不当等必须严肃对待，要注意根据厉行节约、克服浪费、勤俭建国、勤俭办学校和勤俭办科学的方针，大力加强仪器设备的维修和管理工作。必须提高科学研究人员的自觉性和责任心，力争花较少经费，做出较多的成绩。

一年来在我校科学研究工作中存在的问题如下：

**一、通过一年来的研究，虽然已取得了不少成绩，但总的来说我校的科学研究仍然处在打基础的阶段，还要系统和深入地开展工作。**

在哲学社会科学方面虽然已经做了不少工作，但有些研究成果马列主义水平还不够高，思想性、战斗性还不够强，相对地说，还是研究古代史和古代文学的多，研究现状和理论阐述的少。对现代修正主义和资产阶级学术观点的批判，以马列主义观点和方法整理和批判中外学术遗产的工作也只是开始，对当前国内外阶级斗争的形势显得不相适应。有的教师在具体学术研究中还有脱离阶级和阶级观点的倾向，在学术研究上，资产阶级烦琐考证的风气还有一定的影响，有的教师热衷于材料堆积，对理论方面的分析缺乏兴趣。在自然科学方面，研究成果虽有相当提高，但还远不能适应国家生产建设的需要。在基础理论和实验科学方面还需要大力开展工作，提高质量。部分教师还存在着轻视实验的倾向。部分科学研究方向的系统研究工作也刚刚开始，学科之间互相渗透、互相促进的方法还没有得到体现。

**二、校、系组织科学研究队伍的工作还需要加强。**

文科许多教研室青年教师和老年教师之间，以及同一学科之间的学术联系还没有很好地建立起来，具体研究项目较少，力量有些分散。理科除少数教研室的科学研究集体较稳定外，多数教研室还有待充实提高。在科学研究人员的安排方面，对兼职科学研究人员的教学与科研工作的安排还缺乏具体的规定和办法。

专职科学研究人员的配备还有些不足，从任务的需要还应该适当增加。建立科研队伍中的另一个需要加强的环节是实验员、资料员和技术工人，现在的情况是数量少，并迫切需要提高。今后必须注意随着科学研究工作的开展适当增加实验员和技术工人的数量，稳定他们的工作，加强对他们的培养，使他们成为热爱工作、精通业务的专门人才。

从当前和发展的趋势看，不论哲学社会科学或自然科学的研究，都要求科学研究人员有更高的政治觉悟和思想水平，但是有些教师在科学研究中为社会主义革命和社会主义建设服务的目的性还不够明确，在立场、观点和方法上，尚未完全摆脱旧思想的影响，在处理政治与业务、个人与集体、教学与科研等关系方面，还有一些思想问题。这些都要求教师进一步自觉地改造思想，树立无产阶级世界观，提高觉悟，坚决走又红又专的道路。

**三、科学研究的管理和领导工作还不能适应形势发展的需要。**

在目前科学研究工作的外部条件已获得较好解决的情况下，如何加强学校内部的工作，特别是做好科学研究的组织工作，具有重要的意义。

在科学研究条件方面，对经费的安排使用，还存在着平均主义的思想，不利于经费的合理安排、重点使用。今年以来，我校科学研究仪器设备和图书资料虽有很多增加，但仍然缺乏某些重要的精密仪器设备和一些重要的研究参考资料。另一方面，仪器设备的集中统一管理不够，积压浪费、使用不当的情况也相当严重。因此，在注意逐步充实仪器设备、提高装备水平的同时，必须继续反对分散主义，反对本位主义，反对浪费和不爱护仪器设备的思想行为，深入进行勤俭办学校、勤俭办科学的教育。

以上这些问题，有的是思想认识上的问题，有的是实际工作安排上的问题，有的是主观努力的问题，都需要我们在今后工作中，注意切实加以解决。

我校今后的科学研究工作，应注意以下三个方面：

**一、在"总路线、大跃进、人民公社"三面红旗照耀下，更加明确地树立自力更生、奋发图强的思想，坚持科学为社会主义革命和社会主义建设服务的方向，为发展国家的科学事业、赶上世界科学先进水平做出贡献。**

当前哲学社会科学的研究工作，要积极提倡研究毛泽东同志在理论上的重大发展，研究社会主义革命和社会主义建设的理论和实际问题，研究阶级和阶级斗争的现实问题，使研究理论和现状的风气兴旺起来。鼓励研究当代国际共产主义运动中的重大理论问题，研究亚洲、非洲、拉丁美洲民族解放运动问题，研究中国共产党在反对现代修正主义斗争中对马克思列宁主义的发展，从哲学社会科学的各个领域揭露和批判现代修正主义，提高理论研究工作的战斗性。积极提倡用马克思主义观点整理研究中外通史和各种专史，特别是近百年的政治史、经济史、思想史、文化史、文学史等等，批判地继承人类文化遗产。为了保证理论学术研究工作的顺利进行，还要采取具体措施，提倡调查研究，解决图书资料特别是研究现状的实际材料问题，对有关资料要继续进行编辑整理和翻译。

自然科学的研究工作应该进一步明确方向，积极地、有步骤有重点地开展，扎扎实实地做研究工作，要做出较多较好的成果。应该继续根据我国社会主义建设当前和长远需要、学校专业设置和教学工作情况，兼顾基础理论、国民经济中的重大问题和新科学技术的三个方面，并把基础科学的理论研究放在重要地位，对于实验科学要给予足够重视。科学研究还应该包括编写较高水平的教科书和科学普及读物，以及研究与试制新的实验仪器设备。对于按照国家科学技术发展规划承担的任务，对支援农业和国防的任务更要注意安排落实，积极完成，做出成果。

**二、继续贯彻以教学为主、积极开展科学研究的精神，统筹安排好科学研究工作，组织科学研究队伍。**

教研室还应该根据自己的科学研究方向，进一步组织科学研究集体。为了搞好科学研究集体，应该做到以下几点：1. 科学研究集体内部既要有共同目标，又要有适当分工。共同目标体现在具体细致的研究规划与计划中，大家共同为实现规划和计划而努力。集体内部又要有适当分工，各有侧重，有机地配合协作，才能够成为一个整体，保证科学研究规划与计划任务的完成。2. 在科学研究集体中，必须贯彻双百方针，充分进行讨论。科学研究集体力量的发挥要有个人刻苦钻研的基础，同时也要经常交换研究的情况、问题、方法、心得，充分展开讨论，以便做到互相了解，互相帮助。3. 必须树立集体观念和科学态度。集体内部虽有所分工，并充分展开讨论，其目的是为了共同完成科学研究任务。因此要首先树立集体观念，否则集体只能流于形式。

科学研究人员的培养是战略性任务。提高科学研究人员的水平是提高科学研究工作的关键。我们必须建立一支又红又专的科学研究队伍。今后教师和科学研究人员要有计划有组织地学习马克思、恩格斯、列宁、斯大林和毛主席的著作，以取得马克思列宁主义的基本知识；然后再根据不同的专业和学科的要求，选择若干部有用的经典著作，进行专门的学习和研究。这一点，在文科尤为重要。此外，教师还必须参加实际斗争的锻炼，定期进厂下乡，参加生产劳动，加强自我思想改造。

在哲学社会科学的科学研究方面，还要认真注意大量地、系统地搜集和积累资料，作为开展研究工作的基础。资料的搜集和积累工作，必须在正确观点的指导下，注重系统全面、点面结合；各种类别的资料相辅相成、不能偏废；寻根问底，严格核实；做到材料观点的统一。

在自然科学方面，当前要强调重视实验技术的工作，克服轻视实验工作的思想，对于教师特别是青年教师，要进行严格的基本功训练，掌握实验原理、仪器性能、操作维修技术、实验器材的准备等技术工作。根据需要，可安排部分教师长期从事实验室的工作。

**三、在党的领导下，正确执行党的关于科学研究的方针政策，加强对科学研究的管理工作。**

当前国际国内的形势很好，在科学研究战线上，我们面临着光荣而艰巨的战斗任务。我们应该在总路线、大跃进、人民公社三面红旗照耀下，更坚定而牢固地树立起自力更生、奋发图强的思想，坚持科学为社会主义革命和社会主义建设服务的方向，为发展国家的科学事业做出贡献。

（原载于《人民南开》第 553 期，1963 年 11 月 5 日）

# 在 1964 学年度开学典礼上的开幕词*

  我首先代表学校领导对今年入学的新教师、新干部、新同学以及来校进修的兄弟院校教师表示热烈欢迎。在过去的一学年中，在学校党委的领导下，学校各方面的工作都有了很大进步，全校师生职工的政治觉悟有了进一步的提高。在新的学年里，我们要在学校党委的领导下，继续开展社会主义教育运动，组织师生职工分期分批地参加农村的社会主义教育运动；进一步加强思想政治工作，组织师生职工认真地学习毛主席著作，以毛泽东思想来指导我们的工作；在教学上，继续组织教师和干部深入学习毛泽东教育思想，有计划有领导地进行教学改革，切实减轻学生学习负担，不断提高教学质量；要积极地开展科学研究工作，使研究工作密切配合国内外阶级斗争和适应社会主义建设的需要；要继续贯彻勤俭办学的方针，加强总务后勤工作的队伍建设，培养一支又红又专的后勤队伍；要继续贯彻执行毛主席"全民皆兵"的指示，做好民兵训练工作；继续深入学习解放军，学习大庆人，不断促进师生职工思想革命化，不断改进工作作风；此外还要做好体育、清洁卫生等方面的工作。

  我们面临的新学年的任务是繁重的，是需要在党委的领导下，通过全体师生职工的巨大努力才能完成的。我们应当在已有的成绩的基础上，认真地总结经验教训，发扬成绩，克服缺点，继续前进。我们要继续学习解放军和大庆人的革命精神，鼓足干劲，力争上游，发扬艰苦奋斗的光荣传统，克服工作中的困难，胜利地完成新学年的新任务。

（原载于《人民南开》第 572 期，1964 年 9 月 18 日）

---

  * 南开大学 1964～1965 学年开学典礼于 1964 年 9 月 12 日举行，杨石先在开学典礼上致开幕词。本文是对相关报道的摘录，个别文字做了调整。

# 致吴永康、赵玉芬的信*

吴永康、赵玉芬两位先生：

几个月前承您两位回来探亲和参观访问之便，光临我校和元素有机化学所研究人员进行座谈，介绍在美进行磷有机化学研究的概况，并荷留赠参考资料，情意殷渥，我们十分感谢，并希望今后不断联系和赐教。

最近我校又接到北京海关通知，说有两位先生托便人带交给我们的 TI-55型电算机一件和图书两册。当时我正在上海主持 1978 年中国化学会年会，由学校派人前往北京取回，十月底我从上海回津后方才见到，对两位如此厚赠，深为感动。谨驰书表达谢意，专此，并颂

俪祺。

杨石先

天津南开大学

元素有机化学所

1978.10.28

---

* 吴永康、赵玉芬伉俪于 1978 年回国探亲期间到南开大学访问，与元素有机化学所研究人员进行了座谈，并赠送了参考资料和仪器设备，杨石先教授为此专门致信表示感谢。赵玉芬（1948—），1971 年毕业于台湾新竹清华大学化学系，1975 年获美国纽约州立大学石溪分校博士学位，回国后曾先后在清华大学、郑州大学、厦门大学等高校从事教学、科研和管理工作，1991 年当选为中国科学院学部委员，主要从事生命有机化学、有机磷化学、生命起源、药物化学和化学生物学研究。

# 在南开大学建校 **60** 周年庆祝典礼上的讲话*

今天，我们怀着十分喜悦的心情，在这里隆重集会，庆祝南开大学建校 60 周年。我代表全校师生员工向莅临这次大会的各位领导、来宾表示热烈的欢迎和诚挚的感谢！向为了我校的发展而付出辛勤劳动的全校师生员工、外国专家、留学生及各届校友，表示亲切的慰问，并致以热烈的节日祝贺！

南开大学是一所具有悠久历史的学校。它是由爱国教育家严范孙先生和张伯苓先生于 1919 年创办的，到现在已经有了 60 年的光荣历史。在这 60 年中，南开大学经过漫长而曲折的历程，发生了巨大的革命变化，如今已成为一所令人瞩望的全国重点大学了。60 年来，南开大学对于我国近代科学和文化教育事业的繁荣和发展，做出了应有的贡献。新中国成立后的 30 年中，南开大学在学校建设的各个方面，取得了显著的成就，为今后的发展奠定了良好的基础，在社会主义革命和建设中发挥着越来越大的作用。今天，在我国一个新的发展时期正在展开的时候，我们回顾既往，展望未来，在欣慰之中，深感任重而道远。

南开大学是敬爱的周恩来同志的母校，有着光荣的革命传统。周恩来同志于 1919 年 9 月作为首期学生进入南大。为了拯救国家、改造社会，他在南开大学和南开中学积极传播马列主义，创办了觉悟社，出版了《觉悟》杂志和《天津学生联合会报》，领导了天津的五四运动，唤起青年和社会各阶层群众开展了反帝反封建的英勇斗争。周恩来同志在五四时期的革命实践，开创和培育了我校的光荣革命传统。

20 世纪 30 年代，由于日本帝国主义对中国的侵略，引起了全国人民的同仇敌忾。在这个年代里，南开大学始终是中国共产党领导下的天津历次抗日救国运动的中坚。因此，1937 年 7 月，南开大学便成了日本帝国主义毁灭我国文化教育机构的第一个目标。但是，敌人的侵略气焰吓不倒我校师生，相反，他

---

* 1979 年 10 月 17 日是南开大学建校 60 周年校庆日，南开大学举行了隆重的庆祝大会。本文是杨石先在庆祝典礼上的讲话。

们的抗敌精神却因此而愈益奋励了。1937 年 10 月，南开大学与北京大学、清华大学迁往长沙，合组临时大学；后又迁往昆明，成立了名噪一时的西南联合大学。西南联大作为和反动势力搏斗的"民主堡垒"，在我党的领导下坚持开展了八年轰轰烈烈的抗日民主运动，沉重打击了国民党的反动统治，为抗战胜利做出了宝贵的贡献。

1946 年南开大学回津复校，广大进步师生在中共天津地下党组织领导下的反饥饿、反内战、争民主、争自由的斗争中，又用自己的鲜血，继续谱写了战斗的诗篇，并终于迎来了中国历史的新纪元——新中国的诞生！

南开大学不仅具有光荣的革命传统，而且还具有优良的学风。在长期的办学实践中，南大很早就形成了自己的以严格的基础理论教学和严谨的科学训练而著称的传统。同时，南大是非常重视科学研究的，对教学和科研二者之间不可分离的关系也早有认识。远在 1927 年我校就创办了在学术界颇有影响的经济研究所；1933 年又建立了应用化学研究所，从而成为国内大学从事科学研究的先驱。但是，在那黑暗的旧中国，教育和科学作为反动政府装潢门面的一个点缀，根本不被重视。当时南大的一些师生和所有进步的知识分子一样都是空怀"教育救国""科学救国"的壮志而无法实现，却又不知中华民族的真正出路在哪里。

1949 年 10 月 1 日，党领导下的人民革命取得了伟大胜利，毛主席宣告了新中国的诞生。从此，南大也获得了新生，进入了历史发展的新时代。新中国成立后，党对教育和科学事业非常重视，毛主席和周总理对我校的发展特别给予了亲切的关怀。1950 年，毛主席亲自为我校题写了校名。1958 年，毛主席又亲临我校视察，并指示我们："高等学校要抓住三个东西：一是党的领导，二是群众路线，三是把教育和生产劳动结合起来。"敬爱的周总理也先后于 1951 年、1957 年、1959 年三次重返母校视察，详细了解了学校的教学、科研和师生的生活情况，并在全校师生员工大会上发表了重要讲话。他殷切期望："南开在新的时代要有新的校风，有新的教学重点，要保证质量，真正能够很好地为社会主义服务，为将来的共产主义服务。"毛主席和周总理对我校工作的亲切关怀和重要指示，给了我们以巨大的鼓舞和鞭策，并为我们办好社会主义大学指明了前进的方向。在党的关怀下，新中国成立后南大进行了一系列教学改革，全面贯彻了党的教育方针，经过 17 年的艰苦努力，已逐步发展成为我国的教育和科学研究体系中的骨干力量之一。但是，由于林彪、"四人帮"的摧残、破坏，我国的高等教育几乎被毁灭。加之地震灾害和天津市揭批林彪、"四人帮"运动的拖延时日，我校所受损失更为严重。林彪、"四人帮"两个反革命阴谋集团被粉碎后的三年中，特别是通过贯彻党的三中全会精神，我们在认真落实党的知识分子政策和其他各项政策，对"文化大革命"遗留下来的各类问题进行清理的基础上，及时地实现了工作重心的转移，使我校重新走上了健康发展的道路。

　　过去的 30 年，我校尽管曾一度遭受林彪、"四人帮"的干扰破坏，走过一段艰难曲折的道路，但是，在党的教育方针指引下，广大师生员工战胜了困难和挫折，使我校在发展规模和教育质量、科研水平的提高上都有了显著的进步。和解放初期相比，在校学生现已增加了 3.6 倍，教师增加了 5.5 倍，建筑面积增加了 8 倍，图书馆藏书增加了 11 倍，仪器设备价值增加了 150 倍。30 年来，我校为国家培养了大学毕业生 15000 名，研究生 350 名。他们现在已成为各条战线的骨干力量，其中不少人已成为知名专家、学者，为社会主义革命和建设做出了积极的贡献。30 年来，我们还在数学、光学、理论物理、有机化学、元素有机化学、高分子化学、农药化学、昆虫学、植物遗传学等方面取得了一批重要的科研成果。1978 年全国科学大会上，我校有 28 项科研成果受到表彰。今年又有 3 项科研成果获天津市一等奖，11 项获二等奖，另有 5 项作为协作单位获二等奖。在社会科学方面，我校的明清史研究、经济学研究长期以来在学术界具有一定的地位。日前召开的我校第九届科学讨论会，共宣读了 293 篇学术论文，这是对我校一年来科研成果的一次检阅。另外，为了适应教学、科研和师资培养工作需要，我校现已建立了元素有机化学、数学、分子生物学和经济、历史 5 个研究所以及 12 个研究室，充实、调整了科研队伍，使专职人员达到 300 多名。今年我校还建立了学术委员会，开展了中外学术交流活动，邀请了 17 位外国专家来校讲学，多次派遣教师参加国际学术会议，并且与美国明尼苏达大学、印第安纳大学、西密执安大学和南斯拉夫的斯科普里大学初步建立了校际联系。南开大学在旧中国虽有其一定的地位，但只有在新中国成立后，在中国共产党的领导下，才能获得如此迅速的发展，才能真正走上为人民服务的正确道路。

　　缅怀过去，感奋有加。现在我们正处在一个伟大转折的历史时期。建设现代化的社会主义强国，必须造就一支宏大的知识分子队伍，极大地提高整个中华民族的科学文化水平。高等学校既是教育中心，又是科学研究中心，不仅要为国家培养更多的高质量的又红又专的人才，而且还要创造更多的高水平的研究成果。这是新时期赋予我们的历史使命，是党和人民寄予我们的殷切期望，也是全校师生员工共同的心愿和责无旁贷的任务。为了尽快把我校建设成为教育和科研中心，今后我们必须在以下几个方面做出更大的努力。

## 一、继续开展真理标准讨论，端正思想路线。

粉碎"四人帮"之后，党中央完整、准确地贯彻执行党的教育方针，彻底批判了"两个估计"，推倒了压在教育战线上的两座大山，广大师生员工倍受鼓舞。特别是党的三中全会以后，随着真理标准的讨论，林彪、"四人帮"在教育战线推行极"左"路线所造成的窒息空气，进一步被打破，我校教学、科研工作出现了生机萌动的局面。但是，我们现在思想还不够解放，步子迈得还不大。林彪、"四人帮"长期禁锢所造成的思想僵化、半僵化，仍然是当前我校教学、科研工作的主要障碍。因此，我们要通过学习叶剑英同志的国庆讲话来带动真理标准讨论，以极大的力量解决思想路线问题。叶剑英同志的讲话是我们肃清极"左"流毒，端正思想路线的强大武器。在学习讨论中，我们要大力提倡解放思想，联系实际，用讲话的精神来指导我们总结30年正反两方面的经验教训，来解决学校的路线是非和各种实际问题，来统一全校师生员工的思想和行动。各级领导干部要带领广大群众认真学习和深刻领会这个讲话的精神实质，并以它为武器，深入批判林彪、"四人帮"的极"左"路线，正确认识党的路线和政策，争取做解放思想的促进派，做安定团结的促进派，做四个现代化的促进派，加快我校"两个中心"建设的步伐。

## 二、全面贯彻党的教育方针，努力提高教育质量。

办好一个大学，主要体现在培养学生的质量上。我们的质量标准，就是使学生在德、智、体几个方面都得到发展。鉴于"四人帮"根本否定智育所造成的严重恶果，我们要坚决把德、智、体几方面的比例关系调整好，坚持以教学为主的原则，同时，又必须重视对学生进行思想政治教育和指导好学生锻炼身体。我认为，全面贯彻党的教育方针，强调抓好智育，扎扎实实地提高教育质量，这在当前来讲是完全符合实现四个现代化多出人才、快出人才需要的。

提高教育质量，必须首先提高教师的水平。我们要继续采取在职学习、脱产进修、出国培养等多种方式，其中主要的还是结合教学、科研任务来逐步提高我校的师资水平。对学术造诣精深的老教师，要积极为他们配备助手，充分发挥他们的业务专长及对中青年教师的传帮带作用。我们要经过两三年的努力，使大部分讲师的业务能力达到指导研究生的水平，使青年教师能胜任教学、科研的基础工作。办好学校的关键主要在教师。我们要坚决贯彻执行党的知识分子政策，充分调动广大教师的积极性、创造性，在党的领导下，依靠他们搞好教学和科研工作。这里我特别指出，要注意发挥中年教师的作用。他们中的许多人具有较高的教学能力和学术水平，长期以来为教学和科研做出了重要的贡献。我们要采取有力措施帮助他们进一步提高业务水平，同时要逐步地妥善解决他们的工作条件和生活问题，使他们能专心致志地从事工作。

提高教育质量，还必须认真抓好课堂教学工作，配备有经验的教师担任基础课教学，提高基础课的理论教学和实验的质量。要改进教学法，以进一步调动学生的学习积极性，引导学生勤于思考、善于掌握科学的学习方法，培养自学的能力和习惯，提高他们的认识问题和解决问题的能力。同时，还要逐步加强实验室、图书馆、资料室以及电化教学、计算、低温、生物、分析五个中心站的整顿和建设，为提高教育质量创造条件。

### 三、执行"百家争鸣"的方针，提高科学研究水平。

高等学校是国家科学研究的重要基地。根据国家需要和我校条件，今后的科研方向，理科应以基础科学为主，兼顾应用科学和新兴科学技术；文科应同时兼顾理论、历史、现状三个方面。在科研工作中，要努力做到：选准方向，坚持下去，做出成绩，形成特色。要不断扩大教师队伍中的科研编制，并逐步使更多的从事教学工作的教师兼搞部分科研工作。要努力实现实验装备和手段的现代化，今后要有计划、有重点地建设元素有机化学、现代光学、化学结构分析、分子生物学实验室，使它们尽快赶上或接近世界先进水平。

执行"百家争鸣"方针，发扬学术民主，是科学研究工作中一个十分重要的问题。科学的生机在于独立思考。只有独立思考，才能在前人成果的基础上不断地有所发现，有所发明，有所创造，有所前进。我们提倡独立思考，就是鼓励师生本着探求真理的精神，解放思想，开动机器，以促进科学的发展。在科研工作中，我们要鼓舞不同学派的独立研究，组织各种不同学术见解的报告会、讨论会，以活跃学术空气。在学术讨论中，一定要坚持"三不主义"，特别要注意区分政治问题、世界观问题和学术问题，一时难以区分的，应首先按学术问题对待。如果我们在科研中，真正按照党的方针政策办事，广大师生的积极性和才干就会充分发挥出来，我校科研工作生动活泼的局面就会形成。

同志们，在新的形势下，我们要继承南开大学的革命传统和优良学风，发扬前辈校友追求真理、勇于实践的革命热情，渴望祖国富强的爱国热忱和勇于攀登科学高峰的进取精神，在我校"两个中心"的建设中，争取更大的光荣。让我们在党的三中全会精神指引下，在天津市委和教育部的领导下，同心同德，奋发努力，为把南开大学办成教育和科研中心，为在本世纪末把我国建设成现代化的社会主义强国而奋勇前进！

# 致邓小平、方毅、蒋南翔等领导同志的信<sup>*</sup>

邓副主席，方毅副总理，

蒋南翔部长、张承先、刘仰峤、高沂、浦通修副部长：

新年好！值此岁序更新，进入大有作为的 80 年代之际，我也和全国人民一样，感到无限欢欣鼓舞，并想趁此机会，对如何把南开大学办成第一流的重点大学，为四化培育高质量人才，以不辜负毛主席生前视察时对我校的期望，无愧于敬爱的周恩来总理母校的盛誉问题，向您作一简要汇报。

我在南开大学工作已近 50 年了，今年已近 84 岁。回顾过去，含辛茹苦，历尽沧桑；展望未来，任重道远，前程似锦。我的大半生精力都贡献给了南开，我也盼望在我有生之年，看到南开大学能够在党和政府的领导和大力支持下，迅速改变面貌，得到较快、较大的发展。

南开大学是一所历史比较悠久、在国内国外比较知名的学校，尤其是周恩来总理青年时代曾在这里就学和从事革命活动，在国际上有较大影响。解放以后的 17 年，在党中央和国务院的关怀下，南开大学有了很大的发展，为国家培养了一万多名质量较好的人才，科学研究成果和师资队伍也有较大的增长。近十余年来，虽然遭到林彪、"四人帮"极左路线严重的干扰、破坏和地震的灾害，但自前年以来，特别是三中全会以来，学校的恢复和整顿工作，进展还是很快的。党委书记张再旺同志有革命事业心、政策水平和组织能力，能团结人，几位副校长也比较得力，应该说，我校的领导班子还是不错的。师资力量方面，有一支近千人的讲师以上队伍，其中有一批能担当学术上的带头人。近一年来，在党委领导下，整顿了党的政治思想工作和组织建设；贯彻了党委领导下的校长负责制；在调动知识分子积极性方面做了大量工作；整顿教学秩序，抓紧提高基础课教学质量；积极开展科研工作，召开了两次全校性科学讨论会；恢复、重建基础课实验室；开展对外学术交流和出国进修；加强后勤管理，改善师生

---

* 本文根据杨石先手稿整理，原件由南开大学档案馆提供。

生活条件。尤其可贵的是，目前，广大师生员工的社会主义积极性高涨，迫切要求南开大学能够加快前进的步伐，制订一个能鼓舞人心的学校发展规划，把学校办成一个有特色、有影响的全国重点大学，为四化多作贡献。

经过酝酿，拟将我校到 1985 年的发展规模调整为 8000 人左右（1978 年 10 月提出的规模为 1 万人），其中研究生至少占 1/4 即 1500 人，进修教师和教师研究班、外国留学生合计 500 人。专业设置方面，根据多年来的经验和国外发展趋势，大学本科准备采取宽口径、厚基础的原则，三年调整期中以提高现有专业为主，逐步筹设一些国家急需而物质条件较易解决的专业（如博物馆、经济管理、科技英语、德语、法律、国际贸易与金融等），以后再根据经济发展的需要，建立若干理科方面的专业和系。在科学研究方面，拟采取保证重点并照顾一般的办法，抓好落实工作，尤其在数学（概率论、信息论、齿轮啮合、李群）、激光、基本粒子理论、农药化学、元素有机化学、离子交换树脂、植物遗传（染色体工程）等研究方面，在国内保持较先进的水平；在系统工程、固体能谱、能源（氢化物、半导体材料）、有机结构理论、催化动力学、分子生物学等研究方面，争取达到国内较先进水平。此外，还要争取在分析化学、环境科学、昆虫激素、微生物、植物生理等方向做出较好成绩。在社会科学方面，也要在已有较好基础的若干方面做出较大成绩，并形成特色。要办好现有的 5 个研究所（元素有机化学、数学、分子生物学、经济、历史）及 13 个研究室，在二三年内扩建现代光学、离子交换树脂、农药 3 个所和半导体器件、氢化物、环境科学等研究室。为了加强对科研和培养研究生工作的领导和管理，准备在1982 年建立南开大学研究院。

为了达到上述目标，我们一致认为应把立足点建立在自力更生的基础上，领导全校教师职工，拼死拼活地干，把工作搞上去，尤其要抓紧教师队伍的调整、培养和提高；抓紧对教学、科研工作的领导；提高学校的管理水平和行政效率。除此以外，我觉得，有些问题是学校自己的力量所难以解决的，迫切希望中央和教育部给我校以特殊的支持。

一、根据中央首先办好少数重点大学的精神，希望教育部正式把我校列入第一批发展重点，使南开大学能较快地得到发展。

二、请中央考虑，能否按照武汉大学和同济大学的先例，今年华主席访美签订文化科技交流执行计划时，提出由美方支持我校建立一个科学研究院，可命名为周恩来研究院（以化学、物理、经济、历史为重点），以促进中美文化交流。鉴于我校是周恩来总理母校，过去长期和美国有文化交流渊源（教授中很多曾留学美国；洛氏基金和国会图书馆长期支持过经济研究所研究工作），现在还有七八所美国大学与我校联系，希望建立学术交流关系，并邀请我组织访问团访美，估计提出这一建议还是有理由、根据，有可能的。如果美国不行，那么日本、加拿大是否也可以考虑。

三、我们拟于今年秋后派出不超过 10 人的代表团访问美国七八所大学，签订学术交流协议，探寻合作途径，聘请退休的或年轻的美籍华裔教授来校工作等，请教育部研究批准。

四、在教学、科研的仪器设备和房屋基建方面，请中央给予大力支持。我们力争在 1981 年将教学用实验室先恢复到"文革"前水平，并有所提高；对科研实验室，我校也进行了规划，从 1980 年到 1985 年，分期分批从国外引进一些最必需的成套仪器设备，首先把元素有机化学、现代光学、化合物结构分析、分子生物学等 4 个重点科研单位装备起来，使其具有 70 年代水平。然后再对农药研制、生物测定以及开展光学和激光基础理论和基础实验的研究等提供设备条件。此外，还计划在 1981 年前建成理科共用的电教、低温、计算、分析、生物等 5 个站。初步估计，以上各项所需引进的高精仪器设备（国内不能生产的）最低约需一千万左右美金，国内购置仪器设备资金约为两千万元。

"文化大革命"后 12 年中天津市总共只给了我校三万四千美元外汇，连"文化大革命"前每年外汇数的一个零头也没有，近两年来教育部才又给了四万美元外汇，"欠账"实在太多。为了补救 10 年来的破坏和改变仪器设备的陈旧落后状态，我们希望在三年调整期间每年能拨给一百万美元的外汇，以后四年每年增加到二百万美元。

教学、科研用房的基本建设，十分紧迫。我校校舍基础原来就很薄弱，比别校差距很远，又加之 10 年破坏，1976 年地震中房屋又震坏一半，至今两座化学实验楼无法修复。根据我校发展规模的要求，今后 6 年内，共需基建面积 14 万平方米，今明两年需要 5 万平方米。今年必须解决图书馆书库、生物系实验楼、化学楼、外国专家宿舍等，共约 2 万余平方米。如果这些教学楼今年不动工兴建，不但谈不到学校的发展，连维持一般的教学、科研需要也有很大困难。因此请教育部考虑，对我校的基建安排，不能与别校平均看待，而需要给予格外的支持（我校基建用地不成问题）。

五、我校"文革"前几次支援几所高等学校，抽调了一批骨干教师和少数领导干部，现在被支援的单位或者已经羽毛丰满，或者计划已经改变。希望中央帮助我们将其中少数我校急需的名教师（名单附后，此略）调回我校。

以上五点对办好南开大学来说，都是很迫切的起码要求。您对我校的发展一直是关心和支持的，现在南大正面临一个能否大干快上、迅速改变面貌的新起点，我诚恳地希望这些问题能得到您的关怀和援助。

　　专此，谨致

敬礼！

杨石先

1980 年 1 月

# 致殷宏章的信*

上海中国科学院植物生理研究所
殷宏章所长同志：
　　去年林乎加同志在津时，由于牛满江教授的倡议，决定在天津成立分子生物学研究所，由南开大学和天津医学院协作，所址定在南开，这一倡议也获得教育部的同意。但由于本地区这方面的力量过于薄弱，不得不向外地乞援。我们决定拟请你所研究员焦瑞身同志抽出一部分时间前来参加分子所及生物系的微生物质体研究和进行指导。这种办法也是国家科委和科学院所赞同的，想来你所可以同意。
　　草此奉恳，并颂
研祺，兼贺新禧。

杨石先

1980.2.1

---

　　* 殷宏章（1908—1992），1929 年毕业于南开大学生物系，后留校任教，1935～1938 年赴美国加州理工学院留学并获博士学位，抗战时期回国并任西南联大教授兼清华大学农业研究所研究员。新中国成立后，历任中国科学院实验生物研究所研究员，上海植物生理研究所副所长、所长、名誉所长，是我国植物生理学主要奠基人之一。

# 愿为中日友好之路铺石

最近中日两国领导人共同确定的面向 21 世纪的中日和平友好关系的战略目标，是两国人民对历史和未来的共同思考的结晶。它充分反映了中日两国人民要求世世代代友好下去的强烈愿望，它必将长远地指导和推动中日两国友好合作关系的进一步巩固和发展。

中日两国一衣带水。自古以来，两国的历史和文化便一脉相通，源远流长。中国古代文化曾大量传播到日本，明治维新后日本的新的思想文化潮流也传播到中国。和世界各民族的文化传统相比较，中日两国间的共同点最多而差异则最小。带有许多共同点的民族传统，使得中国人民对日本人民一向怀有友好情谊，日本人民也一直对中国人民抱有亲近之感。这种历史关系是应该十分珍惜的。中日两个伟大的民族长期友好合作，不仅符合两国人民的利益，而且对维护亚洲和世界和平必将产生积极的影响。

教育交流一直作为一条纽带，对加强中日友好关系发挥着巨大的作用。一千年前的日本遣唐使，本世纪初东渡的中国留学生，以及中日邦交正常化后大规模交换留学生的活动，对于两国社会和两国人民所起的潜移默化的影响早已为人们所认识与称道。南开大学与日本教育界的交往可以追溯到 1917 年南开校友、已故周恩来总理赴日留学。他在日本虽然未进行过正规学习，但他抱救民济世之大志，博览了日本的民风国俗，并受到了进步思潮的影响，这与他后来的革命实践及对推动中日友好所做出的杰出贡献是不无关系的。我校一些老教师中曾在日本大学就学的也不乏其人。

中日邦交正常化以后，南开大学多次接待来自日本的大学代表团，去年我校代表团也回访了日本有关大学，并和爱知、一桥、立命馆等校签订了双边协议，和早稻田、神户等校也建立了学术交流关系。现在双方每年都有一些学者和留学生分别在对方学校进修、讲学和学习。每年暑期还有数十名日本学生来我校短期学习中文。另外，我校还有一些教师正和日本同事合作从事科学研究；同时，日本学者也应邀参加了我校举办的国际学术讨论会。随着这种交流的开展，我们有机会结识许多日本同行和朋友，从而对日本的教育传统有了较深入的了解。

　　毋庸讳言，中日两国在历史上也曾有过不幸的一页。在那次不幸的战争中，南开大学为我国文化教育机关中首遭破坏者，蒙受了深重的灾难。1937 年七七事变后，南开大学于 7 月 29、30 两日惨遭日本侵略军无端的炮击和轰炸，南开大学的心脏——木斋图书馆和秀山堂科学馆被夷为平地，思源堂和一些宿舍也受到严重损失。我和南开大学秘书长黄钰生教授是这场兵燹之祸的目击者。当时，看到张伯苓校长惨淡经营了 17 年、培养出许多著名学者的南开大学已成劫后余灰，真是痛不欲生！

　　已矣沧海事，历史已成陈迹。在中日两国悠久的友好交往的长河中，这只不过是一段曲折而已。而且，侵略的罪责只能由一小撮日本军国主义分子来负，日本人民是无辜的，他们也尝受了民族的苦恼和灾难。鲁迅先生曾向日本友人说过："度尽劫波兄弟在，相逢一笑泯恩仇。"但愿那场不义的战争能唤起人们的良知，不再让这段不幸的历史重演。在南开大学遭到日本侵略军惨重破坏 47 年后的今天，让日本人民尤其是日本青年知道这段往事，"前事不忘，后事之师"，他们会更加珍惜中日人民之间的友谊。

　　世世代代友好下去是中日两国人民的共同心声。"嘤其鸣矣，求其友声。"南开大学热切地期望和日本的教育界、科技界和企业界更广泛地开展教育、科学和技术开发的合作交流，携手并肩地为中日友好之路铺沙垫石，使它绵亘不断，一直延展到 21 世纪以至千秋万代，永久惠泽于两国人民。

　　　　　　　　　　　　　　　　（原载于《人民日报》，1984 年 7 月 30 日）

# 四、关于青年成长

# 《国立南开大学 1950 年毕业年刊》序

　　在人民胜利的今天，你们毕业了。回想过去四年的求学历程，曾与反动派激烈地斗争过，尽了人民一分子的力量，也曾接受新民主主义教育，坚定为人民服务的信念，是值得自豪的。

　　以往毕业即失业，而今在人民政权下，不但没有这种恐惧，还能够尽量使用所学，是多么幸运，要常记着"谁给我们的"。

　　在学校钻研的情况，不久即为陈迹，从发展上看，是推陈翻新的，不可无纪，然而年刊真正的目的，却是它能给我们一种启示，在既有物质基础上，积极地运用我们的劳动，理论与实际结合，提高生产力，使人民不仅有了自由，也能在不久的将来，有富裕的和文化的生活。

　　同学们，努力前进吧，不要落后，国家建设的重任，我们要愉快地、勇敢地担负起来。

# 加强学习自觉性[*]

暑期实习之目的，在使所学理论与实际相结合，以为他日学成致用之地。曩者，学子好高骛远，徒尚空谈，薄视技术，虽亦循例举行实习，每多虚应故事，个人所得经验之若何？理论如何始能配合技术？均无记载，可资稽考。本校1950年暑期实习，在政府大力主持之下，分配部门既多，学习时间亦久，且各单位均有教员负责指导。在教者以实物为理论之征验，而学者用知识作技术之配合，发挥教学相长精神，吸收宝贵劳动经验，诚可为实习制度革新之发轫。

兹者，实习师生珍视此一收获，乃有专刊之辑，各本所得，忠实记述，意在提高同学之学习积极性与自觉性，加强祖国建设事业之信心，并对理论学习不足症结所在，尽量披露，既可收互相切磋之益，尤足为鉴往知来之助。

爰书数言，以志缘起。

（原载于《南开大学实习专刊》，1950年）

---

[*] 1950年暑假，在教育部统一领导下，南开大学三年级的158名同学深入厂矿实习。这是南开大学在新中国成立后所组织的第一次规模较大的实习活动。学校将此次活动进行了总结，并收入了参加实习师生所撰写的文章，于年末出版《南开大学实习专刊》。本文是杨石先为该刊所写的发刊词。

# 巩固抗美爱国的思想收获
# 订好爱国公约 克服五项缺点*

全体南开人：

今天是五四青年节，同时又是中国新民主主义青年团成立两周年纪念日。

今天，在全国范围内掀起了抗美援朝运动，正是反帝反封建斗争的继续，正是五四爱国革命运动的继续发扬。今天我们庆祝这个伟大的节日，来总结一下我们抗美援朝运动中的收获，并指出今后努力的方向，应该是很必要的。

先讲我们思想上的收获：

第一，进一步明确了阶级观点，更坚定了反帝反封建的立场，分清敌友，加深了对敌人的仇恨。由于我们的阶级出身和旧社会的影响，对美帝，对反革命分子，以及对地主的罪恶是认识不够的，许多先生和同学往往不自觉地站在敌人的立场看问题。如去年反对奥斯汀无耻谰言的时候，有人认为没有美国人帮助我们办大学，中国就不会有像样的学校，没有认识到美帝文化侵略的阴险的本质。在学习"镇压反革命"时，有人说："杀他们太残忍了，还是教育教育好"，没有认识到反革命分子是甘心与人民为敌的敌人。在土地改革中，当自己家庭被斗争时，情绪上不能接受，以家属关系掩盖了阶级关系，是非不明，敌我不分。通过抗美援朝运动中的不断学习，我们进步了。学习"镇压反革命"后，有的人说："现在才知道特务真可恨，应该坚决镇压。"在认清了奥斯汀无耻谰言的荒谬本质后，一位先生说："我被美帝蒙蔽了一二十年，现在我才明白了。"因此，加深了对美帝的仇恨。在下乡宣传中，我们深刻体会到阶级的显著区别。农民说："土改后翻了身，分了地，感谢毛主席，感谢共产党"；地主说："这年头不好过"，在农村中谁拥护土改，拥护人民政府，谁反对土改，仇视人民，都看得很清楚，因此也帮助我们更明确了阶级观点，站稳立场。同时，通

---

* 本文是杨石先于 1951 年 5 月 4 日在五四青年节大会上的演讲摘要。

过学习和宣传活动，我们也知道了"恨不起来"和对反革命分子的无原则人道主义，都是对敌人斗争不坚决的表现。

第二，体会了劳动人民的感情，认识了劳动人民的伟大，看到了祖国的光明前途，加强了对祖国的热爱，加强了为祖国为人民服务的观点。

我们对劳动人民一向很隔膜，对他们的思想感情体会不深，对"知识分子与工农结合"的口号也只有抽象的了解，通过下乡宣传，我们正确地体会到了他们的感情。如四合村一位农民妇女拉着一位女同学说："我们是一家人，什么事用不着客气，要不是毛主席领导咱们翻了身，咱们一辈子也见不着面哩。"农民们真挚、朴实而崇高的感情感动了每个人，同时我们看到农村的变工互助小组，一位同学不禁高兴地说："等到将来实行集体农场，农民生活该是如何光明幸福啊！"由于这些，使我们更进一步地建立了为祖国、为人民服务的观点和爱祖国爱人民的热情。

第三，认识了世界和平民主阵营人民力量的强大，加强了保卫世界和平的信心，我们有信心在今后的工作中获得更多的收获、更多的胜利。现在已经有不少的同学和职工提出了保证，这是很好的。毛主席说："抗美援朝运动推动了我们的工作。"我们因为过去有了抗美援朝运动的收获，所以今天才出现了我们学校工作中的新气象。

为了更明确今后努力的方向，我愿意再提出我们学校中目前存在的问题，作为我们推动工作、改进工作的目标。

一、时事政治学习还不够普及与深入。有一部分同仁对时事政治学习还不十分重视，有些同学看报只看大标题，不深入学习，职工同志的学习尚未引起普遍的重视。

二、我们的教学工作还要继续加强，首先是课程改革的工作，有的课程虽然名词上改了，可是并不能很好运用新观点来教学，存在着形式主义的毛病。至于上课前还缺乏充分准备，缺乏认真负责的现象还是有的。我们学校的研究学术空气还没有普遍树立起来，也是我们今后应该特别重视的一点。

三、一部分同学的学习还是不够的，考试作弊的现象个别还有发生，迟到旷课的现象还没有完全消灭，生活表现涣散，还没有从抗美援朝运动中很好地接受教育，缺乏实际行动、积极学习的决心。

四、有的职工同志尚未树立认真负责的工作态度，工作效率不高，推托不负责任的现象还是比较严重的，甚至抱着雇佣观点，斤斤计较薪资的高下、个人的得失。今后要提高觉悟，建立制度，尽力为教学创造优良的环境。

五、南开人还不能很好地团结进步，常为了一些小事，彼此存在着隔阂，缺乏批评与自我批评的勇气，因此阻碍了团结进步，也阻碍了工作。我们通过抗美援朝运动，提高了觉悟，应该具有革命者的伟大胸怀，具有为人民服务的崇高理想，对于琐琐小事，应该本着团结、互助、友爱的精神，彼此消除己见，相约以工作为重，而共同努力进步。

同志们，今天我以万分兴奋的心情，简略地分析了我们的思想收获，并提出了五点存在的问题，我的意思是必须先清楚地了解自己，一方面巩固收获，坚定工作信心，一方面又不怕说出自己的缺点，而不断发掘问题，解决问题，我们的工作只有在这样勇于进行批评与自我批评的精神下，才能够做出更好的工作成绩来，亦就是真正地为祖国为人民而服务。

最近有不少同学同人提出了保证，纷纷表示要以实际行动来支持抗美援朝，把我们不可遏制的、奋发的爱国热忱，贯彻到工作和教学中去，这是抗美援朝爱国运动发展的必然趋势，我们要给予最大的重视，并且很好地发扬它。所以今天我代表南大抗美援朝支分会特别慎重地向全体南开人提出订立爱国公约的问题。爱国公约是把我们抗美援朝的思想收获，把我们爱祖国爱人民以及反对美帝武装日本、保卫世界和平的不可动摇的意志和坚强的决心，用公约的形式固定下来，作为今后我们爱国的行动纲领，是一切工作和教学中经常起作用的动力。

因此，又要求我们把爱国公约视为抗美援朝运动推进到新阶段的一个新发展，要在巩固的基础上继续深入，要经常化和持久化，我们的抗美援朝的任务没有达到胜利完成的一天，我们的运动就一直不停，永远坚持下去，直到最后胜利为止。

（原载于《人民南开》第 11 期，1951 年 5 月 5 日）

# 在纪念五四的前夕给全体同学的一封信

全体青年团员同志们、全体同学们：

今天是伟大的五四运动 35 周年,和中国新民主主义青年团成立 5 周年纪念日，我们特向你们致以热烈的祝贺。

我们中国革命青年是一向有着光荣的斗争传统的,在中国共产党的领导下，在三次国内革命战争和抗日战争中，都发挥了高度的爱国主义和国际主义传统，在人民革命事业中，留下了光辉的一页。

我国的学生青年，由于中国共产党的正确领导，走上了和工农结合、为工农服务的革命道路，成为革命斗争中的一个主要方面军。

几年来，你们的进步是显著的。在你们当中，像青年团员谢一冈以自己的实际行动贯彻毛主席"三好"指示的同学正在一天天多起来。这是一种十分可喜的现象。

但是，你们目前正处在成长的过程，在各方面还缺乏锻炼，为了不愧为我国革命青年的光荣传统继承者，为了适应新的形势的要求，你们需要学习，必须学习的东西还很多，必须怀着对祖国建设事业无限忠诚的责任感，永远不骄不躁地学习下去，从各方面来充实自己。

在这中国青年的节日里，我们——这老一辈的人，作为你们的校长——向你们提出以下几点希望：

1. 以饥渴般强烈的求知热情，努力地学习科学知识，社会主义共产主义的建设任务在你们的肩上。你们知道，没有科学，是不可能设想建设起社会主义的。在今天，你们应热爱自己的学习岗位，热爱自己的专业，热爱自己的学校，热爱自己的师长，热爱自己的同学，大家团结得像一个人，戒骄戒躁，虚心好学，不怕困难，循序渐进地学好功课，切实地逐步提高学业成绩。

2. 努力学习马克思列宁主义，培养新的世界观、人生观，继承中国青年为工农服务的优良传统，树立起全心全意为工农服务的思想，培养劳动观点、劳动习惯和艰苦朴素的作风，准备为祖国建设服务。

3. 必须进一步加强体格锻炼。目前你们的健康情况还不够好，有些同学经常患病或不能坚持每天的学习时间，这些都必须引起我们的注意。希望你们要注意养成规律的生活习惯和卫生习惯，按时作息，并坚持每天下午的课外体育活动。希望在今后的一年内，我们全体同学的健康水平都能有进一步的提高。

马克思主义者是一向十分重视青年力量的。恩格斯说过："我们革命党内的成分，主要的是青年，难道不是很自然的现象吗？我们党是掌握未来的党，而未来是属于青年的。我们的党是革新者的党，而最热心地跟着革新者走的总是青年。我们的党是同陈旧腐败现象舍身奋斗的党，而首先去舍身奋斗的始终会是青年。"

反动统治者是把青年看作剥削奴役掠夺的廉价劳动力。他们带给青年的是腐化堕落，愚昧无知，看不见真理和光明。

只是由于中国共产党的正确领导和殷切关怀，中国青年才走上了革命的道路。只是由于中国共产党领导的人民大革命的胜利，才给青年开辟了无限广阔、光明灿烂的前途。

新中国成立后，你们又在中国共产党和人民政府以及学校的培养教育下，改造着思想，培养着新的人生观和新的道德品质，努力地学习着。

青年团员同志们，青年学生们：祝你们在今后的一年中，在贯彻毛主席"三好"指示上获得进一步的成绩。

杨石先　刘披云

（原载于《人民南开》新第 47 期，1954 年 5 月 3 日）

# 勉励同学为成为社会主义建设人才而努力<sup>*</sup>

亲爱的同学们：

今天，我们又进入一个新的学期了。首先让我们代表学校欢迎你们进入新的学期进行学习，并希望你们都能以饱满的学习精神，来迎接新的学习任务。

上学期，我们广大同学在教师的教导和关怀下，为完成祖国交给我们的学习任务，努力钻研，学习成绩有了显著的提高。据不完全统计，上学期全校成绩优良的同学占全体同学的一半以上，成绩不及格的人数从上一学年的20%下降到 8%。工农干部同学成绩优良者也达到全体工农干部学生的半数以上。工农速中同学的成绩也在不断提高。这是极其可贵的进步，也是社会主义觉悟不断提高的一种表现。但是，在祖国社会主义建设事业迅速发展的面前，我们还必须加倍努力。祖国要求我们大学生的，就是要在学校学习中把自己逐步培养成为具有高度政治觉悟、体魄健全，掌握专门科学技术的高级建设人才，以便在各个工作岗位上肩负起把祖国建设成为伟大的社会主义国家的光荣任务。因此在大学学习中，切实掌握系统的专门知识和培养独立的工作能力，就成为我们每个同学的首要职责。过去我们有些同学对充分利用独立思考能力、发扬自觉性和克服困难的精神还显得不够，为此，我们要求广大同学要以更高度的集中思想和精力来学习。在上课时要集中注意力，真正听懂教师所讲的内容，要善于记下讲课中的重点，善于思索讲课中的精髓。这就是说要善于充分利用听讲、阅读笔记等一切有效的科学的学习方法。在上课前和下课后，应该善于支配自己的学习时间，做到课前预习、课后复习，使其能便于在上课时掌握教师所讲的内容，课后又可牢记和消化。当然，要做到这些，在一些学生中是会有困难的。但是我们应当认识，学习本身就是一种艰苦的脑力劳动。伟大的革命导师马克思教导我们："在科学上面是没有平坦的大路可走的，只有那在攀登上不畏劳苦、不畏险阻的人，才有希望攀登到光辉的顶点。"我们在学习上，必须

---

<sub>* 题目为编者所拟。</sub>

战胜困难，才能掌握为我们祖国建设所需要的科学和技能，毕业后才能独立地、创造性地担负起国家所分配给我们的工作。

正如大家所知，祖国需要的不是随随便便的一种人才，而是德才兼备、体魄健全的社会主义建设人才，所以除业务学习必须学好外，同时还必须加强社会主义道德品质和健全的体格的锻炼。上学期，我们广大同学在党、团和学校的领导下，在积极争取优秀生和优秀班的进程中，同学们的政治觉悟和健康水平也有很大的提高，同学间的互助友爱及新的道德品质的成长，使得我们广大同学的精神面貌有着显著的改变。但是，应该承认，在我们学校中还存在着少数偷窃、打架以及近乎流氓的败坏道德的行为，在少数学生中还存在着资产阶级的享乐思想、不正确的恋爱观，和不尊敬师长、不遵守纪律等情况。这些现象，对于国家培养人才的要求是十分不相称的、有害的。我们的体格的锻炼和文娱活动，也嫌开展得不够正常。全体同学应该清楚地认识：培养新的道德品质和锻炼成健全的体魄对于中国大学生的重大意义，从而树立优良的学风，发扬为祖国而学习的责任感，真正地把自己培养成为德才兼备、体魄健全、掌握现代科学技术的社会主义建设人才。

同学们，努力吧！伟大的祖国社会主义建设事业正在期待着我们！

副校长　杨石先　刘披云

1955 年 2 月 9 日

（原载于《人民南开》新第 76 期，1955 年 2 月 12 日）

# 在毕业典礼大会上对毕业生提出五点希望*

我首先代表学校向应届毕业生祝贺，祝贺你们在大学的五年期间，在党的亲切关怀和教导下，在老师辛勤的培养下，勤奋读书，深思好学，已经掌握了一定的科学文化知识，具有了一定的政治觉悟，并即将陆续走上工作岗位，为社会主义建设服务。希望毕业生都能够自觉地、愉快地接受国家分配的工作，善于把个人志愿和国家实际需要正确地统一起来。被分配到边远地区工作的毕业同学，一定要坚决服从国家的需要，自觉而愉快地接受国家分配，到祖国最需要的地方去，用自己的双手和智慧，辛勤地劳动，把祖国的边远地区建设得更加美丽，更加幸福。

最后向毕业生提出五点希望：一、在工作中要树立攀登文化科学高峰的雄心壮志，为社会主义事业而努力钻研业务；二、要认真学习马列主义和毛主席著作，要自觉地改造思想；三、向一切有知识的人学习，向劳动人民学习，和中老年教师、专家搞好团结；四、要艰苦奋斗，克服困难；五、今后多和学校联系，帮助学校改进工作。

（原载于《人民南开》第 489 期，1961 年 9 月 8 日）

---

* 本文是杨石先于 1961 年 9 月 6 日在南开大学毕业典礼上讲话报道的摘录。

# 在南开大学 1962 年毕业典礼上的讲话*

　　我首先向全校 618 名完成了大学学习任务，即将走上工作岗位的毕业同学致以衷心的祝贺，并向全体毕业生提出五点希望：

　　一、要坚定社会主义方向，听党的话，努力学习马克思列宁主义，继续改造思想。一个人选择什么方向，决定一个人能不能有所成就。如果选择的方向正确，经过刻苦努力，就会对人民做出贡献。如果方向走错了，就不会对人民做出什么贡献。也许他自己可以洋洋得意，但最终还是要受到人民的唾弃。每个毕业同学的言行要合乎六亿五千万人民的利益和要求，要跟共产党一条心，听党的话，永远跟着党走。由于大家的思想在不同程度上还受到旧社会的影响，因此必须注意继续改造思想，要努力学习马克思列宁主义，学习毛主席著作，开展批评和自我批评，在工作实践中，在改造世界的斗争中改造自己。

　　二、要树立雄心壮志，为建设社会主义事业刻苦钻研业务。毕业同学应当有自己的理想抱负，要在自己所从事的专业工作中取得出色的成就，为祖国的社会主义革命和社会主义建设做出更大的贡献。要实现远大的理想，就必须扎扎实实地打好基础，就必须热爱工作、刻苦钻研。希望再过五年、十年、二十年、三十年，你们当中有许多人能成为工人阶级的科学家、教育家、马克思主义理论家和其他各种实际工作的优秀工作者。

　　三、要和工农结合，向工农学习，向一切有实际工作经验的人学习。毛主席教导我们："知识分子如果不和工农民众相结合，则将一事无成。革命的或不革命的或反革命的知识分子的最后的分界，看其是否愿意并且实行和工农民众相结合。"我希望你们一定要遵照毛主席的指示去做，热爱工农，和工农群众紧密结合，虚心向工农学习。工农群众是我们力量的源泉，知识分子和工农结合，就会使知识分子本身获得无比的力量，显出巨大的智慧。你们还要向一切有实际经验的人学习。因为他们在长期的工作中积累了比较丰富的知识和经验，许

---

　　* 本文是杨石先于 1962 年 9 月 29 日在南开大学毕业典礼上讲话报道的摘要。

多人具有一定的专长，有些人还在学术上和实际工作上有突出的成就。你们要虚心地向他们学习，要尊重他们，接受他们的指导。只有这样，才能学到更多的知识和经验，有利于自己在业务上迅速地成长，有利于做好本岗位工作，有利于社会主义建设事业。

四、要艰苦奋斗，克服困难，战胜困难。你们离校后，在实际工作中可能遇到而且必须解决这样和那样的困难。对困难要有必要的思想准备，同时也不要夸大困难，不要逃避困难，而是要正视困难，和困难做斗争，从而去战胜困难。在工作中要善于挑重担子，要吃苦在前，享乐在后。

五、要多和学校联系，帮助学校改进工作。

最后预祝全体毕业同学工作进步、身体健康、旅途平安。

（原载于《人民南开》第 527 期，1962 年 9 月 29 日）

# 在化学系迎新会上谈有关学习的三个问题*

关于尖端和一般的关系。尖端是塔形的，必须上端小下端大。如果上端大下端小，就一定不稳固，会倒下来。两年前苏联科学代表团访问我国，刘少奇主席接见他们的时候，他们的团长——当时苏联科学院院长涅斯米扬诺夫同志——讲话中有一段话很值得我们注意。他说："探索积累科学知识，发展科学研究，就如同贮备水源一样。你要挖得深，挖得大，并且要尽量引向许多方面。只有这样，在用水的时候才能走不太远就把水引来，才能源源不断，不至于一用就干枯了。"我们要攀登科学顶峰，就必须积极掌握一切基础知识，打下坚实的基础。有些基础知识看来暂时还用不上，但将来一定会用到的。

有些同学不重视基础课的学习，而愿意学习专门组的课程。这是不正确的。你们在大学五年的学习中，基础课的学习时间比专门组课要长，内容也要多些。这是为了给以后更好的工作、学习打下牢固的基础。青年时代是求知欲最旺盛的时代，你们要利用这五年宝贵的时间学好基础课；当然到高年级时也要学，而且也要努力学好专门组课。只有把基础课学好，掌握独立工作的方法，这样才能为将来攀登科学尖端打下更结实的基础。

关于理论与实践的关系。现在有个别的青年教师有一种不正确的看法：只重视讲授工作，而忽视实验工作。如果让他开一门课，即使很累，他也愿意；如果让他去辅导实验，他就不愿意干了，说什么辅导实验没有什么长进，没有什么可学的。其实并不如此。实验是自然科学基础的基础，化学科学的本身就是一门实验的科学。很多青年教师在学习时没有打好基础，自己实验就做得不够好，辅导起实验来困难就很多，因此也需要在现在好好地训练一下。我在国外时遇到国内一位化学系毕业生进研究院学习，补修气体分析和仪器分析的事。由于过去在国内实验做得少，遇到复杂的精密仪器没有经验，他在两周内就损

---

* 杨石先校长在1962～1963学年化学系迎新会上向全体师生就学习问题做了报告，主要谈了尖端科学和一般的关系、理论与实践的关系、学习外语三个问题，为同学们今后的学习明确了方向。本文是杨石先讲话报道的摘要。

坏了十多件仪器，害得人家不得不紧急补充仪器，也影响了别人的实验，他自己也不好意思继续下去了，于是改行学教育了。做学问应该踏踏实实、认真、细心，培养良好的科学素养，打好基础，练好基本功夫。例如学分析的一定要计算精确，因为这是最基本的功夫。上海某高校分配一个毕业生去做化学家黄鸣龙先生的助手。黄先生让他做有机实验，他说我是学高分子化学的，不会做有机实验。高分子化学的基础是有机化学，不会做有机化学实验又怎么能做好高分子化学实验？因此大家必须学好基础课，同时在学习中不仅要重视理论学习，还要提高自己的实验、运算、画图的能力，做到理论与实践的密切结合。

关于学好外国语的问题。外语是一种很重要的工具。今年入学新生，在中学有一定的外语基础，入大学后应该努力学习，掌握一门外文。学生们的外语水平不能停留在一小时看一页半外文的程度上，而是要有更高的要求，这就希望大家平时注意训练、多应用。随着我国科学技术的发展就愈加显示出学习掌握外语的重要性。因此，每个大学生都要争取在头两年内扎扎实实地掌握一门外文，在后三年再学一门外文。这样才能为将来攀登科学技术高峰创造更好的条件。

（原载于《人民南开》第 527 期，1962 年 9 月 29 日）

# 给生四（一）班同学的复信*

生四（一）班全体共青团员和同学们：

你们在实际行动中学习雷锋，这是培养共产主义道德品质的生动一课。

在你们的影响下，生物系有十二个班的共青团员和同学在课外活动时间清理了中心教学楼内外的零散器材，感谢你们辛勤的劳动。

希望你们全班同学把这种共产主义精神贯彻到日常学习和生活中去，努力提高政治觉悟，切实提高学习质量，爱护学校的一草一木，把自己培养成为又红又专的共产主义接班人。

杨石先

1963 年 3 月 30 日

（原载于《人民南开》第 540 期，1963 年 4 月 2 日）

---

　*　1963 年 3 月 5 日，毛泽东"向雷锋同志学习"的题词在《人民日报》发表之后，在全国范围内掀起了"向雷锋同志学习"的活动高潮。南开大学生物系四年级一班全体团员和同学发起了"清理主楼工地"的活动，并得到生物系全体同学的响应，全系 216 名同学参加了劳动。劳动后，生四（一）班同学写信给杨石先校长汇报了成绩。本文是杨石先给同学们的复信。

# 在纪念五四青年节大会上的讲话<sup>*</sup>

今天是五四节日，我首先祝贺你们节日愉快！

正如大家所知道的，自从党的十一大和五届人大确定了社会主义革命和社会主义建设新的发展时期的总任务以后，全国亿万人民在党中央领导下，开始了向现代化社会主义强国迈进的新的长征。一个向科学技术现代化进军的热潮正在全面迅猛发展，各族人民豪情满怀，斗志昂扬，祖国的形势大好，前途光明灿烂。我作为一个老一代的科学工作者对此感到由衷的高兴和喜悦。

向四个现代化进军，建设社会主义强国的重担，落在全国亿万人民的身上，但更重要的是落在青年一代的身上。你们现在十来岁，二十来岁，过一些年就是二十来岁，三十来岁，正是社会的中坚力量。毛主席说过："世界是你们的，也是我们的，但是归根结底是你们的，你们青年人朝气蓬勃，正在兴旺时期，好像早上八九点钟的太阳，希望寄托在你们身上。""世界是属于你们的，中国的前途是属于你们的。"

我国的青年在过去的革命和建设时期建立了不朽的历史功勋，我们的青年是有着光荣的革命传统的。59 年前的今天，中国的革命青年为了反对帝国主义、反对封建主义，掀起了轰轰烈烈的五四爱国运动。伟大的五四运动成为中国近代革命由旧民主主义向新民主主义转变的历史转折点，成为中国无产阶级革命的开创时期，毛主席对此曾给予了高度的评价。在革命战争年代里，出现了无数像刘胡兰、董存瑞、黄继光那样的青年英雄人物，极大地鼓舞了全国军民的斗志。新中国成立后，我们的共青团、少先队发扬光大了过去的优良传统，在很长一段时间里广大青少年好好学习，天天向上，爱祖国、爱人民、爱劳动、爱护公共财物蔚然成风，为保卫祖国和建设祖国贡献了力量。

在今天，我们粉碎了"四人帮"反党集团，砸烂了"四人帮"加在我们身上的精神枷锁，坚冰已经打破，航道已经开通，在我们面前展现了极为光辉的

---

* 本文是杨石先在 1978 年 5 月 4 日纪念五四青年节大会上的讲话。

前景，历史的重任落在我们，特别是青少年一代的身上。我相信，有着光荣革命传统的青年同志们一定会在今后向四个现代化进军的征途上，最大限度地发挥出你们的光和热，做出更多的丰功伟绩。

四个现代化最关键的是科学技术现代化，要完成这一任务，对于青年同志有什么具体要求呢？我想简单地提出以下四点：

第一，一个最基本的要求就是要做到"三老四严"①，绝对不能弄虚作假，凭空捏造，所以"四人帮"对科学、对科技人员极端仇恨，就是因为这两方面是水火不相容的。他们总是言行不一，鬼话连篇，无中生有，捏造和歪曲事实，林彪和"四人帮"一脉相承，十几年来流毒很深很广，中了毒的人是很难从事科学工作的。所以我们必须深揭狠批，使人人都认识到这一危害性，才能和这一恶习有彻底的决裂。

第二，我们科学方面的基础本来相当薄弱，由于过去封建统治者所采取的愚民政策，革命成功后才获得改变，又遭到"四人帮"的破坏，和世界的差距又拉大了，一般比人家落后 20 年，有的甚至更多。所以要赶不是轻而易举的事情，何况又有时间的问题，因此必须树雄心，立壮志，刻苦钻研，长期坚持，才能钻进去，才能攀登高峰。

第三，除数学外，其他学科都需要有理论和实验技术的全面掌握，如果只有一方面则非常不够，特别在应用科学的研究上尤其如此。

第四，要团结互助，彼此启发，广泛交流，发挥集体的力量比个人单独奋斗，在效果上和速度上都有好处。

以上所说的经验可供你们参考。

青年同志们，祖国对你们寄予了很大的期望，老一代的科学工作者同样对你们寄予了很大的期望，希望你们能够成为革命事业和科学事业的可靠接班人。前途是光明的，道路是艰险的，望你们能知难而进，攻关克关。马克思曾经教导我们："在科学的道路上没有平坦的大道，只有不畏艰险沿着陡峭山路向上攀登的人，才有希望达到光辉的顶点。"我希望这一条语录永远作为有志于科学的青少年同志们的座右铭。

我是一个科学战线上的老兵，从事教育和科学工作几十年了，虽然我已 80 多岁，但是生命不息，战斗就不应停止，我愿意和大家一道在新的长征道路上大踏步地前进，尽我自己应尽的力量。

---

① "三老四严"是指：对待革命事业，要当老实人，说老实话，办老实事；对待工作，要有严格的要求，严密的组织，严肃的态度，严明的纪律。

　　青年同志们，《中共中央关于召开共青团第十次全国代表大会的通知》已经发表，这是党中央对广大青年的殷切关怀和期望，我们一定要认真学习、宣传，落实中央《通知》精神，在长征路上，为实现新时期的总任务，充分发挥青年的突击队作用，用实际行动，用丰硕的成果，迎接共青团第十次全国代表大会的胜利召开。

　　现在是满园春色，春色满园，我更期望着祖国的大花园里百花齐放、万紫千红的到来。青少年同志们，为伟大的目标而努力奋斗吧！我们的目的完全可以达到，也一定能够达到。

# 青年应该志存高远——致应届高中毕业生

　　高等学校招生考试日益临近，广大考生都在紧张努力、专心致志地复习功课，准备接受党和人民的检验。粉碎"四人帮"以后，特别是经过改革大学招生制度，看到广大青年学生为社会主义现代化勤奋学习的动人景象，我深深感到祖国科学的未来是大有希望的。

　　实现四化，关键是科学技术现代化。林彪、"四人帮"的十年浩劫，使我国科学人才的培养出现了一大段空白。人才的后继乏人已成为四化建设进程中的一个障碍。当前，我们的国家迫切需要既有科学文化知识、又有社会主义觉悟的建设人才，特别是高级专业人才。大量事实证明，国家的富强，生产力的提高，在很大程度上依赖于人才的培养。可以说，培养科学后备力量，对实现四化有着战略意义。

　　你们是高中毕业生，应该说已经掌握了一定的科学知识，但这还不够。中学只是人才成长的基础阶段，要使自己的才能获得成熟的发展，还必须通过接受高等教育以及参加社会实践来实现。高等学校承担着培养高级专业人才的主要任务，而你们又是大学生的主要来源，你们的水平将直接影响着大学的教育质量。为了在本世纪内把我国建设成为伟大的社会主义现代化强国，我们需要建立一支强大的科学技术队伍和马克思主义理论队伍。我们期待着你们加入这支队伍，并希望能在你们中间涌现出一批优秀的科学家和理论家。青年是四化建设中的生力军和后备军，你们应该自觉地认识历史赋予你们的责任，努力把自己造就成一个对国家、对民族有用的人才，否则就不能适应历史发展的需要。

　　目前，许多考生正在满怀信心地复习功课，巩固加深所学的知识，准备以优异的高考成绩向祖国和人民汇报。据说也有一些同学胸无大志，妄自菲薄，至今仍在自暴自弃中庸闲遣日，蹉跎时光。学校对这些同学要给予热情的关怀，教育他们关心祖国的前途，把自己的学习和四化建设联系起来，在这样的思想基础上培养他们的进取精神，同时对他们学习中的困难还要给予具体的耐心的帮助。高尚的理想能够产生巨大的动力。就拿我们这些老知识分子来说，哪一个不是在青年时期就立下报国的志向？哪一个不是在孜孜苦读中度过自己的青春？记得我在清华学堂念中学时，为了学好英文，曾用了两年的课余时间读遍学校图书馆的英文原版文艺书籍。在美国留学时，我几乎每天都是带着简单的午饭走进实验室，将近午夜才离去。我们的知识就是这样积累起来的。但是，在旧社会，我们奔波半生却壮志难酬。现在时代不同了，特别是踢开了"四人帮"这个四化路上的绊脚石，青年可以专心致志地学习，学成之后可以尽情地施展自己的才能了。

　　中央一位负责同志曾说过，一个国家、一个民族，要想兴旺发达，总要有一些有雄心壮志、朝气蓬勃的人。我希望你们都能成为这样的人。青年应该志存高远，有理想，有抱负，勤奋读书，刻苦钻研，勇于攀登科学高峰，让青春在四化建设中放出异彩！

（原载于《天津日报》，1978 年 6 月 2 日）

# 五、关于人生道路

# 我的自传

　　我于公元 1897 年 1 月 28 日（清朝光绪二十二年十二月二十六日）出生于一个中等官僚家庭。六岁以前母亲带我和弟弟随祖父母住在杭州。祖父在浙江做官多年，历任嘉兴府知府、宁绍台道等职。外祖家也在杭州。

　　六岁时父亲接家眷至济南，他在山东初为候补知府，后因为办理黄河防汛有功，保升候补道。我在杭州时已上家塾，开始识字，到济南后父亲又延请教师来家教读。学四书、五经（缺《易经》）、《史记》、《文选》而外，又兼习数学和地理。故早年教育虽带有浓厚的封建色彩，亦略具维新的成分，因父亲已认识到科学技术的重要性。十一岁时父亲被直隶总督调来天津供职，家亦由济迁津。我兄弟二人开始学校生活。我们考入民立第二小学，我插入高二，弟弟入高一。1910 年我在高小毕业，考入清华留美预备学校，次年弟弟毕业，考入青岛德国高等专门学校预科。这完全符合父亲的愿望，因他曾一再表示希望我学农科，弟弟学工科，而美国和德国又是他认为这两方面最理想的国家。他确实体会到工农业是国民经济的根本。

　　辛亥革命（1911 年）以后国民党掌握了新政权，和以袁世凯为首的北洋派进行政治斗争，暗潮剧烈。父亲过去政治关系是属于北洋派，而感情上又倾向于维新，有严重抵触情绪，故不愿在北方政府任职。有友人推荐他到原籍安徽省政府做事，尝试两年又告失败。这使他认识到自己脾气不好，思想不合时宜，没有在新时代做官的本事，不如坚决退出宦途，另觅谋生之道。适母亲身染重病，长期需人照料，而妹妹又小，父亲自己无法管教，遂将他们送外叔祖家在上海暂住。自己则只身赴北京，寄居会馆，以卖文、鬻字为生。这一家庭变化在我们兄弟两人的思想上都留下了深刻的烙印。我们在学校都享有公费。每年家中原只需补贴二三十元作为零用和服装之费，改由自己工作弥补，困难不大。但一个美好完整的家庭忽然烟消云散，连假期都无家可归，这对十多岁的青年人来说是痛苦的，而且认识到以后的一切，只有依靠自己的努力了。父亲有见解，亦有办事能力，但是没有专门学问而又性情戆直褊急，说话经常得罪人，在变乱的时代很难不遭受打击的。

家庭的情况如此，国内国外形势又如何呢？国内军阀专横，内战不息，民生凋敝，外侮日亟。国际则德、英争霸，欧陆风云紧急，日本野心勃勃想乘机吞并东亚。所以我在青年求学时代始终以最严肃的态度对待学业和锻炼身体，其余一概置之不问，以期自己学成之后负起重建家庭和复兴祖国的责任。当时以为中国最根本的问题是国内广大人民未受教育，不能发挥政治作用，而掌握政权的人又都是无良心的政客和无头脑的军人，互相勾结利用，既无政治经济常识，又不懂得科学技术的重要性，以致一切落后，无法抵抗，听人宰割。特别是科学，它为新时代教育的重要组份，为技术的源泉，如果中国不能掌握、发展，则永远不能脱离落后的地位。这亦就是教育和科学救国论者的看法，自己对之深信不疑，绝未想到在帝国主义操纵下可能是一条走不通的途径！

我在清华学堂前后读了七年，中等科三年，高等科四年。学业上的竞争是剧烈的。入校时同班同学为一百七八十人，各省按规定名额招考送来的，每年淘汰一部分，又由学校自己招插班新生若干人。最后毕业时只余五十多人，其中原来的略逾半数。七年中我饱受资产阶级思想的浸润，无形中养成了崇美的观念。由于认真学习，一般成绩优良，名列前茅。但仍有一点不尽为美国教师所满意的，就是拒绝接受耶稣教义。这是由于早年父亲时常对我们说起清末各省教案的始末，使我对帝国主义以宗教为侵略工具有了初步的认识的缘故。何况真正从事科学的人对宗教总是有抵触的，不过许多人由于多年习惯不能自拔，只在形式上奉行尔。幸而清华还是中国官方的学校，不能因此而把我排斥。

1918 年夏赴美被分配至纽约州康奈尔大学。该校工科、农科俱享盛名，规模甚大，全校有学生三四千人，中国留学生亦达四五十人。因我填的志愿是农科，所以被分往该校。不料当时第一次世界大战尚未结束，美国在后期亦正式参战，加入联盟方面。全国及龄男性青年有高中毕业水准的均被征入军官后备大队训练。惟工科和医、药、化学等方面可以部分免征。因而文科、农科等全部变为女生。化学则因军事需要（毒气战争在第一次世界大战展开）而大大地加强了。自己原来对化学兴趣很高，遂呈请留学生监督转入应用化学科。

当时中国学生在美国的处境是相当痛苦的。因为辛亥革命后，政治依然腐败，内战不息。当日本提出了廿一条时又被袁世凯政府接受，毫不抵抗。遂被当作劣等民族对待，经常受到侮辱。只有在学校内还能得到尊重，因有学业成绩作标准。这种情况更加刺激自己学好专业的要求，更加坚定早日归国办好教育和发展科学的志愿。我曾大胆地告诉美国同学们，不到五十年中国一定可以屹立起来，你们等着瞧吧。对于美国制度上的许多缺点亦不可能不看到，过去把美国当作理想国家的幻想很快地被打破。

1922 年春在应用化学科卒业，赢得多数教师的深厚友谊，他们希望我留校作研究生。当即告以愿往有机化学工厂，尤其是染料或者制药厂，工作两年取得生产经验，然后再来进行研究。系主任和教授都为我进行推荐，不料大的厂家对于黄种人十分歧视，特别在染料和制药方面有不少业务秘密，深恐泄漏，坚不同意，个人原定计划不能实现。不得已入康大研究院，准备博士论文，估计约需二年半至三年。自己清华公费尚有一年半，成绩好还可延长一年，导师又告我可以申请本校研究生奖金或研究专款，故完成学位应无经济困难。工作一年，进行极为顺利，初步全面考试和德、法文都已及格，实验结果亦完成计划一半。忽然接到母亲来信催促回国。因外叔祖去世，大家庭分家。二舅舅经济情况不好，母亲和妹妹不便继续寄居，父亲收入照顾自己都有困难，何况还须接济祖母（祖父已去世）。弟弟虽已在三年前考取安徽省留德公费，但还要一年才能毕业，故目前只能要求我即日归国。因此我不得不与导师商量将完成的部分硕士论文进行答辩。于 1923 年夏束装归国。由于这是临时决定，未能早一年向国内接洽工作，只能在抵沪以后四处托人介绍。有德商征求我作银行的染料和药物的化学技师，有旧日同学推荐我到银行作业务技术员，同船归国的两位留美学生代浙江大学和南开大学邀请我教书。我终于选择了最后者，来到南开任教。因自己仍然忠于过去教育、科学救国的信念，并拟终身致力于这两个事业。

1923 年至 1929 年在南开大学服务六年，教学上有成绩，故于 1929 年夏，争取到出国进修二年的机会。再度赴美入康纳替克州耶鲁大学研究院进行杂环有机化合物的研究。工作两年成绩甚佳，于 1931 年 5 月考得博士学位。当时德国著名化学家、明兴大学诺贝尔奖金获得人维兰德教授来耶鲁大学讲学，参加我的论文答辩，承他美意约我到他的实验室作为客籍研究员一年。因函南大商量，拟于 1932 年秋返校，未得同意，遂往英国和欧洲大陆作两个月的考察旅行，并至维兰德教授处道歉。承他同意，两三年内随时再去，然后取道苏联，经过西伯利亚归国。

1931 年秋到校后忙于开设新的课程，并布置新的实验和规划新的装备。翌年正式开展研究工作，首先在合成药物方面。两年后发表一部分结果，得到好评，并继续深入，一方面扩大研究的面，另一方面和医学机构联系协作。这时日军已由东北入侵冀东，并于 1937 年夏初酿成卢沟桥事件与京郊我军展开战斗。同年 7 月底天津日军开始行动，炮击并进占南大校园。除事变前三四日抢救出一部分图书仪器外，其余均被掠夺和摧毁。十余年心血毁于一旦，悲愤之余誓作复校的决心。遂即日南下参加抗战。同年10月北大、清华、南开三校在长沙成立临时大学，安置三校部分师生。我被任为化学系主任。次年春又迁昆明，改为西南联合大学。

1938年至1945年参加西南联大教学和行政工作，前后六年有余。除在理学院化学系任主任而外，嗣又兼师范学院理化系主任，最后又兼教务长。西南联大学生虽然不少（2000至3000人），而教师则因三个学校合并起来显得多了一些，每系均有十个左右的教授，还有若干讲师和助教。而图书仪器又甚缺乏，使研究工作几乎无法进行（生物、地学、考古等除外）。

1945年夏，第三次去美为南开物色教师，采购图书仪器，并在印州大学任访问教授兼研究员两年。当时美国有数十万青年退伍，分批免费入学，高等学校入学人数激增，达到正常的两三倍，而师资奇缺。故外国学者和研究生都受到热烈欢迎。自己亦利用这一机会补齐自己八年来的缺课，了解化学及其接近领域内的新发展和新趋势。又看到了若干为美军占领时掠夺而来的德国化学工业研究的秘密资料。这些文件经过有关专家审查后，分别影印交给政府机关、有关工厂研究室以及大学研究所或作内部资料，或作一般参考。我曾写信给伪教育部、伪工商业部、伪中央研究院，希望他们组织力量进行收购和托人摘要抄录以备国内参考。但是他们或者认为无关重要置之不理，或者复信说现在无力办理，以后再说。

1947年我准备归国。印州大学化学系同仁一再敦劝我再作二三年之留，因国共战事正在东北进行，华北即将卷入，归国后恐无法工作，不如候局面稍为稳定再作归计。同时对他们亦大有帮助。我认为国内局面甚难估计，二三年未必即能稳定，又因南大同人来函敦促，终于年终乘轮归来。

1948年2月抵津，归国一年后天津市获得解放。

新中国成立前夕曾有人约我离津南下，伪教育部亦有指令随时乘机退出。我对国民党和蒋介石自抗日战争以后完全丧失信心，不愿追随他们。而对中国共产党又毫无认识，曾为之彷徨多日，举棋不定。后来经过一番分析，觉得前面一条是毫无希望的道路，后面一条虽属不可知，但可能有好的成分，应当留下来看看。

新中国成立后首先看到解放军纪律是严明的，为任何军队所不及，士兵们对市民亲切和蔼，带来了一个极好印象。后来刘少奇同志来津召集各界人士谈话，提出对知识分子的要求和希望，心中为之稍安。经过一段紧张学习，对于新政权有了初步了解，很多问题得到了答案。但仍未能充分体会它们的重要意义。

我没有估计到党会令我以教育工作者代表的身份出席全国第一届政协会议，说明它注意到我多年在教育工作岗位上的努力。这给我以巨大的鼓舞，特别是在10月1日走上天安门城楼之后，由周恩来总理的介绍，和毛主席握了手，他的慈祥的微笑永远刻印在我的脑子里。我此后必须严格遵照《共同纲领》的要求，不辜负党对我的关怀。

抗美援朝给我以巨大的震动和难忘的教育。自己认为在列强中过去对中国态度较好的是美国，它帮助蒋介石，诚然不幸。但蒋介石是扶不起的阿斗，美国的态度终究会改变的。现在抗美援朝就消除了这个可能。同时对能否援朝亦深深地怀疑。当消息公布后，黄敬市长问我的意见，我说能够自保就不错了，提出援朝是否调子过高？自己主张陈兵鸭绿江边暂不南下。用意是什么？惧怕美国，不信自己军队能与之对抗。若美军入侵东北则苏联必须出兵，因中苏有共同防御的协定。现在南下则只能是中美之战。朝鲜没有实力，苏联没有义务，我们的牺牲可能巨大。自己虽然不懂军事策略，亦不掌握全面形势，俱从常识判断，认为不智。结果如何呢？完全证明毛主席看法的正确，美帝只是一个纸老虎，敌人被驱回三八线，不得不签停战协定。东北稳固了，朝鲜人民共和国保全了，而我们的伤亡并不太大，并且这个战役的影响是非常巨大而深远的，它使全国人民有了无比的信心，党的威信更加巩固，新中国的地位大大地提高了。美帝对我军采用了细菌武器，而苏联则对我全力协助，这使我对两大阵营产生了正确的感情。

知识分子思想改造和"三反""五反"，虽在初期给自己带来了一些痛苦和不安，因不习惯于轰轰烈烈的群众运动，总怕发生重大偏差。其实这是完全不必要的顾虑，有党的正确领导，遇有偏差，随时会加以纠正。结果使自己认识到个人的真实面貌，抛弃了不少思想包袱，效果是宏伟的。

多年的资产阶级教育和旧社会的影响所养成的顽强而根深蒂固的思想体系，虽然不断地受到震动和批判，但要彻底清除确是艰巨的工作，需要长期的努力。

我过去不喜问政治思想，只是关门进行学术工作。后来在学习和运动之外，参加政治生活和多种社会活动。我虽然了解党的美意，但总有抵触情绪，体会不到学术不能脱离政治、工作（包括学术工作），必须走群众路线的真理。这一症结在自己心中长期不得解开。最初甚至有党不了解科学研究工作的重要性和用人非其所长的错误想法。以为叫我搞民主党派的工作、教育工会的工作，所取得的效果远不如叫我搞科学研究为大。科学工作是中国多年来最落后的一环，而有训练有基础的科学家人数不多。社会工作当然亦重要，可以让许多学社会科学的人去搞。但看到中国科学院在新中国成立后即行建立，不少新的研究所逐年增加，1955年又有学部的成立和学部委员的选举，1956年又进行国家科学技术远景规划，说党是不重视科学是站不住脚的。那么一定是自己在思想上和认识上有问题，应当深入细致地去挖掘，后来终于在访苏、整风、"反右"和交心的过程中获得了解决，找到了答案。

1957年冬访问苏联对我个人是具有极端重要意义的事件。以郭沫若为首的中国访苏科学技术代表团赴苏的目的，是和苏联广大科学家们商讨中国的科学技术规划，征求他们的意见，又代表中国国务院、中国科学院和中国高教部分别签订双方合作协定，这使我有机会座谈、参观和深入了解苏联科学发展的情况和工作的方法，收获是甚大的。

上面已经提到，自己多年来是以教学和科学研究为自己终身努力的目标。但是几十年来只能先从教学开始，因为科学研究的条件还不具备，尤其是抗日战争爆发前后消耗了自己将近十年的时间和精力，新中国成立时我已年逾半百，估计还可工作十年至十五年。如不抓紧时间，要在科学上做出较大的贡献是不可能的。故对行政工作、社会活动，甚至文娱都不愿参加，自己相信这是从祖国科学的长远利益出发的。现在看这些认识是有片面性的。

很久以来，我钦佩党、爱护党、信任党。许多同志的入党给我以很大的鼓励和刺激，但总觉得还有小的隔阂未完全消除，不好启齿。

现在隔阂消除了，使我在精神上无比的愉快，毛主席又向我们提出了"红与专"的要求，我坚决在红的方面作更大的努力。我真诚地信仰马克思列宁主义，愿意用它武装自己。我热爱中国共产党和毛主席，愿意在他的旗帜下献出自己的一切，包括生命在内，为人民事业奋勇前进。

1959年9月6日

# 坚决走红专道路，努力为人民做贡献

新中国成立十多年了，我方才认识到真理，找到了政治上的归宿。我今年64岁了，回顾一生，走过了漫长的、曲折的、崎岖的道路，终于在毛泽东思想的光辉照耀下，逐步迈上了革命的大道。党赋予我新的生命，我现在才感到自己开始了真正的青春。

我出生于一个前清没落的官僚家庭，长期受到封建主义思想意识和帝国主义文化教育的影响，可说是一个典型的资产阶级知识分子。我22岁那年在清华学校毕业后，就被派往美国留学。我到美国不久，日本帝国主义勾结袁世凯卖国政权，把屈辱的"二十一条"强加在中国人民头上，激起了轰轰烈烈的反帝、反封建的五四运动。我在五四运动的影响下，加上亲身感受到中国学生在美国备受歧视和侮辱的痛苦，真是彷徨终日，义愤填膺。从那时候起，我产生了富国强民的思想，认为中国受人侵略和欺侮，只是因为科学文化落后，国势凌弱。这样我心中便形成了一套"科学救国""教育救国"的想法。回国以后，我在反动统治下为实现我的"科学教育救国论"而度过四分之一世纪的光阴，我的幻想一次又一次地破灭，最后连我工作了14年的南开大学也在日本帝国主义的炮火下付之一炬。我当时虽已看到国民党反动派的腐朽透顶，没有前途，但我还执迷不悟地不知自己走进了一条死胡同。新中国成立后，在党和人民政府领导下，全国很快出现了一片生气勃勃的新气象。新中国成立前后的鲜明对比深刻地教育了我。广大党员干部全心全意为人民服务的精神和艰苦朴素的作风感动了我。我又学习了马克思列宁主义的基础知识和党的方针政策，我首先认识到自己的"科学教育救国论"不但幼稚可笑，而且是幻想；认识到自己过去虽未掉到反动的泥坑里，但在为他们装点粉饰门面，影响青年不问政治、不起来革命这一点上，却不自觉地做了他们的工具；又进一步认识到问题的实质在于政权掌握在谁的手里，只有大公无私的无产阶级先锋队——共产党掌握了政权，才能救中国。我深深地认识到，改良主义的"科学教育救国论"在反动统治下实质上只是起了帮助统治阶级欺骗人民的作用。因为这个幌子便于他们隐蔽最关键的问题——剥削阶级政权的性质，转移人们的目标，来巩固他们的统治。

现在，请允许我汇报一下十年以来，我在党的教育下思想转变的过程。我的思想情况，大致可以分为三个阶段来谈。

第一阶段，1949年至1953年，从解放到抗美援朝的胜利。

新中国成立之初，我对中国共产党不但一无认识，而且由于过去反动宣传的影响，还抱着多少疑惧的心理。新中国成立后，党和人民政府采取了英明措施，很快稳定了物价，安定了秩序，我内心是感到满意和钦佩的，但一方面又往往怀疑这是表面现象，我想，我还要等着深入地看一看。我当时是把自己放在一个旁观者的地位。这样经过了土改、镇反、三反和思想改造、抗美援朝等一系列运动和政治理论的学习，特别是不断出现的大量事实，一次又一次教育了我，我才认识到党是人民真正的救星，没有共产党就没有新中国。我衷心地佩服党，拥护党。我的觉悟和认识提高了，思想开始转变了。我初步认识教育与科学不能脱离政治，自己的纯技术观点和非政治倾向是错误的，自己的某些抵触情绪是由于资产阶级思想意识在作祟，因而感到有进行自我改造的必要。但是，跟着思想障碍又产生了。我认为思想改造是痛苦的、长期的过程，我已年迈力衰，旧的思想根深蒂固，要改掉谈何容易。又想到共产党重视新生力量，只要抓紧培养下一代就够了，中老年知识分子改造的希望是不大的。应该说，我这时头脑中存在着两种相反情绪，一是要求改造的愿望；另一是怕触痛思想、怕改造的畏难情绪。这两种情绪在我的头脑中此起彼伏，交战了很久。后来，我想起少奇同志第一次到天津对各界人士的讲话。他大意说：旧知识分子如果有为劳动人民服务的愿望和决心，通过接受党的领导，努力学习马克思列宁主义和党的政策，还是可以起作用的。党对他们寄托了希望。我反复回味着少奇同志诚恳的指示，责问自己为什么迟疑退缩呢？我就鼓起勇气，下决心努力去做。

首先是要做到真正接受党的领导。我认真学习党的方针政策，并且抱定对党知无不言、言无不尽的态度，把我在工作上的看法、意见和建议不断地主动向党汇报。例如在学习苏联、学习外文和农作物区划问题上，我都向党的负责同志汇报请示。我常常想，由于自己没有彻底改造思想，自己的错误立场观点总常常会反映在工作上，同时自己也往往不知道错在哪里，对在哪里。我想对待这个问题可以有两种态度，一种是怕出错，怕受批评，因而对党采取敬而远之、少说为妙的态度；另一种是不怕出错、不怕批评，对党采取完全信任的态度。我决心采取后一种态度。这样地做，事实证明对我的教育意义是很大的。有时我的意见被接受，感到我体会党的政策精神是对头了，因而获得了提高。

有时我的意见不对，或不完全对，或者是错误的，得到了党的负责同志的启发教育或批评，也使我能有所提高。我就是这样不断地在争取党的教育，因而使我对党的方针政策心悦诚服了，愿意积极地去执行。抗美援朝的胜利支援了朝鲜人民的正义斗争，保卫了我国的安全，大大地提高了我国的国际地位，又一次证明了毛主席所说"帝国主义和一切反动派都是纸老虎"的论断，使我更深刻地体会到毛主席科学预见性的伟大。我下定决心，要更加认真地努力地学习毛主席著作，更加坚决地靠拢党，更好地遵循党的指示来进行工作。这是我对党从疑惧到旁观中立到同情拥护进而积极靠拢的过程。

第二阶段，1954年至1957年初，从抗美援朝胜利到十二年科学规划工作。

抗美援朝胜利以后，国内社会主义革命和建设继续胜利发展，学校的教学改革也取得巨大的成绩。经过历年一系列的运动，特别是1957年"反右"斗争，使我认清了右派分子反党反社会主义的丑恶面目，认识了阶级斗争的复杂性，提高了自己的阶级觉悟。在这个时期，我自己的资产阶级思想体系受到了猛烈的冲击，认识到不彻底改造立场和思想方法的危害性。例如自己不愿担任行政和社会工作，当时我的理由是党既然重视科学，要发展科学，而自己又是科学工作者，希望多在科学上做工作而党反而要我搞行政、搞民主党派、搞工会和许多其他工作，这怎么理解呢？我的想法表面上是冠冕堂皇的，说要集中精力才能为人民做出较多贡献。但实际上，则是以我在这方面有专长，"本钱"比较雄厚，可以出人头地，可以在科学史上争取地位的个人名位考虑和知识私有观念的暴露。经过深入分析，我对于自己思想的真实面貌有了大吃一惊的发现，这时候才体会到党要我适当参加政治和社会活动是给我更多的机会接触群众，来扭转科学工作者见物不见人、关起门来搞工作、脱离群众的积习，并在群众工作的实践中加速思想改造的过程。经过思想挖根、分析和批判，终于解决了这些问题，社会活动是个人很大负担的想法有了纠正。群众确在多方面给自己以帮助，因而进步较快，心情亦更加转为愉快。

第一个五年计划和新中国宪法的颁布，给我以很大的鼓舞。接着"向科学进军"口号的提出和周总理关于知识分子问题的报告使我无比兴奋，对党进一步产生了热爱。1956年春，我又荣幸地参加了我国"十二年科学技术远景发展规划草案"的制订工作。当时我的心脏病虽在发作，但在这半年多时间里我仍积极投入并且全力以赴。通过这一段，我深刻体会到党的正确领导和群众路线的重要性。这是一项十分艰巨的工作，国内没有经验，虽有苏联专家的协助，但对中国的实际情况，他们是不很清楚的。最主要的还是靠党的具体领导和组织工作，使异常复杂的内容大小就绪，轻重适宜，成为一个完整的纲领来带动全面。草案的制成，充分说明党是能够领导科学的。通过参加这次规划我亦体会到，一个科学工作者如果没有明确的为无产阶级服务的政治方向，不可能发挥作用，因而认识到自己以前所进行的科学研究对今天国家的迫切需要毫无裨益，必须改变方向。我接受了科学规划委员会上同志们的意见，让南开大学加入农药方面的研究，以加强这一方面的现有力量来支援农业。这就是说，科学研究工作必须与国家社会主义建设任务相结合，才能发挥更好的作用。

第三阶段，从 1958 年我国开始"大跃进"到现在。

从 1958 年起，在全民整风运动的思想基础上，在总路线、"大跃进"、人民公社三面红旗的照耀下，全国各个战线上出现了"大跃进"的局面。全国人民干劲冲天、意气风发、以"一天等于二十年"的速度跃进的精神大大地鼓舞了我。在我和同学们一道投入科学研究工作的"大跃进"中，我认识到科学研究工作集体组织和全面大协作的重要性。这期间，1957 年 10 月，我曾参加了国务院和中国科学院组织的中国访苏科学技术代表团。在苏联，我看到苏联科学家共产主义协作的精神，是资本主义国家所绝对做不到的。看看苏联，又看看我们自己，我愈加相信社会主义制度比起资本主义制度具有无比的优越性。我国十年来的成就超过了历史上数百年，工农业发展的速度为任何资本主义国家所望尘莫及。在科学事业上，毫无疑问，我们亦将在最短期间追上苏联，赶上世界水平。我这时深刻认识到，党不仅能够领导科学，而且只有在党的坚强领导下，科学才能高速度地发展，才能全面地发展。科学家必须具有共产主义的世界观，必须以毛泽东思想挂帅，做到又红又专，才能发挥个人和集体的力量。我也认识到，认为学自然科学的用不着学哲学的想法是错误的。实际上，每个人不可能没有立场、观点与思想方法，自然科学家如不学辩证唯物主义的哲学，遇到各种问题和考虑问题时就会不知不觉地受旧哲学的思想方法的支配，也就是受资产阶级政治的支配。所以，我坚决相信，自然科学家必须加紧学习马克思列宁主义，学习毛主席著作，必须努力做到以毛泽东思想挂帅。我痛感以前想走的道路是只专不红的道路，是资产阶级科学家的老路，是一条绝路。我痛感一个只专不红的科学家随时可能为反动派所利用，来危害人类而不是造福人类。而在今天的社会里，他必然和新的环境格格不入，虽有知识和技能也起不了作用。最近两三年来，我下定两个决心，首先是要争取入党，在伟大的共产主义事业中做一个小小的螺丝钉；同时要彻底改变我过去进行科学研究工作的方法，抛弃专家路线，坚决贯彻党的群众路线。

今年 3 月 10 日是我一生难忘的日子。这一天，组织接受了我的申请，支部大会通过我为预备党员。这是党的长期耐心培养，同志们经常的热情帮助，和我自己一再奋斗的结果。回顾我在新中国成立以前几十年的经历，所谓"科学教育救国论"曾经怎样把我自己和许多青年引进死胡同。我庆幸自己终于找到了党。我过去好像是失明的人，党给予我眼睛，使我看清了道路；我过去好像是四肢无力的人，党给予我以力量，使我能够行动，能够为人民当一名勤务员。我深刻地体会到，只有投身到革命的洪流，投身到党的怀抱里，我才能获得新的生命。当然，这仅仅是我进一步改造的开端。我一定要遵照党的指示，坚决放下专家的架子，努力打破资产阶级思想的框子，以普通劳动者自居。在预备期间，我要加紧锻炼，争取做一个好党员。我一定高举毛泽东思想的红旗，老老实实，恭恭敬敬，学习马克思列宁主义和毛主席的著作来指导我的实践，不断进行世界观的改造，彻底破除资产阶级世界观，牢固地树立无产阶级世界观。坚决贯彻党的自力更生、埋头苦干、勤俭建国的精神，同青年同志们一道，协力同心，猛攻尖端，为迅速发展我国的科学技术水平，为祖国的社会主义建设、共产主义事业和人类的解放事业贡献出一切，包括我的生命在内。希望同志们给我以更多的督促和帮助。

（1962 年）

# 回忆敬爱的周总理对我的教益

我们敬爱的周总理逝世已经一周年了。每当想起和敬爱的周总理相处的日子，他那和蔼可亲的音容笑貌就展现在我的眼前，也就更加引起我对总理的深切怀念。

我在青年时代就熟悉周恩来的名字。周总理早年就学于天津南开学校（即南开中学、南开大学的前身），1919 年南开大学成立后，他是我们学校的第一届学生，而我是在 1923 年到南开大学任教的。那时周总理虽然已经赴法勤工俭学，但是从当时的教职员工口中就悉知了他从事革命活动的种种情景。

我和周总理多次接触中，有几件事情使我终生难以忘怀。

我曾光荣地参加了 1949 年 10 月 1 日的开国大典。那一天，晴空万里，朝霞满天。我和各界爱国人士、各族人民的代表一起来到了天安门城楼上，当伟大领袖和导师毛主席登上天安门城楼的时候，人们欢腾起来了，口号声、欢呼声响彻云霄。毛主席在周总理等中央首长的陪同下接见了代表们，并和大家一一握手。当毛主席走到我的面前，伸出他那温暖的大手时，我激动得不知说什么才好。这时，周总理把我介绍给毛主席说，这是南开大学的负责人，教育界的代表，是从事化学研究工作的。我听了以后十分受感动。周总理日理万机，工作那么繁忙，可是还清清楚楚地记住我这样一个普通的教育工作者，并且详细地介绍给了毛主席，这是对我极大的鼓舞和教育。我仰望着毛主席和周总理，心里充满了无比崇敬的感情，这是我一生中最大的幸福。

1951 年秋天，周总理在怀仁堂会议大厅，接见京津两地文化界、科技界部分知识分子，并且做了重要的讲话，至今我仍牢记在心。他用洪亮的声音说，知识分子的思想改造，只有民族的立场还不行。民族立场也可能发展成为民族主义，甚至堕落成为法西斯主义。要想进行彻底的思想改造，必须认真学习马列主义、毛泽东思想，参加现实斗争，变民族立场为无产阶级立场。我听了以后，总觉得周总理这段话是针对我的思想讲的，他说的是那么真挚，那么中肯啊！

新中国成立后，党组织信任我，让我挑重担，先后任命我为南开大学校长、科学院学部委员、中国化学会理事长等等，可是，我却一度错误认为，这样多的行政管理工作，会妨碍我从事教学和科研工作。所以，曾经几次向有关部门提出免去几项职务，但是都没有得到批准。于是，我利用第一次全国人民代表大会会议期间，亲自去找周总理，请他帮助我解决问题。周总理在百忙当中接待了我。记得，那次会见是在周总理的办公室里。当工作人员把我领进周总理的房间的时候，周总理站起身来，亲切地和我握手，让我在他的办公桌旁坐下，我们面对面地攀谈起来。当我说明来意后，周总理爽朗地笑了。他仔细地询问我，都担任了什么职务，重点放在哪里，工作量怎么样？等等。我一一地做了回答。周总理耐心地向我解释说：我们刚刚建国不久，有许多事情要办，所以要求大家多兼一些职务。有的人能力大些，可以多为国家做出贡献。至于群众推选你担任这样多的工作，人家信任你。接着，周总理又教育我在革命工作面前，应该勇于挑重担。周总理用新旧社会的对比，启发我的思想路线觉悟。他说：新中国成立前，你在国民党反动统治下搞了二三十年的教育工作，你那"教育救国"的道路行通了吗？科研成果搞出了几项？到底被蒋介石采用了多少？我一面聆听总理的教诲，一面想：是啊，新中国成立以前我国的教育事业呈现出一派萧条的景象，大学生寥寥无几，培养出来的学生不是改行，就是失业，所学无所用。现在，新中国成立后，百废待举，百业俱兴，到处是兴旺的景象。在这次会见中，周总理还详细地询问了我的工作情况、生活情况，并且十分具体地帮助我分析和安排教学科研和行政管理等几项工作。同时还给我出主意，让我回去以后，培养一两名助手协助工作。总理认真地说：你教了几十年书，培养了不少人，总可以找到人协助你教嘛。你搞了几十年科研，经验一定积累得很多，以后你要逐步地把主要精力放到科研上去。因为目前，我们在这方面，队伍还很小，力量十分薄弱，但是科学技术对我们是十分重要的啊。最后，周总理语重心长地对我说：有些从旧社会走过来的知识分子，往往有这样一个缺点，对自己感兴趣的工作愿意去做，对没有兴趣的工作，则往往一推了事，这种立场，还是以我为主，不是以人民群众为主，在思想改造过程中是值得经常注意的。周总理的这段话，深深触动了我的思想。他的批评使我心服口服。从周总理的办公室走出来以后，我感到浑身轻松极了。是敬爱的周总理，给了我前进的力量和信心。现在周总理离开了我们，但周总理的教诲我永记心头。

周总理对科学技术发展和教育工作历来十分重视和关怀。

在第四届全国人民代表大会期间，周总理来到天津组，跟每个代表都谈了话。周总理是那样熟悉我们的职务和工作，他甚至还清楚地记得我的年龄。他一直谈笑风生，精神很旺盛。我看到周总理的面颊较以前消瘦了好多，就关切地问他身体健康情况，并代表全校师生向他问候。周总理笑着对我说：我的病已经大有好转了，控制住了，回校以后要代我向南开大学的同志们问好，将来有机会，我还是要回到南开看望大家的。我回校以后，传达了周总理的讲话，大家是多么的高兴啊，是多么盼望着周总理再有机会回到南开园啊。可是，万万没有想到，那一次竟成为我们诀别的会面。1976 年 1 月 8 日，我们敬爱的周总理不幸与世长辞了。

周总理没有离开我们。他那光明磊落的襟怀、革命乐观主义精神和战胜一切困难的坚强意志，将永远铭刻在我们的心中。王、张、江、姚"四人帮"恶毒攻击周总理，到头来落得个身败名裂的可耻下场。周总理是久经革命烈火熔炼的真金，永远闪烁着革命的光辉。而"四人帮"则是一小撮见不得阳光的菌类，是冰筑的土坯，太阳一出来，必定要消融倒塌。

以华主席为首的党中央遵照毛主席生前的英明决策，一举粉碎了"四人帮"反党集团。我们欢呼这一伟大胜利！我虽然已经 82 岁了，但是，只要我还活着，就要牢记周总理生前对我的教益，努力工作，把晚年献给伟大的无产阶级革命事业，让敬爱的周总理含笑于九泉。

（原载于《天津日报》，1977 年 1 月 24 日）

# 难忘的教诲　光辉的榜样

## ——回忆敬爱的周总理对我的教益

从 1976 年 1 月 8 日那个悲痛的日子至今天,敬爱的周总理离开我们已经整整三年了。这三年来,我们的党和国家发生了重大变化。我拿起十一届三中全会公报,更加怀念周总理。每当回想起周总理生前对我的亲切教诲和殷切期望,我就有了无限的勇气和力量。周总理是我的尊师良友。

1949 年秋天,我作为教育界的代表参加了全国第一届政治协商会议,商讨建国大策。会上,我荣幸地见到了久已闻名的党的杰出领导人周恩来同志。他就坐在我们面前。他那和蔼的笑容,风趣的谈吐,给了大家极深刻的印象,我们的紧张情绪一下子消除了。就在这次大会上,由于周总理深入细致的思想工作和组织工作,特别是他对党的统一战线政策的身体力行,广泛团结各阶层人士的模范行动,赢得了广大知识分子及各界人士对共产党的无限信任和拥护。

政治协商会议闭幕以后,在 1949 年 10 月 1 日开国大典上,我作为教育界的代表登上天安门城楼观礼,周总理把我介绍给毛主席说:"这是天津南开大学负责人,老科学家杨石先同志。"周总理工作那样繁忙,对我们却这样熟悉,使我深受感动。

1951 年秋天,在知识分子思想改造运动中,为了更好地贯彻党的知识分子政策,发挥广大知识分子在革命和建设中的作用,周总理以政务院的名义,在怀仁堂会议大厅召集部分文教界、科技界知识分子开会。我作为天津的代表也参加了。会上,周总理用他参加革命前后思想感情的变化及参加延安整风运动思想改造的切身体会,向我们深入浅出地论述了知识分子思想改造的必要性。给我印象最深的是,周总理特别指出:"知识分子的思想改造,光有民族立场还不行,民族立场也可能发展成民族主义,甚至堕落为法西斯主义。要彻底改造,一定要从民族的立场转变到无产阶级立场上来。"周总理的话,有如阳光照亮了我的心。我开始重新认识自己,过去几十年来,我茫然四顾,不知所向。周总理的一席话，为我指出了一条光明的大道。

回忆在我的青年时代，军阀连年混战，帝国主义列强蹂躏着中国的土地，灾难深重的中华民族在水火中挣扎。作为留学国外的中国青年，备受歧视和侮辱。他们骂我们是"劣等民族""中国佬"，我忍无可忍，决心努力学习，走"科学救国""教育救国"的道路。回国之后，我埋头业务，梦想实现自己的愿望。但几十年过去了，一事无成，我又陷入失望之中。中国的希望在哪里？中国的前途在何方？正在我彷徨、苦闷之时，祖国解放了，给我们带来了新生。

我过去走的道路为什么行不通呢？我带着这个问题去见周总理，向总理倾诉了这个百思不得其解的问题。周总理亲切地对我说："你那'教育救国''科学救国'的想法是行不通的。国民党反动派只是把你们当作装潢门面的点缀品而已，根本不把你们放在眼里，更谈不上听取你们的意见，发挥你们的作用。关键在于政治，在于社会制度。你不是在国民党统治下搞了23年教育工作吗？救了国没有呢？你不是搞了多年的科学研究，在国内搞不了，又多次出国去搞，你的科研成果究竟发挥了多大作用呢？蒋介石、国民党这帮人能使教育和科学发挥作用、为全国人民谋利益吗？即使你们科学家有了很大发明创造，他们想的不过是他们自己怎么从中捞点好处！"周总理认真而又严肃地说："我们社会主义国家所希望的是一心为人民服务的科学家，思想不彻底改造是不行的。现在中国共产党掌握了政权，教育科学事业必然要突飞猛进地发展，你可以拭目以待。"周总理的话像春风驱散了我心中的迷雾，豁然开朗。今天回想起来，深深感到总理对我们知识分子寄予了多么大的期望呀！

我永远不会忘记，1954年9月下旬在第一届全国人大期间，周总理在办公室接待我时对我的帮助和教育。当时受党和人民的信任，我兼了20多种职务，还在本校担任教学和培养研究生的任务，简直忙得无法应付。在工作压力下，我处理不好各种关系，总想把更多的精力用于科研。我去找周总理，周总理在百忙中接待了我。我向周总理诉说了自己的看法和要求，周总理一直耐心地倾听着。

我对周总理讲："我现在兼职太多，重点应该放在哪里？"我又说："我不是搞行政的，是搞科研的。我不是共产党员。大学是培养人的重要地方，总得派个懂得党的方针政策的人来接替工作。"周总理听完，站起来走到我的面前，亲切地向我解释说："我们建国不久，有许多事情需要做，而现成的人手很少，没有人可以派。如果我还可以派个大学校长的话，我早就给他比大学校长更重要的事去做了。有好些人可以多做些事，有才干的人为什么不能多做些事？当然兼两三个职还可以，兼二十多个就太过分了。"总理询问了我兼职的情况后，帮助我安排说："在学校你就不要搞教学了。教了二三十年书，你就没有得力的学生、得力的助手？可以叫他们去教。学校的行政事务是不是找个老党员、有行政能力的，再找个老教师，有威望、能办事的，你就叫他们做校长助理。头半年自己抓得紧些，叫他们经常汇报。过半年后，能称职，你就可以推荐他们做副校长，大部分事就不必经常过问了，叫他们汇报就可以了。这样你的行政工作不就减轻了吗？"周总理又说："你既然兼科学院数理化学部委员、化学组组长，你自己也几次到国外去搞研究工作，今后应该把力量集中到这方面来。为什么呢？因为我们国家在这方面队伍很小，力量很薄弱，尽可能地加强这方面工作。"周总理又说："你能担任许多职务是人民推荐的，我不能来个命令。你自己要有个交代，做一段时间，找出接替人选，推荐给群众，说明自己有困难，群众是通情达理的，可以叫别人接替这些工作。"周总理的头脑是这样清晰，处理问题是这样明了，使我如释重负，心情顿时开朗舒畅了。我按照周总理的安排去做，果然各项工作处理得比较妥善，我的研究工作也能够顺利进行。

1956 年，我参加了周总理主持召开的我国第一个十二年科学发展远景规划的制定工作。在农药规划的讨论中，大家说，最近二三十年农药发生了变革，从无机农药、生物农药发展成为有机农药，尤其是有机合成的研究工作在农药发展中起着主导作用。当时研究规划的同志们说，农药的研究工作交给农业院校，他们接受不了，要交给有机力量比较强的单位。他们要求南大接受这项工作。那时总理一再号召大家："要勇于接受国家任务。"我响应了周总理的号召和大家的要求，接受了农药研究任务。周总理对我说："你先找几个人工作二三年，先不要向国家伸手要钱、要人。你们做了工作，国家自有安排。"按照周总理的指示，回校后，我动员了陈天池和陈茹玉两位教授，我自己也带头参加。我们三个人每人带着一个助手，开始了有机农药的研究工作。

1958 年，在国民经济"大跃进"的伟大年代里，我国的科学研究工作出现了新高潮。我们和化学系的师生一起，遵照毛主席"教育必须为无产阶级政治服务，必须同生产劳动相结合"的教导，建起了"敌百虫""马拉硫磷"两个农药车间。8 月 13 日，伟大领袖毛主席曾到这两个车间视察，并做了很好的评价。

在毛主席科研路线指引下，在大办科研的伟大革命运动中，十二年规划只用了六年多一点的时间就胜利完成了。1962 年，我又参加了在周总理主持下召开的第二次全国科学规划会议。根据第二次全国科学规划会议和全国农业规划会议精神，受周总理的委托，我们筹建了元素有机化学研究所。周总理指示要把农药研究和元素有机化学研究都搞起来，填补我国科研的空白。但是，由于林彪、"四人帮"反革命修正主义路线的破坏，元素所几乎被他们搞垮。"四人帮"在天津的那个死党疯狂地叫嚷："南大是大学，不是科学院，要研究所干什么？把那些人都调出来！"我气愤地说："元素所不是学校要搞的，也不是我杨石先要搞的，是根据国家第二次科学规划会议，受周总理委托搞的。你们说没用，农民等着用农药。国家用了几十万元投资，培养了这些人。你们要把它搞掉，我怎么向周总理交代？"紧接着副所长陈天池被迫害致死，经费被卡掉，人员只准调出，不准调入，流失骨干力量达四分之一。元素所的牌子被摘下，公章被没收，元素所被打成"土围子"。林彪、"四人帮"给我们造成了无法弥补的灾难。

1975 年，第四届全国人民代表大会期间，周总理抱病工作，并做了重要报告，我又亲耳聆听了周总理遵照毛主席指示提出的发展我国国民经济的两步宏图，要求在本世纪内把我国建成全面实现四个现代化的社会主义强国的伟大号召。我为毛主席、周总理展示的这幅宏伟蓝图激动得难以抑制。周总理这种为无产阶级革命事业鞠躬尽瘁的无产阶级革命精神，给了代表们很大教育。会议中，周总理还利用休息时间，到天津代表组的休息室里来，跟每个代表握了手，谈了话。我看到周总理瘦削的面庞，心里很难过，对周总理说："我们全校师生员工都关心您的健康，让我代表他们向您问候。我带来了大家的心意。"周总理笑着说："我的病情现在好转了，已经基本控制住了，身体恢复了十分之八九。"我们听了都非常高兴。周总理接着说："向南开大学的同志们问好。将来有机会一定去看你们。"回校后，我向大家转达了周总理的问候，大家激动万分。大家天天盼着能再见一见周总理那慈祥的笑容，再听一听周总理那亲切的声音。万万没有想到，万恶的病魔过早地夺去了周总理的生命，那次见面竟是我们最后的诀别。

在我们深切地纪念周总理逝世三周年的时候，党的十一届三中全会公报发表了。党中央决定，从今年起，全党工作的着重点和全国人民的注意力转移到社会主义现代化建设上来。这一英明的决定，是伟大的历史性转变，体现了亿万人民的共同心愿，也体现了周总理等老一代无产阶级革命家的遗志。今天，在党中央领导下，已经开始了这一伟大的历史性转变。我们是多么欢欣鼓舞啊！周总理如果在天有灵的话，那么也会含笑九泉了。

我现在已年逾八旬，能够参加实现四个现代化这一当前最伟大的历史任务，感到十分高兴和快慰。但是，我看到被林彪、"四人帮"摧残了的教育事业和科研事业还没有很快得到恢复，看到我工作过几十年的周总理母校距离重点校的要求还相差很远，想到周总理托付我的农药化学所还没有建成，心中又十分焦急和不安。我要以周总理为光辉榜样，为人民鞠躬尽瘁，为无产阶级革命事业奋斗终生。

（原载于《天津日报》，1979 年 1 月 8 日）

# 毛主席的亲切关怀将永远鼓舞我们前进

在毛主席诞辰 90 周年即将到来的日子里,回忆起我几次见到毛主席的幸福情景,缅怀他老人家对教育事业和教育工作者的亲切关怀,心情格外激动。

1949 年 9 月 21 日,第一届全国人民政治协商会议在中南海怀仁堂召开。我作为教育界的代表出席了这次筹备建国的大会,聆听了毛主席的重要讲话。会议闭幕后,我又荣幸地被邀请参加开国大典。10 月 1 日那天,我怀着百感交集的心情与各界代表一起登上了天安门城楼。我终生难忘这次见到毛主席的情景:他身着黄绿色呢制服,在党和国家其他领导人陪同下,迈着稳健的步伐登上城楼。当毛主席走到我的面前时,在他身旁的周总理不假思索地介绍说:"这是天津南开大学负责人,科学家杨石先同志。"毛主席紧紧地和我握手说:"感谢你在教育、科学工作上付出了辛勤的劳动。"在这即将揭开祖国历史发展新纪元的庄严时刻,毛主席竟如此亲切地慰问我,激动的心情使我难以抑制。这不仅是我个人的幸福,应该说这是毛主席对所有教育、科学工作者的热忱关怀、鼓励和信任。在隆重的开国大典上,毛主席向全世界庄严宣布:"中国人民从此站起来了!"听着这震撼人心的声音,望着那冉冉升起的第一面五星红旗,我仿佛从一个黑暗的旧世界,迈进了一个光明的新世界!

我是一个在旧中国生活了大半辈子的知识分子,经历了几朝弊政,目睹了祖国积弱不振的苦境。新中国的成立,终于使我有机会用自己的知识报效国家了!

新中国成立后,根据国民经济发展的需要,我悉心观察着世界农药研究的发展趋向,并承周总理之意,接受了研制有机农药的任务。以后又在有机磷化学研究的基础上,开展了元素有机化学的科研工作。1958 年,我们遵照毛主席的指示,建起了"敌百虫""马拉硫磷"两个农药车间,探索教育与生产劳动相结合的途径。在这里,我曾有幸接待过毛主席的视察。虽然 25 年过去了,但往事如在眼前。

1958 年 8 月 13 日上午 10 时许,毛主席在河北省委负责同志陪同下来到南开。毛主席在第一教学楼北端下车后,没有休息,径往化学系各工厂参观。在

"敌百虫"车间，毛主席连连询问，"生产的是什么，有什么用？""在这里工作的是学生还是工人？"并对我们说："要讲实际，科学是反映实际，是讲实际的道理。"毛主席视察时，还和正在参加生产劳动的同学进行了亲切的谈话。视察后，他邀请我去正阳春用饭。当时陪餐的还有省市领导同志，但和毛主席同桌用饭的只有我和天津大学前校长张国藩同志。这充分体现了毛主席对科学、教育工作者的关心。吃饭时，毛主席谈笑风生，并不时给我们让菜，他那样的亲切、体贴，使我很受感动。席间，毛主席向我们指示说："高等学校要抓住三个东西：一是党的领导，二是群众路线，三是把教育和生产劳动结合起来。"毛主席的这一指示，对高等学校的发展和建设至今仍有重要的指导作用。

回顾既往，我仍然觉得毛主席就在我们面前，他的谆谆教诲和亲切的关怀将永远鼓舞我们前进。

（原载于《南开大学》第 144 期，1983 年 12 月 22 日）

# 附　录

## 杨石先生平纪事*

### 1897 年

**1 月**

　　28 日　（清光绪二十二年十二月二十六日）出生于浙江省杭州市，名绍曾，号石先。

### 1902 年

　　入家塾读书。读《千字文》、唐诗。

### 1903 年

　　离开杭州，随父（杨嘉辰）、母（高婉贞）及弟（杨继曾）至山东济南。从家庭教师读四书、五经、《史记》、《文选》等，兼习算学和地理。

### 1907 年

　　随父亲迁居天津，考入天津民立第二小学高小二年级读书。

## 1910 年

小学毕业，先后报考了天津敬业中学堂（南开学校的前身，今南开中学）和清华学堂（后改为清华学校，今清华大学的前身）。先就读敬业中学堂，几个月后又接清华学堂录取通知书，遂转而就读清华学堂。

## 1911 年

**1 月**

北京清华学堂中等科就学。

## 1914 年

**7 月**

北京清华学堂高等科就学。

## 1918 年

**9 月**

以优异的成绩完成了七年的学习，获得官费出国留学的机会。赴美国康奈尔大学学习农科。

## 1919 年

在美国康奈尔大学改学应用化学学科。

## 1922 年

**2 月**

获美国康奈尔大学应用化学学士学位。接着又在该校研究院攻读博士学位。

# 1923 年

**7 月**

由于国内家庭发生变故，经济困难，不得不中断博士学位的学习，经与导师商定，将研究完成部分写作硕士论文进行答辩，获有机化学硕士学位，并于当年 8 月归国。

**9 月**

21 日　《南开周刊》第 68 期报道：南开大学今年暑假所聘之教员有化学教授杨绍曾先生。

# 1924 年

**4 月**

19 日　《南开周刊》第 90 期报道：本校理科教授邱宗岳、饶毓泰、应尚德、杨石先、徐允中、姜立夫六教授于春假期内赴京参观各学校理科状况，已于上星期四返校。

# 1925 年

**3 月**

28 日　南开大学、中学、女中三部举行春季运动会，杨石先任终点裁判员。

# 1926 年

**4 月**

23 日　受南开大学科学会邀请，杨石先在科学馆 211 室讲演"Chemical Warfare"问题，详细介绍了欧战时各国所用的各种毒气及其制造方法，并勉励会员及早研究，以为未雨绸缪之计。

# 1927 年

在北京与刘崇瑜女士结为伉俪。

## 1928 年

**9 月**

兼任南开大学理学院院长。

**本年**

南开大学化学系增设化学研究学程，邱宗岳、杨石先、张克忠分任指导。

## 1929 年

**9 月**

享受南开大学教师学术休假，赴美深造。在耶鲁大学研究院任研究员，从事杂环有机化合物的研究。

## 1931 年

**6 月**

以《从乙酰基二硫代碳酸酰胺和乙酰基异硫脲合成 α、β-呋二唑》的博士论文，获耶鲁大学有机化学博士学位。被推选为美国"科学研究工作者（Sigma Xi）荣誉学会"会员。后到英国及欧洲各著名大学、化学研究机关进行了两个多月的访察，经西伯利亚回国。

**9 月**

17 日　由东北乘车返回南开大学任教授。

**10 月**

兼任南开大学理学院院长。不久将家属由北京接到天津。

## 1934 年

**4 月**

20 日　《南大副刊》报道，斐陶斐励学会南开大学分会选举张伯苓为会长，何廉为副会长，杨石先为书记兼会计，并任全国大会代表。

**7 月**

12 日　出席在天津召开的斐陶斐励学会第三次全国代表大会。

**10 月**

17 日　出席严范孙铜像揭幕仪式。

**本年**

参加中国化学会天津分会年会。

## 1937 年

**7 月**

7 日　七七事变爆发。

24 日　与南开大学秘书长黄钰生等人一起指挥疏散学校的人员及抢救图书仪器。

29 日　凌晨一时许，日本侵略军开始对南开大学校舍进行炮击。杨石先等乘船从水路向学校南面的青龙潭（今水上公园）撤退。天亮以后，杨石先、黄钰生及教员三人又返回学校检查校内各处的损失，又冒炮火离校。其时只随身带有一个照相机。

**8 月**

杨石先与经济学教授方显廷化装成老学究的样子，到秦皇岛乘船南下，辗转至长沙，参加北京大学、清华大学、南开大学三校联合成立长沙临时大学筹备工作。杨石先被任命为学校课程委员会委员、理工设备设计委员会召集人、国防工作介绍委员会常务委员、临大化学系教授会主席（后改称系主任）。

## 1938 年

**1 月**

20 日　由于战火迫近，长沙临时大学决定迁往云南昆明，并决定三校各派一代表先行入滇安排迁校事宜。杨石先与北大秦瓒、清华王裕光前往昆明。

**4 月**

学校师生先后到达昆明，长沙临时大学改称国立西南联合大学，并于 5 月 4 日正式开学。杨石先任理学院化学系系主任，同时担任南开大学理学院院长及工学院代理院长。

**本年**

参加中国化学会昆明分会第一届会员大会。

## 1940 年

**8 月**

1 日　西南联大常委会正式向杨石先颁发聘书，聘请其担任理学院化学系主任，兼师范学院理化学系主任。

28 日　西南联大常委会议决，推定杨石先及叶企孙、周炳琳赴四川勘察西南联大迁校校址，以备必要时学校迁川。

**9 月**

11 日　西南联大成立迁校委员会，杨石先等 9 人为委员。

## 1941 年

**11 月**

13 日　西南联大常委会议决，聘请周炳琳为教务长，在周炳琳未返校期间，请杨石先暂代。

19 日　联大学生入学资格审查委员会成立，杨石先任主席。

**本年至 1946 年**

兼任北平中央研究院通讯研究员。

## 1942 年

**2 月**

17 日　张伯苓在重庆沙坪坝寓所召开"南大复兴筹备会"首次会议，杨石先等出席。

**3 月**

1 日、3 日　"南大复兴筹备会"召开第二、三次会议，研究抗战胜利后南开大学的建设与发展问题，杨石先等出席。

7 日　"南大复兴筹备会"召开第四次会议，决定成立南开大学聘任委员会，杨石先为召集人，并议决昆明一切南开大学校务仍请黄钰生、杨石先、陈序经三先生总负责。

27 日　《中央日报》报道，昆明广播电台设教育、文哲、科学、国际关系四种讲座，特邀黄钰生、贺麟、杨石先、皮名举分别主持。

**9 月**

2 日　西南联大常委会议决：理学院院长吴有训因病请假，其院长职务请杨石先暂行兼代。

**12 月**

西南联大校常委梅贻琦离校期间，由杨石先暂代校常委职务。

## 1943 年

**3 月**

24 日　西南联大常委会第 253 次会议决定，在校常委梅贻琦、蒋梦麟赴重庆离校期间，所有常务委员会主席职务，请杨石先暂代。梅贻琦所兼教务长职务，亦请杨石先兼代。

**8 月**

19 日　西南联大常委会议决，杨石先任联大 1943 至 1944 年度毕业生成绩审查委员会主席。

**12 月**

31 日　西南联大发表布告：经第 278 次常委会议决，聘请杨石先担任联大教务长。

## 1944 年

**1 月**

12 日　杨石先暂行兼代西南联大常务委员会主席。

**4 月**

中国化学会昆明分会改选理事会，杨石先当选理事长。

**8 月**

13 日　致函化学系教师严仁荫，请其暑假后回校。

**10 月**

作为中国化学会会员，参加 8 个科学团体联合在昆明召开的年会。

**11 月**

15 日　西南联大常委会议决，遵教育部令就理、工二科中各选教员出国研究案，联大推荐张景钺、杨石先、刘仙洲、任之恭出国研究。

20 日　就杨石先出国研究事，张伯苓致函教育部长陈立夫，由何廉面交。

22 日　国民政府教育部令，西南联大教授杨石先等 27 人教学辛苦，各给予研究补助费 1 万元。

## 1945 年

**7 月**

3 日　张伯苓致函杨石先，请其与姜立夫在美国物色理学院各系教师，"凡两先生同意者，苓亦必同意也"。

**9 月**

第三次赴美，在印地安纳大学任访问教授兼研究员，并兼任美国 LILY 制药公司研究员，从事药物化学的研究工作。

## 1947 年

完成了《中国抗疟植物鉴定》的学术论文。被推选为美国"化学荣誉学会"会员。同年底，谢绝了美国同事的挽留，启程回国。

## 1948 年

**2 月**

抵达天津。仍任南开大学化学系教授。

**4 月**

兼代校长。

**6 月**

15 日　张伯苓召集邱宗岳、杨石先、黄钰生、陈序经等人就学校招生、教师聘任等问题座谈。

**7 月**

23 日　南开大学开字第 74 号布告：兹聘杨石先先生为教务长。

**8 月**

20 日　天津国民党当局派军警、特务逮捕本校学生。上午秘书长黄钰生、代校长杨石先去天津警备司令部接洽会见被捕学生，未得允许。

**9 月**

11 日　国民政府教育部指令杨石先等从 1948 年 1 月起各加俸 20 元。

26 日　就柳无忌回校任教事，复函柳亚子。

本月　兼任北平中央研究院学术委员会委员。

**10 月**

17 日　在南开大学东院礼堂举行建校 29 周年校庆纪念会。何廉校长讲话，教务长杨石先致辞。

**11 月**

1 日　在南开大学东院召开西南联大校庆 11 周年纪念会，杨石先等致辞。

**12 月**

中旬　张伯苓从重庆致电南开大学教授会议，请杨石先、黄钰生、鲍觉民代执校长职务，并请教授会协助维持学校。

21 日　南京教育部发来电报，表示愿意"协助教授离津南飞"，为杨石先等拒绝。

## 1949 年

**1 月**

16 日　杨石先和黄钰生、鲍觉民陪同天津市军事管制委员会文教部代表辛毓庄到校内各处巡视，并与驻校解放军联系，请其保护学校的财物及人员安全等。

**5 月**

24 日　天津市军事管制委员会文教部致函杨石先等，批示成立校务委员会等事宜。

25 日　被任命为南开大学校务委员会主席。

**6 月**

4 日　校务委员会主席杨石先、秘书长黄钰生等，谨检《南开大学校务委员会暂行规程》一份，呈请华北高等教育委员会查核备案。

**7 月**

任中华全国第一次科学会议筹备委员会委员。

**8 月**

16 日　出席华北高等教育委员会召开的所属机关、学校负责人会议。

20 日　中华全国自然科学工作者代表大会筹备委员会天津分会正式成立。杨石先、张国藩、吴大任等 19 人当选为常委。

**9 月**

5 日至 8 日　作为天津市首届各界代表会议代表、主席团成员，参加在市民政局礼堂举行的首届各界代表会议。在会上被选为天津市各界协商委员会委员、中苏友好协会天津分会筹备委员会委员、天津市都市建设委员会委员。

21 日至 30 日　作为教育界代表出席在北京举行的中国人民政治协商会议第一届全体会议。

**10 月**

1 日　出席中华人民共和国开国大典。在天安门城楼上经周恩来总理介绍与毛泽东主席握手。

## 1950 年

**1 月**

15 日至 17 日　天津市第二届各界人民代表会议第一次会议召开，杨石先任会议代表、主席团成员、提案审查委员会政治法律组委员，在会上被选为天津市人民政府委员会委员。

**5 月**

28 日　赴北京参加教育部召开的第一次全国高等教育会议。

**6 月**

8 日　作为全国高等教育会议代表，受到毛泽东主席、周恩来总理的接见。

本月　任中国科学院有机化学组专门委员。

**7 月**

任中央人民政府政务院文化教育委员会学术名词统一工作委员会有机化学组工作委员。

**8 月**

17 日　赴北京参加自然科学工作者及中华全国科学技术普及学会第一次全国代表会议。

**11 月**

4 日　天津市人民政府文教委员会召开第一次会议。该会由黄松龄任主任委员，李华生、杨石先、张国藩为副主任委员。

6 日　中国保卫世界和平、反对美帝侵略大会天津分会大学支会正式成立，杨石先当选为主任委员。

**12 月**

2 日　中国教育工会天津市委员会召开成立大会，杨石先等 27 人当选为委员。

## 1951 年

**1 月**

6 日　《人民南开》第 6 期以《目前仍应维持校委会制院长教学领导尚待加强》为题，发表杨石先等人对校长制问题、校委制问题以及院长制问题的看法。

30 日　教育部来函，中央贸易部拟聘杨石先、张克忠为天津商品检验局名誉顾问。2 月 9 日，函复教育部，同意接受聘请。

本月　任中国教育工会天津市委员会主席。

**2 月**

1 日至 3 日　天津市第三届各界人民代表会议第一次会议召开，杨石先任会议代表、主席团成员，在会上被选为天津市人民政府委员会委员。

**3 月**

17 日　在南开大学全体师生员工大会上做校委会 1950 年工作检讨总结报告。

18 日　南开大学工会第二届会员代表大会召开，到会代表 74 人，当场公推杨石先、萧采瑜、吴大任、黄钰生等 9 人组成主席团。

**4 月**

8 日　在南开女中礼堂举行张伯苓先生追悼会，杨石先出席并讲话。

**5 月**

4 日　在五四青年节大会上发表演讲，号召全校师生巩固抗美援朝爱国的思想收获，订好爱国公约。

18 日　天津市人民政府设立医学院筹备委员会，黄松龄为主任委员，杨石先为副主任委员。

**6 月**

15 日　《人民南开》第 17 期报道，校委会第 39 次会议决定成立"协助毕业生分配委员会"，校委会主席杨石先为该委员会委员并负责召集。

**8 月**

赴北京参加中国化学会第一届全国代表大会。

**9 月**

3 日 中央人民政府委员会第 12 次会议召开，通过各项任免名单，杨石先任天津市人民政府委员。

27 日 南开大学开学典礼在东院大礼堂隆重举行，教育部部长马叙伦及高教司司长等莅会。校委会主席杨石先致欢迎词，并报告了南开大学 1951 年的发展情况及总的努力目标。

29 日 在北京怀仁堂听周恩来总理做《关于知识分子的改造问题》的报告。

**10 月**

4 日 遵教育部批示并经校委会第 41 次会议通过，成立"教员学习委员会"，由杨石先等 13 人组成，将组织形式及名单呈教育部备案。

**本年至 1982 年**

当选为中国化学会第十七届至二十届理事会常务理事，并当选为第十八届与第二十届理事会理事长。

## 1952 年

**5 月**

3 日 天津三大学院系调整委员会《院系调整简报》第 1 期刊载杨石先署名文章《群策群力搞好院系调整工作》。

**7 月**

11 日 教育部通知，决定成立"京津高等学校院系调整南开大学筹备委员会"，杨石先任主任委员。

**8 月**

30 日 中国民主促进会天津市分会筹委会成立大会在市政协礼堂举行，杨石先任主任委员。

**9 月**

12 日 教育部通知：兹呈准中央人民政府主席同意杨石先为你校副校长，除函请中央人事部转呈政务院提请中央人民政府委员会批准任命外，希即转知本人先行到职。9 月 19 日，南开大学通告各院。12 月 4 日，教育部函知南开大学：中央人民政府委员会第 19 次会议批准任命杨石先为南开大学副校长。

**11 月**

29 日 南开大学举行盛大集会，热烈庆祝院系调整工作胜利结束，杨石先在会上做了题为《新南开大学的成立和它的方针任务》的报告。

**12 月**

28 日至 31 日　天津市第四届各界人民代表会议第一次会议召开，杨石先任会议代表、主席团成员，在会上被选为天津市人民政府委员。

31 日　全校师生齐集大礼堂迎接新年，杨石先副校长讲话，会后表演游艺节目。

<h2 style="text-align:center">1953 年</h2>

**1 月**

4 日　民主促进会天津市第一次全体会员大会召开，选举产生民进天津分会第一届理事会，杨石先任主任理事。

**2 月**

6 日　《人民南开》新第 9 期报道：根据政务院《关于处理人民来信和接见人民工作的决定》的精神，我校行政会议讨论决定，成立人民来信处理委员会，杨石先为委员。为了加强与群众联系，杨石先副校长定于每星期一下午三点半至五点半在校长室接待群众。

20 日　在南开大学第 15 次行政会议上做了关于学习《婚姻法》的报告。

**3 月**

30 日　在南开大学第 21 次行政会议上传达了天津市文教委员会关于开展爱国卫生运动的工作部署。

**4 月**

7 日　主持中国民主促进会南开大学基层支会成立大会。

15 日　向全体教师传达了高教部关于高等学校教师系统学习马列主义理论的决定。

18 日　为了贯彻政务院关于改善学生健康状况的决定及高教部关于教师教学工作时间的指示，校行政召开全体师生员工大会，杨石先就统一规定作息时间做传达布置。

19 日　中华全国自然科学专门学会联合会（简称全国科联）天津分会举行成立大会，全国科联副主席侯德榜参加大会并讲话。会上选出杨石先、张国藩等 25 人为该会委员。

本月　任天津市人民政府文化教育委员会副主任。

**6 月**

5 日　在南开大学全体师生员工大会上做关于目前健康问题的报告。

**7 月**

5 日　天津市科学技术普及协会召开成立大会，杨石先等 69 人当选为第一届委员会委员。

**9 月**

10 日至 23 日　与吴大任、王金鼎、郑天挺等人赴京参加高教部召开的全国综合大学会议。

**10 月**

3 日、8 日　分别在南开大学第 41 次扩大行政会议上及全校教师大会上传达了综合大学会议精神及马叙伦部长《关于综合大学的方针和任务》的报告。

24 日　在南开大学迎新晚会上讲话，欢迎本校新任第二副校长刘披云和新教师、工作干部及新同学。

**12 月**

5 日　在全校教师大会上做进一步开展精简节约运动的报告。

31 日　在校务委员会第 2 次会议上，传达了中央高教部刘副部长有关精简节约运动的报告以及直属高校开展这一工作的情况。

本月　任中国科学院化学研究所筹建委员会副主任委员。

## 1954 年

**1 月**

16 日　为南开大学财经各系专业调整问题，与刘披云副校长联名写信给高教部黄松龄副部长，提出调整建议。

本月　任天津市国家经济建设公债推销委员会委员及第四分会副主任。

**2 月**

12 日　南开大学校务委员会举行第 3 次会议，陈舜礼、刘披云、杨石先分别就组织机构调整、财经各系专业调整及本学期工作计划等做报告。杨石先在报告中指出，本学期工作要点为掌握计划、加强规律、培养师资、提高质量。

**3 月**

12 日　参加于当天开幕的全国文教工作会议。

**4 月**

3 日　向南开大学全校教师及行政人员传达全国文教工作会议精神。

30 日　陪同高教部杨秀峰副部长和首席顾问列别捷夫参观南开大学物理、化学、生物、数学等系实验室及图书馆等。

**5月**

3日 《人民南开》新第47期报道，经56次行政会议通过，南开大学决定成立毕业生分配委员会，杨石先、刘披云分别担任正、副主任。

17日 接见了南开大学春季运动会的优秀运动员、全体体育教师和各级军体干部，并举行了座谈会。

20日 在全校教师大会上就开展科学研究工作做了两点指示：开展科学研究工作必须是有组织、有领导、有计划、有步骤地进行；必须结合生产、结合教学，但目前主要应结合教学来进行。

**6月**

18日 根据高教部、教育部、中国教育工会关于高等学校校、院长暑期休假问题的通知，南开大学报杨石先副校长参加休假。

本月 在《科学通报》上发表了题为《发挥科学潜力，积极开展高等学校研究工作》的文章，提出了高校应办成教学与科研两个中心的观点。

**7月**

当选为天津市第一届人民代表大会代表，并任全国科联天津分会主任委员。

**8月**

9日至13日 天津市第一届人民代表大会第一次会议在市民政局礼堂举行，杨石先任主席团成员，在会上光荣当选为第一届全国人民代表大会代表。

**9月**

11日 在南开大学开学典礼上做了1954学年的工作总结报告。

15日至28日 赴京参加第一届全国人民代表大会第一次会议，并于16日在会上发言。会议期间，受到周恩来总理的单独接见，向总理坦陈兼职过多的烦恼，得到总理的耐心指导。

**10月**

21日 《人民南开》刊登杨石先在全校师生员工大会上的发言《出席第一届全国人民代表大会的体会与观感》。

31日 南开大学组织机构进行了部分调整，杨石先兼任科学研究委员会主任委员。

**11月**

1日、5日 国务院副总顾问、苏联专家马里采夫及高教部工业教育司苏联专家阿尔西波夫分别来南开大学访问，杨石先等陪同参观及座谈。

19日 出席在南开大学举行的"《红楼梦》研究"座谈会。

20 日　参加南开大学科学研究委员会第一次会议，对成立科学研究委员会的意义、任务等作了详细说明。

**本年至 1982 年**

当选为第一届至第五届全国人民代表大会代表。

# 1955 年

**1 月**

18 日　在本日召开的天津市一届人大二次会议上，当选为天津市人民代表大会委员会委员。

**2 月**

9 日　与刘披云副校长联名写信给全校学生，勉励大家为成为社会主义建设人才而努力。

**3 月**

2 日　在科学研究委员会第 2 次全体会议上做报告。

14 日　南开大学第 3 次行政会议决定单独设立科学研究处，杨石先兼任主任。

**4 月**

9 日、11 日　主持召开学期第 2 次校务会议。会议讨论通过了加强教研组工作与《关于加强学生政治思想教育工作的决议》。

**5 月**

11 日　主持召开学期第 3 次校务会议，讨论学校科学研究工作，并就高教部在北京召开的部分大学校长座谈会上讨论的"关于解决学生学习负担过重、提高全面发展质量"问题做了传达。

29 日　在南开大学第一届科学讨论会上致开幕词。

**6 月**

1 日至 10 日　中国科学院学部成立大会在北京举行。杨石先被任命为数理化学部委员、化学组组长，并在学部成立大会上发言。

**10 月**

19 日　向全校教职员工做了关于厉行全面节约的动员报告。

本月　任中国科学院科学奖金委员会委员。

**12 月**

13 日　召集南开大学研究生及进修教师举行谈话会，各系有培养任务的科学导师也应邀参加。

20 日　全国人民代表大会代表李烛尘和全国政协委员谢南光等 8 人来南开大学视察。杨石先副校长向代表们介绍了学校概况，并陪同参观校园。

## 1956 年

**1 月**

中国科学院长春应用化学研究所学术委员会成立，杨石先兼任学术委员会委员。

**3 月至 7 月**

参加由周恩来总理亲自领导的制订我国十二年科学技术发展远景规划会议，任国务院科学规划委员会委员、综合组组长，并在会上做了《化学科学与国民经济的关系》的报告。会议临结束时，突发心绞痛，被送往北京友谊医院治疗。

**5 月**

在北京化学研究所欢送拉菲克夫教授回国。

**6 月**

6 日　任南开大学校级临时学术委员会主任委员。

13 日　在学期第 4 次校务会议上，当选为 1956 学年研究生考试委员会主任委员。

**8 月**

中国民主促进会第二次全国代表大会召开，杨石先当选为民进第四届中央委员。

**9 月**

22 日　在南开大学校行政会议上，报告教学与科研方面的问题。

29 日　在全校教师大会上做了题为《教学、科学研究和教师进修》的报告。

## 1957 年

**2 月**

25 日　电请高教部杨秀峰部长不要削减南开大学 1957 年度建设投资。

本月　参加中国科学院学部委员第二次全体会议。

**3 月**

3 日   中国民主促进会天津市第二次全体会员大会召开，选举产生民进天津市第一届委员会，杨石先任主任委员。

17 日   南开大学图书馆委员会成立，杨石先任主任委员。

**4 月**

10 日   周恩来总理陪同波兰部长会议主席西伦凯维茨访问南开大学及天津大学，杨石先负责接待、陪同。

24 日   在南开大学化学系做《关于植物生长素和刺激物质的化学研究问题》的学术报告。

29 日   国务院任命杨石先为南开大学校长，免去其原任南开大学副校长职务。

**5 月**

8 日   与南开大学党委书记楚云、副校长刘披云一起参加生物系全体师生的义务劳动，并在开工典礼上讲话。

**7 月**

兼任国务院科学规划委员会化学组组长。

**8 月 17 日至 9 月 5 日**

作为全国人民代表大会访问芬兰代表团成员访问芬兰。

**11 月至 12 月**

作为中国访苏科学技术代表团成员访问莫斯科。

## 1958 年

**2 月**

28 日   向全校教研组主任及行政干部传达了周恩来总理于 2 月 9 日和 12 日两天在北京召开的教育座谈会精神。

**3 月**

14 日   全校师生员工"跃进"誓师大会召开，杨石先做总结发言。

28 日   致函苏联科学院元素有机所磷研究室卡巴契尼克教授，表示接受他提出的二硫磷酸衍生物研究的合作计划。卡巴契尼克教授于 5 月 31 日回信，就合作计划提出补充意见。杨石先于 7 月 7 日复信，欢迎他来华，并希望他来津作关于磷有机物的演讲。

**7 月**

被选为河北省第二届人民代表大会代表。

**8 月**

13 日　毛泽东主席莅临南开大学视察，参观了杨石先和化学系师生们办起来的"敌百虫"和"马拉硫磷"两个农药车间，并给予了很高评价。中午，杨石先应邀在正阳春饭庄与毛主席共进午餐。

**11 月**

21 日　国务院任命杨石先为中国科学院河北省分院院长。

本月　中国民主促进会第三次全国代表大会召开，杨石先被选为第五届中央委员会常务委员。

## 1959 年

**1 月**

3 日至 18 日　中国民主促进会天津市第三次全体会员大会召开，杨石先当选为民进天津市第二届委员会主任委员。

**3 月**

16 日至 21 日　第八届全苏门捷列夫普通化学及应用化学大会在莫斯科举行。中国化学会理事长杨石先和中国科学院化学研究所副所长柳大纲应邀出席大会。

**5 月**

11 日　应全国学联邀请来我国访问的非洲学生代表团来南开大学参观、访问，杨石先校长会见了学生代表。

本月　苏联科学院代表团访华，杨石先作为我国化学方面的代表参加接待。

**6 月**

1 日　参加中苏两国科学院院长签订 1959 年两院合作协定仪式。

13 日　河北省高等学校招生委员会组织河北省及天津市中学校长 80 多人参观南开大学，杨石先参加接待，并在发言中强调了加强大中学校联系的重要性。

本月　任中国科学院河北省分院元素有机化学研究所所长。

**9 月**

1 日　出席南开大学开学典礼并讲话。

本月　出席全国政协庆祝新中国成立 10 周年大会、新中国成立 10 周年国庆招待会。

**10 月**

1 日　出席国庆 10 周年天安门阅兵式和群众庆祝游行大会。

17 日　在南开大学建校 40 周年庆祝会上致开幕词，并于会后陪同出席大会的省市领导参观南开大学"辉煌十年展览会"。

**11 月**

2 日　南开大学和河北省科学分院慰问在校园内劳动的建筑工人，杨石先致慰问词。

**12 月**

当选为河北省工、交、运输、基建、科技等方面社会主义建设先进集体和先进生产者代表会议代表。

## 1960 年

**1 月**

1 日　在南开大学化工厂落成庆祝大会上发言。

**3 月**

4 日　苏联专家阿尔卡·依凡诺维奇·阿弗古斯夫尼克和安德烈·尼柯拉耶维奇·别洛捷尔斯基在北京大学副教务长陪同下来津参观，杨石先等去车站迎接。

20 日　南开大学校务办公室、图书馆党支部讨论通过了杨石先加入中国共产党的决定。

**5 月**

2 日　在南开大学"庆祝五一及群英大会"上致开幕词。

31 日　主持南开大学校务委员会第 12 次会议，讨论组织师生下厂参加"双革四化"运动问题。

**6 月**

4 日　接见来南开大学参观访问的印度华侨赵国钧。

本月　到西安参加中国化学化工年会。①

**9 月**

参加中国民主促进会五届二中扩大会议。

---

① 中国化学会曾与中国化工学会筹委会合并成立中国化学化工学会。1963 年又分为化学、化工两个学会。

# 1961 年

**2 月**

参加中央召开的重点高等学校校长会议。

**5 月**

为南开大学有机化学教研组作《磷有机杀虫剂最近三四年来国外的新发展》的学术报告。

**6 月**

参加中国科学院第三次学部委员全体会议。

**9 月**

6 日　在毕业典礼大会上对毕业生提出五点希望。

**10 月**

29 日　祝贺邱宗岳教授执教 40 周年纪念会隆重举行。杨石先在会上做了报告，号召大家学习邱宗岳教授丰富的教学经验，学习他一贯重视培养师资、热情关怀和帮助青年教师成长的作风，学习他学而不厌以及四十年始终如一的勤俭办学精神。

# 1962 年

**1 月**

1 日　杨石先校长热情接待了来家里拜年的南开大学化五有机班同学，并谆谆教导同学们：学习是一辈子的事，要活到老，学到老。不论做什么事，一松劲，就要落后，学习也是如此。但是，知识是靠日积月累的。这要求我们注意劳逸结合，长知识与长身体同时兼顾，全面发展。

4 日　教育部来函通知，南开大学于 1961 年 12 月 5 日所报校务委员会名单已获准同意，杨石先任校务委员会主任。

**2 月 14 日至 3 月 12 日**

作为专家代表出席国家科委在广州召开的全国科学技术工作会议。

**3 月**

22 日　赴京参加第二届全国人民代表大会第三次会议。

**4 月**

29 日　天津科学宫正式开幕，杨石先、张国藩、朱宪彝、潘承孝等知名科学家出席开幕式。

**6 月**

任中国科学院化学研究所第二届学术委员会委员。

**9 月**

1 日　参加南开大学归侨学生举行的送旧迎新联欢晚会。

8 日　在南开大学开学典礼上发表讲话，着重谈了提高教学质量、加强总务工作和提高行政工作效率问题。

29 日　在南开大学毕业典礼上讲话，对全体毕业生提出五点希望。

本月　在化学系迎新会上谈了有关学习的三个问题。

**10 月**

5 日　英国皇家学会代表团来南开大学参观，团长为不列颠帝国勋章获得者布朗爵士。杨石先等出面接待。

17 日　在南开大学第五届科学讨论会开幕式上致开幕词。

**本年**

南开大学元素有机化学研究所正式成立，杨石先亲自担任所长直至 1982 年。

参与我国《1963～1972 年科学技术发展规划》的编制工作，担任化学组组长。

## 1963 年

**2 月至 3 月**

参加中共中央、国务院在北京召开的全国农业科学技术工作会议。

**3 月**

8 日　任农业部科学技术委员会第一届委员。

**5 月**

3 日　南开大学公祭冯文潜教授，杨石先校长陪祭并宣读祭文。

**7 月**

参加在青岛举行的中国化学会年会。

**8 月**

参加在上海召开的中国科学院有机化学研究所天然有机化学会议。

**10 月**

26 日　在南开大学第六届科学讨论会开幕式上作了《关于一年来科学研究工作总结》的报告。

# 1964 年

**1 月**

25 日  南开大学校党委鉴于杨石先校长身体健康状况，向高教部、省委、市委提出减少其部分兼职的请求。

**3 月**

18 日  南开大学校务委员会任命杨石先为南开大学学术委员会主任委员。

**5 月**

在北京参加全国小麦锈病会议。

**8 月**

出席了在北京召开的亚非拉科学讨论会，任我国代表团领导成员，在会上做了《中国农药化学的研究》的报告。

**9 月**

12 日  在南开大学新学年开学典礼上致开幕词。

**10 月**

17 日  南开大学全校师生隆重庆祝建校 45 周年，杨石先等在校庆大会上讲话。

# 1965 年

**7 月**

参加化工部在杭州举办的全国农药会议。

**9 月**

1 日  出席南开大学新学年开学典礼并讲话。

**11 月**

17 日  任国务院植保农药科学实验小组成员。

本月  参加在上海召开的国家科委学术鉴定委员会胰岛素鉴定会议第一次会议。

**12 月**

28 日  参加南开大学召开的理科教学经验交流会并发表讲话。

**1966 年**

**4 月**

17 日　与我国参加人工合成胰岛素工作的同志一道受到中国科学院院长郭沫若接见。

**5 月**

参加在北京召开的国家科委学术鉴定委员会胰岛素鉴定会议第二次会议。

**6 月**

"文化大革命"开始，杨石先受到莫须有的诬蔑和攻击。

**1969 年**

**4 月**

22 日　南开大学《工农战报》第 92 期刊登《杨石先的修正主义科研路线必须彻底批判》的文章。

**5 月**

在校内遭大会批判。

**10 月**

被送往河北省完县腰山（今河北省保定市顺平县腰山镇）接受"改造"。

**1971 年**

因某些人妄图拆掉南开大学元素有机化学研究所,给元素所横加种种限制,杨石先气愤地连夜给周恩来总理写了一份请求保留元素有机化学研究所的报告。

**1972 年**

**5 月**

7 日　写信给在基层工作的化学系毕业生胡孚琛,说自己"每日翻阅外文专门书籍 10 余小时","余年逾七十有五,固已届交班之时,但生命一日尚存,自应尽力为人民事业效劳"。

**7 月**

27 日　给胡孚琛写信，表示："我校元素有机化学所和经济研究所均被裁掉，将人员并入有关系内，看来今后仍需恢复。"

**9 月**

本月底　赴北戴河休假。

**12 月**

出席天津市第一届教师代表大会，并在大会上发言。

## 1973 年

**1 月**

21 日　中共天津市委员会任命杨石先、娄平、吴大任为南开大学革命委员会副主任。

**2 月**

8 日　中共天津市委员会下发《关于建立中共南开大学委员会的批复》，同意校党委关于党委会组成及常委分工的报告，杨石先为党委委员。

**6 月**

到沈阳参加农药规划预备会议，并会见在沈阳的南开毕业学生。

**7 月**

出席天津市医药卫生科技会议。

**8 月**

3 日　南开大学校党委常委会决定成立《南开大学学报》编辑委员会，编委会分"自然科学编委会"和"哲学社会科学编委会"，杨石先任自然科学编委会主编。

**10 月**

13 日　鞍山市第 57 中学党支部及全体师生给本校党委来信，对杨石先教授与该校教师通过通信和寄书等方式互帮互学的事迹提出表扬。

## 1974 年

**11 月**

参加在杭州召开的农药情报会议。

## 1975 年

**1 月**

　13 日至 17 日　赴京参加第四届全国人民代表大会第一次会议。

　下旬　杨石先等全国人民代表大会代表回校后，分别向南开大学全校教职工和工农兵学员汇报参加四届人大第一次会议和学习四届人大文件的体会。

## 1977 年

**1 月**

　9 日　写信给在基层工作的化学系毕业生胡孚琛，欢呼粉碎"四人帮"，不大喝酒的杨石先"不禁连饮三杯"。

**5 月至 6 月**

　参加天津市政协委员赴山西大寨和太原参观团活动。

**6 月**

　20 日　出席天津市委召开的大会。天津市委常委、市革委会副主任蒋南翔传达党中央和有关领导关于召开全国科学大会的重要指示。

**7 月**

　18 日　杨石先等 7 人参加天津市委召开的科学工作座谈会。

**8 月**

　4 日至 8 日　邓小平邀请部分科学工作者、教育工作者举行座谈会。杨石先出席了座谈会并在会上提出了四点建议。

　9 日至 10 日　出席教育部召集的座谈会。

　本月　参加在黄山召开的农药剂型会议。

**9 月**

　27 日　杨石先等 9 人赴京参加"全国自然科学学科规划会议"。

**10 月**

　1 日　女儿杨眘苏自美国归来参加国庆观礼，杨石先偕家人赴京相聚。

　本月　中国化学会召开理事扩大会议，恢复了因"四人帮"破坏而中止的活动。杨石先参会。

**11 月**

　当选为天津市第八届人民代表大会代表。

**12 月**

9 日　中共天津市委常委会决定，杨石先兼任天津市科学技术协会主任。

26 日　出席天津市科技战线表彰先进大会，获得"天津市先进科技工作者"称号。

**本年**

出席天津市第二届教师代表大会，被选为"天津市先进教育工作者"。

## 1978 年

**3 月**

18 日　出席全国科学大会，并在主席台就座。杨石先获得在科技工作中做出重大贡献的科技工作者奖状。由他主持的南开大学元素有机化学研究所研制的 10 项科研成果也获得全国科学大会奖。

**5 月**

4 日　在南开大学纪念五四青年节大会上讲话，鼓励青年同志为实现科学技术现代化不断努力。

**9 月**

参加在上海召开的中国化学会年会。

**10 月**

23 日　天津市委常委会决定：增补杨石先为中共南开大学委员会常委。

**12 月**

上旬　在北京参加胰岛素全合成总评会议，任总评委员会副主席。后因总评委主席童第周生病住院，由他和贝时璋主持总评工作。

13 日　聂荣臻同志接见杨石先等在京科学家。

本月　国家科委化学学科组成立大会在广州召开，杨石先当选为化学组名誉组长。

**本年**

任《农药工业译丛》主编。

参加在张家口召开的全国农药会议，并在会上发言。

## 1979 年

**1 月**

22 日　经中共中央 1978 年 12 月 30 日批准,教育部党组于 1979 年 1 月 22 日发出通知,任命杨石先为南开大学校长。

26 日　参加在北京召开的中国科学院学部委员春节座谈会。邓颖超、方毅等出席,杨石先在会上发言。

**2 月**

2 日至 6 日　南开大学校党委召开常委扩大会议,杨石先校长传达了全国重点高校科研工作会议精神。

**3 月**

24 日　担任南开大学学术委员会主任委员,并主持召开第一次工作会议。

**4 月**

26 日至 27 日　美国印第安纳大学东亚语系主任、比较史学系主任一行 6 人,在北京与南开大学校长杨石先等进行座谈。

**5 月**

25 日　参加陈序经先生追悼会。

**7 月**

19 日　与南开大学校史编写组谈校史。

**8 月**

26 日　美籍生物学家牛满江教授及夫人应邀到南开大学进行学术交流,杨石先等参加接待及座谈。

**9 月**

13 日至 14 日　美国明尼苏达大学访华团一行 10 人来南开大学参观、访问,杨石先等与莫温德团长、费乐文副团长等就两校开展学术交流、建立合作关系问题互相交换了意见,达成了原则性协议并举行了签字仪式。

本月　任《高等学校化学学报》主编。

**10 月**

17 日　主持南开大学 60 周年庆祝典礼并讲话,为周恩来总理纪念碑书写背面的碑文。

本月　中国民主促进会第四次全国代表大会召开,杨石先被选为第六届中央委员会常务委员。

**本年至 1982 年**

任农业部科学技术委员会第二届委员。

## 1980 年

**1 月**

5 日至 23 日　出席教育部召开的全国教育工作会议。

29 日　向全校中层以上干部传达全国教育工作会议精神，并传达邓小平同志的报告。

本月　致函中央领导同志，希望中央和教育部在五个方面给予南开大学支持。

**2 月**

29 日　南开大学校党委常委会议通过《南开大学学报》（自然科学版）编委会人选。编委会由 15 人组成，主编为杨石先。

**3 月**

15 日至 23 日　参加中国科协第二次全国代表大会，当选为中国科协第二届全国委员会副主席。

**8 月**

19 日　教育部抄送通知：考虑到杨石先在化学界的学术造诣和声望，拟同意唐敖庆的意见，保留杨石先《高等学校化学学报》主编名义，但免去其具体工作负担。

**10 月**

15 日至 18 日　日本爱知大学访华团来校参观访问，团长为爱知大学校长久曾神升，杨石先校长与其就两校有关学术合作交流事宜进行会谈，并签订《有关学术、教育交流协议》和《1980 年度交流计划》。

**12 月**

10 日　中共教育部党组通知：中央同意杨石先任南开大学名誉校长，免去其校长职务。

## 1981 年

**3 月**

27 日　天津市科协召开第二次代表大会，杨石先任名誉主席。

28 日　美国坦普尔大学代表团来南开大学访问，杨石先会见了代表团成员牛满江教授。

**10 月**

8 日　《南开大学》第 81 期刊载：据教育部通知，中央同意杨石先同志任南开大学名誉校长，免去其南开大学校长职务。

20 日　南开大学隆重举行杨石先、郑天挺执教业绩庆祝大会。

**12 月**

26 日　天津市政协、南开大学、天津市民主促进会联合发布郑天挺教授逝世的讣告。正在昆明疗养的杨石先给郑天挺亲属发了唁电。

25 日至 27 日　在杨石先教授指导下，南开大学元素有机化学研究所研制的杀菌剂"粉锈宁"在成都召开的鉴定会上通过了专家鉴定。

## 1982 年

**4 月**

28 日　经国务院批准，发布南开大学首批授予博士学位的学科（专业点）及其指导教师。杨石先为有机化学专业博士研究生指导教师。

**7 月至 8 月**

在北戴河休养一个月。

**9 月**

任中国化学会名誉理事长。

**10 月**

参加国家经委在天津召开的农药会议。

辞去南开大学元素有机化学研究所所长职务，任名誉所长。

**12 月**

任西南联合大学天津校友会名誉会长。

## 1983 年

**5 月**

当选为中国人民政治协商会议第六届全国委员会委员、常委。

**6 月**

参加在天津市召开的有机化学讨论会。

**10 月**

17 日　出席南开大学为教龄逾 40 年的 53 位老教师举行的庆贺大会。

**11 月**

任中国民主促进会第七届中央委员会顾问。

## 1984 年

**4 月**

11 日　由南开大学承办的全国第三届金属有机化学、1984 年度元素有机化学科学讨论会开幕，杨石先出席了会议。

**5 月**

5 日　为南开大学出版社成立一周年社庆题词"多出书，出好书，为繁荣祖国的科学和教育事业做出贡献"，以致祝贺。

**6 月**

29 日　在天津受到全国政协主席邓颖超的接见。

**7 月**

30 日　《人民日报》发表南开大学名誉校长杨石先署名文章《为中日友好之路铺石》。

**9 月**

3 日　中共中央政治局委员胡乔木在中共天津市委书记张再旺陪同下来南开大学视察，到家中看望杨石先。

8 日　出席南开大学 1984 级新生开学典礼。

本月　任《中国大百科全书》总编辑委员会委员。

**10 月**

17 日　南开大学建成张伯苓先生纪念亭，杨石先为纪念亭题写匾额。

## 1985 年

**2 月**

19 日　因心脏病在天津逝世，享年 89 岁。

# 后　记

　　杨石先是我国著名化学家、教育家，中国科学院院士，曾任中国科学技术协会副主席、中国化学会理事长。他毕业于清华学校，后赴美深造，获耶鲁大学有机化学博士学位。回国后受聘为南开大学教授，曾任理学院院长及西南联合大学教务长、化学系主任。新中国成立前后，历任南开大学校务委员会主席、副校长、校长、名誉校长，并创办元素有机化学研究所，为南开大学和中国化学科学事业的发展做出了重大贡献。

　　为纪念杨石先诞辰120周年，南开大学校史工作领导小组决定编辑出版《杨石先文选》，由领导小组副组长刘景泉教授负责主持，校史研究室徐悦、张鸿、张健分工承担，校档案馆史永红馆长提供了指导帮助。龚克校长在审读书稿后欣然作序，在此表示感谢！

　　《杨石先文选》收录了杨石先自1935年至1984年间有代表性的文稿，包括文章、讲演、会议发言、调研报告、书序、信件、自传等共72篇，涉及科学与教育工作、化学与农药研究、南开大学的建设与发展、青年成长、人生道路等五个专题的内容。

　　书后所附《杨石先生平纪事》，初稿是由杨石先之子杨耆荀整理的，南开大学校史研究室原主任梁吉生教授1999年将其收入《杨石先纪念文集》时做了补充，在此基础上，校史研究室徐悦又做了史料充实和史实订正。

　　由于资料收集困难和编者水平有限，本书难免存在不足之处，诚恳希望读者批评指正，并欢迎提供新的文稿、史料或线索。

编者

2017年1月